Taha Hussein

Le livre
des jours

Traduit de l'arabe
par Jean Lecerf et Gaston Wiet

Préface d'André Gide

Gallimard

Première partie

La traduction de la première partie est de Jean Lecerf.

PRÉFACE

Un extraordinaire dépaysement de la pensée, c'est ce que j'éprouve d'abord en lisant le Livre des jours. *Il s'y ajoute une autre étrangeté : c'est l'œuvre d'un aveugle, et, d'un bout à l'autre de son récit, l'auteur ne nous le laissera pas oublier. Il retrace avec minutie ses premières expériences d'enfant, sans cesse « attentif à ne pas... laisser paraître sur son visage cette* disgrâce des ténèbres *qui si souvent obscurcit la physionomie des aveugles » ; ses premiers contacts avec le monde extérieur sont, presque tous, hélas ! vulnérants. Il nous peint ce monde, qu'il ne peut voir, et dont il ne prendra connaissance que par les multiples petites blessures qu'il en reçoit. Ses parents sont de pauvres gens et leurs prévenantes tendresses ne suffisent pas à préserver l'enfant des heurts douloureux. Emmuré dans sa cécité il ne peut participer aux amusements des autres enfants de son âge ; non plus qu'il ne pourra, plus tard, lorsque nous le suivrons au Caire, accompagner dans leurs divertissements les étudiants de l'Université, ses condisciples. Mais cet isolement, dont il souffre sans cesse, et le repliement involontaire qui s'ensuit développeront à son insu les qualités les plus rares de moraliste, de critique et de poète, qui feront de lui, par la suite, le plus éminent représentant de la littérature musulmane d'aujourd'hui. C'est aussi que s'est éveillé très tôt chez l'enfant un impérieux désir de s'instruire, de cultiver son esprit, de s'élever au-dessus du misérable milieu où longtemps il doit végéter. Il importe*

9

d'abord qu'il en sente et comprenne l'effarante médiocrité. Or, autour de lui, tous acceptent ; ce n'est même pas de la résignation ; il y a sagesse, lui dira-t-on, à prendre son parti d'un mal et même à ne point considérer comme un mal l'inévitable, voulu par Dieu. Mais, sous son aspect craintif, Taha Hussein est un révolté ; son apparente modestie n'est que le revêtement d'un immense et légitime orgueil. Il prend conscience de sa propre valeur, de « son esprit de contradiction et de son penchant à la rébellion », à la faveur d'une petite algarade avec ses parents, qu'il relate avec sa minutie coutumière. Et tout au long de son long récit s'exerce un esprit critique d'une causticité singulière ; mais particulièrement dans la seconde partie du livre, lorsque l'enfant a quitté son village natal, pour aller suivre, au Caire, les cours des divers maîtres réputés. Quels maîtres ! et quel enseignement que le leur ! « Oncques ne vis rien de plus sot, de plus pédant, d'une fadeur plus exaspérante que ces professeurs du Collège Henri-IV », écrivait Renan dans ses Cahiers de jeunesse *(p. 337) et, après avoir passé en revue quelques-uns de ces pantins sinistres (« des* embarrasseurs, *comme on dit en Bretagne », de faux savants qui « peuvent être pédants sans crainte »), il ajoute : « Je me convaincs toujours de plus en plus » (le* toujours *est bien inutile ; mais rien de plus lâché que l'écriture de ces* Cahiers) *« que cette éducation est radicalement fausse, que ces hommes sont pitoyables et d'une prétention inexprimablement comique.* Rhéteurs et grammairiens *(c'est Renan qui souligne), pas autre chose. L'éducation en est au point où elle en était dans les premiers siècles de notre ère, livrée à de pitoyables trafiqueurs de paroles. » Je me remémorais ces lignes en lisant le* Livre des jours. *Et la peinture que fait ici Taha Hussein des tristes maîtres dont il lui fallait, au Caire, écouter les cours, n'est pas moins sombre que celle de Renan à laquelle elle me fit penser. Mais sans doute était-il plus facile à l'étudiant français de s'émanciper, qu'à l'élève soumis aux disciplines coraniques où tout conspire à domestiquer, à asservir : ancestrales coutumes et routines, absence d'exemples libérateurs, d'encouragements, de compréhension à l'entour ; ajoutons, pour Taha Hussein, cette affreuse nuit où le maintient son infirmité. C'est là ce qui rend si attachant ce récit, en dépit de ses lassantes lenteurs ; une âme est là qui étouffe, qui veut vivre et qui se débat. Et l'on doute si, des ténèbres qui l'oppressent, celles de l'ignorance et de la sottise ne sont pas plus épaisses encore et redoutables et mortelles que celles de la cécité. Elles enveloppent, celles-là, l'Egypte entière, plus assoupie qu'une momie et ligotée des bandelettes de l'érudition vaine, de la récitation des textes vétustes, de la ratiocination et rumination du passé ; aucun sursaut de l'esprit n'est venu la secouer et réveiller d'entre les morts ; elle ne cherche plus dans l'Islam qu'une confirmation de son sommeil spirituel, et emprisonne la Science dans des surates dont elle fait de chaque terme un verrou. « Sait-il bien son Coran ? » Cela seul importe ; et le moindre lapsus prend allure de catastrophe. Alors je m'émerveille : eh quoi ! c'est cet enfant aveugle qu'Allah va fournir à l'Egypte, et qui sera son guide clairvoyant ! Après quel effort surhumain pour, d'abord, regarder lui-même, se réveiller d'entre les morts. Et l'on ne sait ce qu'il sied d'admirer le plus : sa confiance en soi, son intelligence, son légitime orgueil ; ou l'intervention angélique de celle qui comprit sa valeur, dont l'assistance et le dévouement permet à cette valeur insigne d'œuvrer. Nous ne la connaissons, cette intervention, que par une discrète allusion dans l'épilogue de la première partie de ce livre, où l'auteur, s'adressant à sa fille, l'invite à reporter ses regards sur celle qui « a changé en joie la misère de son âme, fait de son infortune un bonheur, et de son désespoir une espérance ».*

L'œuvre littéraire de Taha Hussein. né en 1889, est considérable : Vingt volumes de critiques et d'essais (le premier paru en 1972) donc cinq sur le théâtre français ; six romans ; trois recueils de contes ; des traductions en arabe de Sophocle et de Racine, grâce auxquelles Andromaque *et* Electre *purent être applaudies par le public musulman du Caire ; enfin ce* Livre des Jours, *traduit déjà en huit langues, où l'auteur relate les souvenirs des premiers temps pénibles de sa vie disgraciée d'infirme.*

Le récit, à notre grand regret, s'arrête avant la recouvrance, que toutefois il nous laisse un peu pressentir ; espérons que

Taha Hussein le poursuivra, car le plus intéressant reste à dire :
son premier contact avec l'étranger, l'initiation, les étapes de ce
lent progrès de l'aveugle vers la lumière. Ceux qui connaissent
Taha Hussein bey, qui savent quelle influence il exerce, l'autorité
que ses mérites enfin reconnus et sa haute situation lui confèrent,
le rayonnement de sa seule présence, comprendront la distance
énorme et qui semblait infranchissable entre sa glorieuse situation actuelle et la déréliction de ses débuts. C'est le franchisse-
ment de cet abîme qu'il importe à présent qu'il nous dise.

De mon dernier voyage en Egypte ma rencontre avec Taha
Hussein reste le souvenir de beaucoup le plus important, le
plus beau. Quelle sérénité tranquille dans son sourire (j'allais
dire dans son regard !), quelle aménité dans le ton de sa voix,
quel charme et quelle sagesse dans ses propos ! L'on se promène
avec lui dans le jardin de la connaissance et l'on s'étonne de ne
le surprendre en défaut sur rien : les auteurs des langues étran-
gères lui sont devenus familiers et sa mémoire tient du prodige.
L'on attend qu'il nous dise comment il a pu apprendre si bien
notre langue, sans doute instruit par la reconnaissance et l'amour ;
l'histoire aussi de ses découvertes successives, de ses acquêts intellectuels, de ses premiers ravissements. Un goût sûr, un esprit critique à l'affût et sans cesse averti l'ont guidé dans le choix de
ses lectures. Il s'intéresse à tout et sa curiosité, tard éveillée,
reste jeune et comme affamée. J'admirais la pertinence de ses
critiques, et tout à la fois la générosité de ses enthousiasmes et
la violence de ses oppositions. Entre toutes choses de lui, j'aimais
son rire ; pur, amusé, joyeux, comme le rire des enfants. J'appris
que ses premiers écrits, sur les poètes préislamiques, ou plutôt
contre eux, firent scandale. Dans ce monde arabe, trop dispos
aux stagnantes vénérations, la révolte est le commencement du
progrès. L'Egypte n'avait pas connu comme la Grèce, sa voisine,
de ces réveils successifs, de ces glorieux sursauts lyriques, capables
de rénover la langue antique, de la maintenir en constante haleine
pour l'expression de pensées et de passions nouvelles. La littérature
arabe restait figée et le parler populaire s'écartait d'elle, de sorte
que l'écriture savante, seule admise, approuvée, enseignée, deve-

12

nait de plus en plus impropre à exprimer quoi que ce soit d'actuel, de vivant. Je ne m'étonne pas beaucoup d'entendre dire que l'émancipation apportée par Taha Hussein porta d'abord et principalement sur le langage même, car il n'est pas de révolution intellectuelle et morale qui ne nécessite et n'entraîne un renouveau formel, une refonte de l'expression.

Cette joie immédiate de l'écriture, hélas ! nous ne pourrons pas la goûter. Si bonne que puisse être la traduction du Livre des jours, *elle ne peut nous faire entrevoir ce que le récit de Taha Hussein apporte en son pays, de nouveauté ; au surplus, quand elles seraient perceptibles, les hardiesses de présentation et de style ne sauraient nous surprendre. Nous sommes, depuis longtemps, blasés. Mais ce qui nous surprendra peut-être, soûlés que nous sommes, en littérature du moins, de banqueroutes et de faillites, c'est l'exemple enfin d'une réussite, d'un triomphe de la volonté, d'une patiente victoire de la lumière spirituelle sur les ténèbres ; par quoi ce livre exotique et inactuel est si noble et si réconfortant.*

André Gide.

Février 1947.

I

Il ne se rappelle pas le nom de ce jour ; impossible d'assigner la place qu'Allah lui fixa pour l'éternité dans la suite des mois et des ans. Encore moins peut-il saisir, dans cette journée, le souvenir d'une heure précise. Il n'en parle que par à-peu-près.

Mais son impression dominante est que ce moment touchait, soit à l'aube, soit au crépuscule de ce jour-là. Il l'imagine ainsi parce que son visage garde encore de cet instant la caresse d'une brise dont la fraîcheur légère n'était pas évanouie sous l'ardeur du soleil. Volontiers, il évoque — lui qui ne sait plus le secret de la lumière ni de l'obscurité — la réminiscence lointaine d'avoir trouvé, au sortir de la maison, l'accueil d'une lumière sereine, grêle, et d'une douceur amie, comme si les ténèbres avaient soulevé un coin de leur voile. Il le suppose ainsi, parce que sa mémoire ne lui présente, en même temps que la rencontre de cette lumière, l'image d'aucune agitation éveillée et vivante, mais rien que la rumeur étouffée d'une maisonnée qui sort du sommeil, ou bien, s'y prépare. S'il lui restait enfin de cette heure une vision claire et distincte, ne laissant place à aucun doute, ce serait celle de cette haie de roseaux en face de lui, séparée de la porte par une distance de quelques pas. Il se rappelle cette haie comme s'il l'avait vue hier. Il se rappelle que les roseaux s'élevaient plus haut que sa taille, qu'ils lui paraissaient très difficiles à franchir pour atteindre l'autre côté, et qu'ils se rapprochaient presque à se toucher, l'empêchant de se glisser entre eux, enfin qu'ils s'étendaient sur la gauche sans limite, et sur la droite jusqu'à l'extrémité du monde vers ce côté-là. Or, « l'extrémité du monde vers ce côté-là » n'était pas loin. Elle se trouvait au canal, qu'il apprit à connaître en grandissant, et qui eut sur sa vie — ou plutôt sur ses rêves — une grande influence.

Il se remémore tout cela, et aussi qu'il jalousait les lapins qui, comme lui, sortaient de la maison, mais dépassaient la haie en sautant par-dessus, ou en se glissant entre ses roseaux, pour aller brouter derrière elle les carrés de plantes vertes dont il revoit les formes fantastiques, particulièrement celles des choux pommés.

Il n'a pas oublié non plus qu'il aimait à sortir, une fois le soleil couché, quand les gens prenaient le repas du soir, et à s'appuyer sur les roseaux, tout pensif et abîmé dans sa rêverie, jusqu'au moment où il était rappelé au sentiment de ce qui l'entourait par la voix du poète errant, qui s'asseyait à une certaine distance vers la gauche, vite entouré de passants auxquels il chantait des mélopées d'une douceur étrange. C'étaient les aventures d'Abou Zaïs, de Kalîfa et de Diyâb [1], qu'ils écoutaient en silence, sauf quand la musique les affolait ou que la passion les emportait jusqu'à les faire bisser un passage et quereller ceux qui voulaient en entendre un autre. Le poète se taisait alors jusqu'à la fin du vacarme, bref ou prolongé, puis il reprenait sa chanson naïve et monotone.

Que se rappelle-t-il encore ? Presque rien, sinon qu'il ne sortait jamais le soir à son poste sur la haie, sans qu'une secrète angoisse lui étreignît le cœur. Car, d'un instant à l'autre, le charme où le tenait le chant du poète pouvait être rompu, quand sa sœur l'appelait pour rentrer. Il résistait, et il fallait qu'elle vînt l'attraper par un pan de son habit, l'entraîner de force dans ses bras comme une touffe d'herbe jusqu'à un endroit où, tous les

1. Trois héros de l'épopée qui raconte l'invasion de l'Afrique du Nord par les Arabes sous les Fatimides.

soirs, elle le couchait à terre et lui posait la tête sur les genoux de sa mère. Celle-ci penchait sa tête vers ses yeux obscurcis, les ouvrait l'un après l'autre et y versait un collyre qui lui faisait mal, et ne lui fit jamais aucun bien. Il souffrait, mais sans se plaindre ni pleurer, car il n'aurait pas voulu ressembler à sa petite sœur pleurnicharde.

Puis, on le transportait dans un coin d'une petite chambre, et sa sœur le couchait sur une natte où elle avait étendu une couverture, en jetant sur lui une seconde, et le laissait seul, le cœur gonflé de regrets. Lui, tendait l'oreille, avec une acuité capable de percer les murailles, à la rencontre de ces suaves mélodies dont le poète faisait retentir le plein air sous le ciel. Le sommeil le prenait, et il ne percevait plus rien, jusqu'à ce que, parfois, il s'éveillât au milieu du monde endormi, et de ses frères et de ses sœurs qui, autour de lui, ronflaient sans aucune retenue. Il écartait alors la couverture de son visage avec crainte et hésitation, car il détestait dormir le visage découvert. Il était sûr que, s'il laissait son visage à nu pendant la nuit, ou s'il en laissait passer la moindre partie, elle ne pourrait manquer de devenir la proie d'un des nombreux « 'afrit [1] » qui peuplent les coins des maisons, et qui disparaissent sous terre dès que le soleil brille et que les hommes vont et viennent. Mais quand le soleil s'est retiré dans sa caverne vers l'ouest, et les gens dans leurs lits, quand les lampes s'éteignent et que les voix se taisent, alors ces « 'afrit » montent de dessous la terre et remplissent le vide de leur sarabande fantastique et de leurs chuchotements mêlés de cris étranges.

Il lui arrivait souvent de s'éveiller aux chants alternés des coqs et aux gloussements des poules qui se renvoyaient des clameurs effrayées. Il s'évertuait à démêler entre ces différents sons : car les uns étaient le chant du coq véritable, mais certains autres dissimulaient la voix des « 'afrit » qui prennent forme de coq et imitent son chant, par jeu ou par ruse diabolique. Cependant, il ne prêtait pas grande attention à tous ces bruits et ne les

1. Génies malfaisants.

craignait guère, car ils lui arrivaient de loin. Il n'éprouvait de frayeur intense qu'aux rumeurs plus mystérieuses, impossibles à distinguer sans prêter une oreille attentive, qui lui semblaient venir des coins de la pièce, faibles et grêles, comparables, tantôt à un sifflement de marmite sur le feu, tantôt à un glissement de meuble léger qu'on déplace, ou encore au craquement du bois sec, ou au crissement d'une branche que l'on brise.

Mais ses pires terreurs venaient des silhouettes qu'il s'imaginait voir debout à la porte de la chambre, la barrant tout entière. Ces spectres s'animaient de mouvements confus, dont l'image la plus voisine serait l'agitation des « soufi [1] », dans le cercle sacré du « zikr [2] ». Il croyait n'avoir pas d'autre défense contre tous ces fantômes, ni contre ces bruits maléfiques, que de se rouler dans ses couvertures de la tête jusqu'aux talons, sans laisser entre son corps et l'extérieur le plus petit passage ni le moindre interstice. Il était sûr, s'il laissait une ouverture, de voir se tendre la main d'un « 'afrit » pour on ne sait quel attouchement redoutable.

Il passait ainsi la nuit dans la frayeur et l'agitation, sauf quand il se laissait gagner par le sommeil, ce qui n'arrivait que rarement. Il se réveillait dès l'aube et passait un long moment du reste de la nuit dans ces imaginations folles, ces alternatives de repos et de crainte des « 'afrit » jusqu'à l'instant où arrivaient à son oreille les voix des femmes qui reviennent de remplir leurs jarres au canal et qui chantent : « Allah, yâ leil, Allah [3] » ! Il savait alors que l'aurore était levée et que les « 'afrit » avaient fui dans leur séjour souterrain.

C'est lui-même qui soudain se changeait alors en « 'afrit », se prenait à penser tout haut, à fredonner des lambeaux qu'il avait retenus de la récitation du poète, à tâtonner autour de lui, et à taquiner ses frères et sœurs jusqu'à ce qu'il les eût réveillés l'un après l'autre. Quand ce bel ouvrage était achevé, il s'élevait de partout un vacarme de chants, de cris perçants et de clameurs

1. « Soufi » : mystiques.
2. « Invocations collectives au nom d'Allah ».
3. *Litt.* : « Dieu, ô nuit, Dieu ! »

qui n'avaient point de fin, sauf quand le cheikh se dressait à son tour sur le lit et appelait pour qu'on apportât le pot à eau de ses ablutions.

Alors les voix se taisaient presque et l'agitation s'apaisait pour laisser le cheikh se laver, faire sa prière, réciter son « werd[1] », enfin boire son café et partir à ses affaires.

Lorsque la porte s'était refermée sur lui, toute la nichée se levait des nattes et se répandait dans la maison, criant et jouant, pour se mélanger aux autres habitants du logis, tant oiseaux que quadrupèdes.

II

Il était assuré que l'univers prenait fin vers la droite, à ce canal, dont le séparaient à peine quelques pas... et pourtant non ! il n'en voyait pas la largeur et n'aurait jamais cru possible qu'elle fût assez faible pour permettre à un garçon agile de sauter d'une berge à l'autre.

Il n'avait jamais non plus supposé que la vie des hommes, des animaux et des plantes pût continuer sur l'autre rive à l'image de celle qu'il connaissait. Il ne savait pas encore qu'un homme pouvait traverser l'eau en certain point sans qu'elle lui atteignît l'aisselle, ni que, de temps à autre, son niveau baissait, laissant une longue plage à sec, toute parsemée de mares et de rigoles, un terrain de jeu pour les enfants qui cherchent dans la terre molle de petits poissons attardés et morts de soif.

Il n'avait pas réfléchi à tout cela. Il savait seulement, d'une certitude que n'effleurait pas le moindre doute, que ce canal était un autre monde, indépendant de celui sur lequel il vivait lui-même, peuplé d'êtres étranges et divers, autres qu'innombrables. C'étaient le crocodile qui avale les hommes d'un coup de dent ; le « Mas'hour » ou poisson « enchanté » qui vit sous la surface de l'eau pendant le plein jour et la nuit noire, mais vient, dans les courts instants de l'apparition du soleil à l'Orient ou de son déclin à l'Occident, nager à la surface et respirer l'air

19

frais, redoutable danger pour les petits enfants et séduction néfaste pour les hommes et les femmes.

C'étaient aussi ces poissons longs et larges qui attrapent les enfants et les avalent d'une bouchée, mais dans le ventre desquels certaines de ces victimes ont parfois la chance de s'emparer de « l'anneau de la royauté », cet anneau magique qu'il suffit de tourner un peu à son doigt pour voir paraître en un clin d'œil deux serviteurs des djinns, empressés à réaliser tous les souhaits, cet anneau qui donnait à Salomon son pouvoir sur les djinns, sur le vent et les forces de la nature, à sa fantaisie.

Que désirer de plus au monde que descendre dans le canal avec l'espoir que peut-être un de ces poissons l'engloutirait, et que dans son ventre il trouverait cet anneau enchanté ?

Il en avait bien besoin... Ne désirait-il pas, à tout le moins, qu'un des deux serviteurs des djinns l'emportât sur ses épaules à l'autre rive du canal, pour en contempler les merveilles ? Mais il avait peur de rencontrer bien des choses terribles avant d'arriver à ce poisson merveilleux.

D'ailleurs, il ne pouvait explorer la rive de ce canal sur une bien grande distance, car elle était, à gauche, entourée de dangers. Sur la droite, c'étaient les 'Edoui, des gens du Sa'ïd[1] qui habitaient une grande maison, avec à la porte deux chiens énormes qui n'arrêtaient pas d'aboyer, inspirant à tous des craintes dont on ne cessait de parler. Le passant n'échappait à ces chiens qu'avec de grandes précautions et les pires difficultés. Sur la gauche se tenaient les tentes de Sa'ïd le bédouin, sur qui circulaient quantités d'histoires de brigandages, de filouterie et de sang répandu. Sa femme Kouâbis, dont le nez s'agrémentait d'un anneau d'or, venait souvent à la maison. Elle embrassait notre ami en le heurtant à l'anneau de son nez, lui faisant mal, presque autant qu'elle lui faisait peur. Notre ami craignait donc autant de s'avancer vers la droite et de se trouver en présence des deux chiens des 'Edoui que vers la gauche où il s'exposait à la méchanceté de Sa'ïd le bédouin et de sa femme Kouâbis. Pourtant, il trou-

1. Haute-Egypte.

vait, dans cet univers rétréci et limité de toutes parts, toutes sortes de jeux pour tous les moments de sa journée.

Mais la mémoire des enfants est fantasque, à moins que ce ne soit la mémoire de l'homme fait, lorsqu'il essaye d'interroger l'histoire de son enfance. Elle lui présente certaines scènes dans une lumière crue, comme si le temps s'était arrêté de couler, tandis que d'autres s'effacent, comme s'il n'avait plus rien de commun avec elles.

Notre ami a gardé le souvenir de la haie, du jardin potager qui s'étendait derrière elle, du canal où finissait pour lui l'univers, de Sa'ïd l'Arabe et de sa femme Kouâbis ainsi que des chiens des 'Edoui. Mais il essaye en vain de se rappeler ce qu'il advint de tout cela. C'est comme s'il avait dormi une bonne nuit, et qu'à son réveil il n'y ait plus eu ni haie ni potager, ni Sa'ïd ni Kouâbis. Il ne voit plus rien, à la place de la haie ni du potager, que des maisons bien construites et des rues bien tracées, qui descendent du remblai, et s'étendent sur une courte distance du nord au sud. Il se rappelle un grand nombre des habitants de ces maisons, ainsi que des enfants qui jouaient avec lui dans les rues.

Il se souvient encore qu'il pouvait désormais s'avancer à droite et à gauche sur les bords du canal sans craindre ni les chiens des 'Edoui ni les ruses de Sa'ïd et de sa femme. Il se rappelle qu'il passait des heures entières de sa journée sur la rive, heureux et ravi, à écouter les romances du poète Hassan qui psalmodiait les aventures d'Abou Zaïd, de Khalifâ et de Diyâb, à l'heure où l'eau montait dans les aubes des « chadouf [1] » pour arroser la terre sur l'autre rive. Il se souvient qu'il put quelques fois passer le canal sur l'épaule d'un de ses frères sans avoir besoin de « l'anneau de la royauté », qu'il se rendit plus d'une fois à un endroit derrière l'eau, où poussaient des mûriers dont il goûtait les fruits délicieux. Il se rappelle aussi qu'il marcha bien des fois vers la droite, jusqu'au jardin du « mo'allem [2] », où

1. Machine élévatoire d'eau, se composant d'un levier et d'un seau.
2. Maître de l'école coranique.

il mangeait des pommes et cueillait de la menthe et du basilic. Mais il est incapable de s'expliquer cette transformation et le changement de visage du monde habité, entre son aspect des premiers âges et sa physionomie nouvelle.

III

Il était le septième de treize enfants du même père, le cinquième de onze de la même mère, mais il sentait qu'il avait, dans ce nombre imposant de jeunes gens et de petits garçons, une place toute particulière, distincte de celle de ses frères et de ses sœurs. En était-il satisfait? En souffrait-il? La vérité est que cette question reste entourée d'obscurité et d'incertitude, et qu'il ne peut aujourd'hui formuler sur elle un jugement sincère. Il devinait chez sa mère la tendresse et l'indulgence, il trouvait chez son père douceur et bonté, il sentait chez ses frères une certaine sollicitude dans leurs façons de lui parler, de s'occuper de lui, mais rencontrait parfois chez sa mère une imperceptible nuance de dédain et, d'autres fois, de brusquerie. Il croyait aussi percevoir chez son père la même nuance de dédain, quelque peu distant, et l'éloignement, de temps à autre. De même la sollicitude de ses frères et sœurs le blessait, parce qu'il voyait une certaine pitié mélangée de mépris. Cependant il ne tarda guère à connaître la cause de tout cela, car il sut que les autres gens avaient quelque chose de plus que lui, et que ses frères et sœurs pouvaient entreprendre des tâches qui restaient au-dessus de ses moyens. Il sentait que sa mère leur permettait des choses qu'elle lui interdisait, et cela l'irritait. Mais cette irritation se changea bientôt en une mélancolie silencieuse et profonde. Elle lui vint d'entendre ses frères décrire des choses dont il n'avait aucune connaissance. Il sut alors qu'ils « voyaient » ce que lui ne verrait jamais...

IV

Tout enfant, il avait commencé par être d'une curiosité ingénue, qui ne s'inquiétait guère des obstacles du chemin et s'élançait à la découverte de l'inconnu. Ces dispositions naturelles furent souvent l'occasion de ses malheurs et de ses souffrances. Mais un menu incident de son enfance borna pour un temps son avidité de savoir, et envahit son cœur d'une honte et d'une amertume qui ne l'ont jamais quitté depuis. Il était assis au dîner avec ses frères et son père. Sa mère, comme à l'ordinaire, présidait le repas et surveillait la servante, ainsi que ses filles qui partageaient avec elle le soin de servir la table. Lui, mangeait comme tout le monde, mais je ne sais quelle idée bizarre lui vint à l'esprit. Qu'arriverait-il, s'il tenait sa bouchée entre les deux mains, au lieu de la prendre comme toujours avec une seule ? Qu'est-ce qui l'empêcherait de faire cette expérience ? Rien sans doute. Il saisit donc sa bouchée à deux mains et la trempa dans le plat rond où tout le monde puisait, puis l'éleva jusqu'à sa bouche. Oh ! minute inexpiable, dont la seule idée fait encore aujourd'hui monter le rouge à ses joues ! Ses frères ? — quel éclat de rire... — Sa mère ? prête à pleurer — et son père qui dit seulement d'une voix paisible et un peu triste : « Ce n'est pas comme cela, mon petit, que l'on tient sa bouchée. » De lui-même, que dire ? Il n'a jamais su comment il passa la nuit d'après.

A partir de ce moment, ses mouvements furent contraints et frappés d'une certaine réserve, d'appréhension et surtout d'une timidité qui s'étendait à tout. C'était depuis cet instant qu'il se découvrit une volonté de fer. Il s'interdit à lui-même certaines nourritures dont il ne goûta qu'après avoir dépassé vingt-cinq ans. Il condamna les potages et le riz, et tous les plats qui se mangent à la cuillère, car il se savait inhabile avec cet instrument, et il craignait par-dessus tout le rire de ses frères, les pleurs de sa mère et surtout le calme et triste reproche de son père.

Ce petit fait l'aida à comprendre le sens de l'anecdote bien connue, que la tradition rattache à la vie du poète aveugle, Abou'l 'Ala' el Ma'arri[1]. Celui-ci avait, un jour, mangé du raisiné, et en avait fait couler un peu sur son vêtement sans s'en apercevoir. Lorsqu'il sortit pour faire son cours, un des élèves lui en fit la remarque : « Maître, vous avez aujourd'hui mangé du raisiné. » Il se hâta de l'essuyer de la main en disant : « C'est ma foi vrai ; périsse la gloutonnerie ! » Et il supprima le raisiné de ses repas jusqu'à la fin de ses jours.

La même aventure lui permit aussi une intelligence plus profonde de certains traits du caractère de ce poète. Abou'l 'Ala' el Ma'arri se dérobait à tous les regards pour manger, et se cachait même de son domestique. Il prenait ses repas dans une cave. Il faisait dresser la table dans ce réduit, puis attendait qu'on sortît et le laissât seul devant les plats, dont il se servait à sa fantaisie. On raconte que ses élèves parlèrent un jour devant lui des pastèques d'Alep et en dirent beaucoup de bien. Abou'l 'Ala' prit la peine d'envoyer spécialement quelqu'un à Alep pour leur en rapporter. Ils en mangèrent et le domestique en garda à son maître dans la cave où il lui plaçait sa nourriture. Il faut croire qu'il ne le mit pas à la place habituelle, et qu'il déplut au vieillard de réclamer ce morceau de pastèque, car celui-ci resta au même endroit jusqu'à être complètement gâté, sans que le poète en eût goûté.

---

1. Illustre poète aveugle syrien, mort en 1058, célèbre par sa philosophie pessimiste et sceptique.

Les singularités de l'illustre aveugle s'expliquèrent alors aux yeux de notre ami, car il se vit lui-même dans des difficultés fort semblables. Combien de fois souhaita-t-il, lorsqu'il était enfant, pouvoir être seul à prendre son repas ! Mais il n'eut jamais la hardiesse d'exprimer ce désir. Il lui arriva pourtant d'être seul à manger, à certaines époques de l'année, au mois de Ramadan, et dans les jours de fête, où toute sa famille mangeaient des plats sucrés qui réclament l'usage des cuillères. Il refusait alors d'en prendre à table, et sa mère, qui souffrait pour lui de ces privations, lui mettait de côté un plat spécial qu'il prenait seul, dans une pièce fermée à clé, pour que personne ne vînt le déranger.

Lorsqu'il fut maître de ses actes, il institua cette pratique régulière. Il commença dès son premier voyage en Europe. Il feignit d'être indisposé, et refusa de descendre à la salle à manger, pour se faire porter ses repas dans sa cabine. Lorsqu'il arriva en France, il établit, dans les hôtels ou les pensions, la règle de se faire porter ses repas dans sa chambre, sans s'imposer la corvée d'aller à la table d'hôte. Il ne quitta ces habitudes moroses qu'après ses fiançailles, et sa femme lui en fit perdre un certain nombre d'autres.

Cette aventure lointaine le marqua pour la vie. Elle le rendit proverbial dans la famille et dans le cercle des gens qui le connaissaient. Lorsqu'il sortit de la vie de famille pour entrer dans la vie sociale, il fut sobre, mangeant peu, non par tempérament, mais parce qu'il craignait le reproche de gourmandise ou les allusions de ses frères. Il en souffrait au début, mais ne tarda guère à s'y habituer, au point de ne plus pouvoir sans effort manger autant que tout le monde. Il raffinait sur l'exiguïté de ses bouchées. Il avait un oncle qui le grondait en le voyant faire, se mettait en colère et insistait pour le faire manger de plus gros morceaux, à la grande joie de ses frères. Le résultat fut qu'il prit cet oncle en grippe. Il avait aussi honte de boire à table, par crainte de faire tomber son verre ou de ne pas pouvoir le prendre quand on le lui tendait. Il mangeait sans boire. C'est seulement quand il se levait pour se laver les mains au robinet qu'il pouvait le faire sans contrainte. Cette eau-là n'était pas toujours propre, et cette façon d'étancher sa soif tout d'un coup n'était guère hygiénique. Il finit par avoir des maux d'estomac dont personne ne soupçonna la raison.

Il se priva ainsi de presque toutes les sortes de jeux, sauf de ceux qui ne lui donnaient pas de peine et ne l'exposaient pas aux moqueries ni à la pitié. Le jeu qu'il aimait le plus était de réunir un tas de morceaux de fer dans un coin de la maison, de les assembler, de les défaire et de les battre ensemble. Il y passait des heures et, quand il en avait assez, il suivait les jeux de ses frères avec leurs camarades. Il partageait leurs jeux en esprit, non avec son corps. C'est ainsi qu'il apprit à connaître beaucoup de jeux sans y prendre aucune part. Cet éloignement du jeu lui fit aimer davantage un autre genre de divertissement : écouter les contes et les légendes. Il aimait par-dessus tout entendre la récitation du poète, la conversation des hommes avec son père ou celle des femmes avec sa mère. Il apprit à goûter le plaisir d'entendre. Son père et un groupe d'amis aimaient passionnément les récits. Après la prière du « 'Asr[1] », ils se réunissaient tantôt chez l'un, tantôt chez l'autre, pour faire la lecture de quelque histoire des expéditions et des conquêtes de l'Islam, ou bien des aventures de 'Antar[2] et du Sultan Zâhir Baïbars[3], la vie des prophètes, des saints et des justes, et quelques livres d'homélie et de piété. Notre ami s'asseyait accroupi à quelque distance, sans qu'on fît la moindre attention à lui, mais il ne perdait rien de ce qui se disait. Il remarquait même l'impression que faisaient ces histoires sur le cercle des auditeurs. Lorsque le soleil s'était couché, les gens se séparaient pour aller dîner, et pour renouer, après la prière du soir, un bavardage qui durait une partie de la nuit. Le poète venait leur réciter les aventures des Bani Hilal[4] et Zanâti[5]. Notre ami, toujours assis, écoutait

1. Prière du début de l'après-midi.
2. Poète arabe pré-islamique, dont la bravoure est légendaire.
3. Sultan mameluk du temps des Croisades.
4. Tribu arabe qui, partie d'Egypte, conquit le Maghreb au XIIe siècle.
5. Chef d'une tribu berbère.

aux premières heures de la nuit comme aux dernières du jour.

Les femmes, dans les villages d'Egypte, n'aiment pas le silence et n'ont aucune propension à s'y abandonner. Lorsque l'une d'elles se trouve seule, sans personne à qui parler, elle se tient à elle-même une sorte de causerie intime, faite de chansons lorsqu'elle est joyeuse, et de complaintes lorsqu'elle est affligée. Or, toute Egyptienne est triste quand elle le veut, et il n'y a rien qui plaise aux femmes des villages, quand elles sont seules, comme de rappeler le souvenir de leurs deuils et de leurs morts, sur un ton de litanie. Souvent, cette mélopée finit par des pleurs véritables. Notre ami était favorisé du sort, car il pouvait entendre les chants de ses sœurs ou les complaintes de sa mère. Mais les premiers ne réussissaient qu'à l'agacer sans laisser aucune trace dans son cœur. Il les trouvait pauvres, sans résonance profonde, tandis que les secondes le remuaient jusqu'au fond de l'âme, et souvent amenaient à ses yeux des larmes. En les écoutant, il retint plus d'un air populaire et beaucoup de mélopées plaintives, sans compter les histoires sérieuses ou plaisantes. Il apprit aussi autre chose qui n'avait pas grand rapport avec le reste : c'étaient les « werd », que récitait son grand-père, le vieillard aveugle, tous les matins et tous les soirs.

Cet aïeul lui paraissait déplaisant et antipathique. Il avait « l'ombre lourde[1] » et passait à la maison la saison d'hiver de chaque année, s'étant fait vertueux et dévot, quand la vie ne lui avait plus laissé d'autre voie que l'oraison et la piété. Il s'acquittait des cinq prières à leurs heures, et sa langue n'arrêtait pas d'invoquer Allah. Réveillé dès la fin de la nuit pour réciter le « werd » de l'aube, il s'endormait à une heure tardive après s'être acquitté, non seulement de la prière du soir, mais de quantité d'autres « werd » et dévotions. Notre ami couchait dans une pièce contiguë à la sienne. Il entendait tout ce que le vieillard récitait et en gardait la mémoire jusqu'à savoir par cœur presque tous ces « werd » et une grande partie de ces prières. Les gens du village aimaient les cérémonies des « soufi ». Ils

1. Expression arabe pour désigner les gens dont la présence est pesante.

faisaient des réunions pour réciter des « zikr », à la grande joie de notre ami qui s'en divertissait fort, ainsi que des poésies qu'on déclamait à cette occasion. Il n'avait pas encore neuf ans qu'il possédait un bagage de chansons et de complaintes, de contes en prose et en vers de la geste des Bani Hilâl et de Zanâti, de « werd », de prières et de poésies mystiques faisant un total respectable. Avec tout cela, il apprit le Coran.

V

Par exemple, il ne sait plus du tout comment il apprit le Coran, ni comment il le commença, ni comment il le reprit. Et pourtant, il retrouve de sa vie au « kouttab[1] » maintes scènes dont les unes le font aujourd'hui sourire, tandis que d'autres l'emplissent de mélancolie. Il revoit les moments où il se rendait à l'école sur l'épaule d'un de ses frères, car c'était loin, trop loin, pour que ses faibles jambes pussent couvrir la distance. Mais, ensuite, il ne se rappelle pas quand il commença d'y aller seul. Il se revoit un matin assis par terre devant Sayedna[2], ayant, autour de lui, tout un tas de chaussures avec lesquelles il jouait, et il a gardé le souvenir des nombreuses pièces dont elles étaient rapetassées. Sayedna était assis sur un petit banc de bois, pas bien haut, ni très bas non plus, à droite de la porte, et devant lequel, en entrant, on était obligé de passer. Il avait ses habitudes : il arrivait, enlevait sa « 'abâya[3] » ou, plus exactement, sa « daffiya[4] », et la roulait de façon à lui donner l'aspect d'un traversin qu'il plaçait à sa droite. Puis, il retirait ses sandales et se carrait sur son banc, allumait sa cigarette et

1. Ecole coranique.
2. *Litt. :* « Notre maître ».
3. Manteau à courtes manches.
4. Sorte de douillette.

commençait l'appel nominal. Il ne réparait celles-ci que lorsqu'il n'y avait plus d'autre ressource. Il les faisait recoudre de droite et de gauche, au-dessus et au-dessous ; lorsqu'une de ses semelles le lâchait, il appelait un élève, prenait sa sandale à la main et lui tenait ce petit discours : « Tu vas aller chez le savetier à deux pas d'ici, et tu lui diras : " Sayedna te fait dire que cette sandale a besoin d'une pièce du côté droit. Regarde si tu vois bien ; là où je mets le doigt. " Il te répondra : " Oui, je mettrai cette pièce. " Tu ajouteras, " Sayedna dit qu'il faut choisir un cuir épais, solide et neuf, et soigner la couture de façon qu'elle ne paraisse pas. " Il te répliquera : " Oui, sans faute ", et tu lui diras : " Sayedna compte qu'il est ton client depuis longtemps et se recommande à toi pour le prix. " Et quoi qu'il réponde, ne consens pas à le payer plus d'une piastre. Et puis, sois revenu dans le temps qu'il me faut pour fermer l'œil et le rouvrir. » Le garçon partait, et Sayedna ne s'inquiétait plus de lui. Quand il rentrait, Sayedna avait cligné de l'œil pour le rouvrir et le refermer bien des fois et bien des fois.

Il faut dire que ce personnage pouvait cligner de l'œil et le rouvrir sans rien voir ou presque. Car il était aveugle, bien qu'un très faible filet de lumière permît à l'un de ses yeux de percevoir des ombres sans les distinguer. L'homme était heureux de cette faible lueur... Il se leurrait de l'illusion d'être un de ces privilégiés qui voient clair, mais cela ne l'empêchait pas de recourir, pour venir à l'école, ou pour rentrer chez lui, à l'appui de deux élèves. Il étendait les bras sur leurs épaules et le trio s'avançait sur la route en prenant toute sa largeur et faisant écarter les passants pour lui faire place.

C'était un curieux spectacle que Sayedna faisant son chemin vers l'école ou rentrant vers sa demeure le matin et le soir. Il était gros et ventru et sa « daffiya » ajoutait encore à son embonpoint. Ses deux bras entouraient, comme je l'ai dit, les épaules de ses compagnons de route. Tous les trois martelaient la terre en cadence des coups de leurs talons. Sayedna choisissait pour ce service important les meilleurs élèves, et ceux qui avaient la plus belle voix, car il aimait à chanter et à enseigner le chant.

Le trajet quotidien servait à cette leçon. Il entonnait et ses deux guides l'accompagnaient de temps à autre, ou bien se contentaient de l'écouter. Parfois, l'un des élèves conduisait le chœur, suivi par l'autre. Or, Sayedna ne chantait pas seulement avec sa voix, mais avec sa tête et avec tout son corps. La tête montait et descendait, tournait à droite et à gauche. Il chantait aussi avec ses mains qui battaient la mesure sur la poitrine de ses deux guides. Quelquefois, le refrain lui plaisait et il trouvait que la marche en gâtait l'effet ; il s'arrêtait alors pour le terminer. Le plus bizarre de tout était qu'il se croyait une belle voix. Notre ami ne pense pas qu'Allah en ait jamais créé une plus affreuse. Jamais il n'a récité ce verset du Coran : « La voix la plus horrible est celle des ânes », sans se rappeler Sayedna battant la mesure des vers de la « Burda[1] », en son chemin vers la mosquée pour la prière de midi, ou vers la maison lorsqu'il quittait l'école.

Notre ami se revoit donc assis par terre et jouant avec les sandales, pendant que Sayedna lui faisait réciter la « surate du miséricordieux[2] ». Mais il ne se souvient pas si c'était la première lecture ou la révision.

Il lui semble revoir une autre scène. Il est assis encore, non plus par terre au milieu des pantoufles, mais sur un long banc à la droite de Sayedna qui lui fait réciter ce verset : « Commanderez-vous aux gens la vertu, alors que vous vous oubliez vous-même, et pourtant vous lisez l'Ecriture ; n'aurez-vous point de raison ? » Il croit bien qu'à ce moment il avait fini le Coran pour la première fois et en avait commencé la révision. Rien d'étonnant du reste qu'il ait oublié comment il apprit le Livre, car il avait fini son instruction avant neuf ans. Par contre, il se remémore très clairement le jour où, ayant terminé, il savait le Coran tout entier. C'est que Sayedna lui en avait parlé des jours à l'avance en lui disant que son père serait bien heureux. Il posait ses conditions en même temps et réclamait son droit.

1. Poème de Bussiri en l'honneur du Prophète.
2. Chapitre du Coran.

N'avait-il pas instruit, avant notre ami, quatre de ses frères dont l'un était allé à l'Université d'el Azhar et les autres dans les écoles du gouvernement ? Notre ami était le cinquième. Quelles obligations ne lui avait pas la famille... Ces obligations et ces droits de Sayedna sur la famille prenaient toujours forme concrète : nourriture, boisson ou vêtements, et surtout argent. Quant à ce qu'il exigeait pour le jour où notre ami aurait appris le verset final, c'était d'abord, et avant toute chose, un riche cadeau, puis une « guebba [1] » et un caftan, une paire de souliers et une tarbouche mauresque, une « tâqia [2] » de cette étoffe dont on fait les turbans, et une guinée d'or rouge. Il n'acceptait rien de moins, et, si on ne lui payait pas tout cela rubis sur l'ongle, il ne voulait plus connaître la famille. Il ne recevrait jamais rien d'elle, et n'aurait plus avec elle aucun rapport, c'était juré avec les serments les plus sacrés. Ce fameux jour fut un mercredi. Il avait annoncé dans la matinée que notre ami aurait fini le Coran ce jour-là. A la fin de l'après-midi, tout le monde arriva : Sayedna, appuyé sur ses deux guides, notre ami derrière lui, conduit par un des orphelins du village. Quand on atteignit la maison, Sayedna poussa la porte en criant l'avertissement d'usage : « Yâ Sattâr ! [3] ». Puis, il se dirigea vers la véranda. Le cheikh s'y tenait, venant de terminer la prière du « 'Asr », et récitant quelques oraisons, suivant son habitude. Il les reçut avec un tranquille sourire. Son ton calme contrastait avec la voix claironnante de Sayedna. Notre ami ne disait rien et l'orphelin était tout ébahi. Le cheikh fit asseoir Sayedna et ses deux compagnons, mit un peu d'argent dans la main de l'orphelin, et appela la servante pour l'emmener prendre un peu de nourriture. Puis il caressa la tête de son fils : « Dieu te bénisse, va trouver ta mère, et dis-lui que Sayedna est ici. »

La mère avait entendu et préparé la boisson indispensable en pareille circonstance : du sucre fondu sans rien dessus. Elle

1. Vêtement qu'on endosse par-dessus le caftan.
2. Calotte.
3. Invocation d'un nom de Dieu. *Satara* = cacher. Sayedna disait ainsi aux femmes de la maison : « Cachez-vous ! »

en remplit une grande cruche et l'approcha de Sayedna qui en aspira avec grand bruit. Elle en offrit deux autres cruches à ses compagnons. Puis elle fit apporter le café et Sayedna en but une tasse avec le cheikh. Pendant tout ce temps, le maître insistait auprès de ce dernier pour qu'il interrogeât l'enfant sur le Coran, mais le cheikh répondait : « Laisse-le jouer, il est bien petit. » Puis, Sayedna se levant pour partir, il lui dit : « Nous ferons ensemble la prière du coucher du soleil, s'il plaît à Dieu. » C'était l'invitation au repas du soir. Je ne pense pas que Sayedna ait jamais reçu autre chose comme gratification. Il connaissait la famille depuis vingt ans. Il y avait ses habitudes bien établies, et toute affectation était vaine de lui à elle. Il savait que, s'il n'avait pas eu de chance à cette occasion, il se rattraperait une autre fois.

VI

A dater de ce jour, notre ami devint cheikh [1], bien qu'il n'eût pas dépassé neuf ans, car quiconque sait le Coran par cœur est cheikh en dépit de son âge. Son père l'appela cheikh, sa mère l'appela cheikh et Sayedna prit le parti de l'appeler cheikh devant ses parents, ou quand il était content de lui, ou encore quand il voulait faire appel à sa bonne volonté. En dehors de ces cas, il l'appelait simplement par son nom et, parfois même, il l'appelait « wâd [2] ». Notre ami le cheikh était tout menu, maigre et pâle, d'aspect plutôt minable. Il n'avait de la gravité des ckeikhs, ou de la fraîcheur de leur teint, ni peu ni prou. Ses parents ne voyaient guère qu'un compliment innocent, une flatterie sans conséquence, dans ce titre dont ils faisaient précéder son nom, plutôt par amour-propre et vanité familiale que par gentillesse ou tendresse pour lui. Quant à lui-même, il se complut à cette appellation au début, mais il attendait autre chose, d'autres marques de satisfaction et d'encouragement. Il s'attendait à être cheikh pour de bon, à porter le turban, à revêtir la « guebba » et le caftan. Il se contentait mal de l'explication qu'on lui donnait qu'il était trop petit pour porter le turban et pour entrer

1. Le mot « cheikh » signifie vieillard (senior) ; mais l'usage s'est établi d'appeler de ce nom tous ceux qui savent le Coran.
2. Terme péjoratif pour dire « enfant ».

dans le caftan... Comment se payer de telles réponses du moment qu'il était cheikh et qu'il savait le Coran par cœur ? Et comment admettre qu'un enfant puisse être cheikh ? Qui savait le Coran pouvait-il s'appeler encore enfant ? Il était victime d'une incroyable injustice... Pouvait-on en trouver pire au monde que celle qui le frustrait de ses droits au turban, à la « guebba » et au caftan ?

Quelques jours suffirent à le lasser du surnom de cheikh, et à le lui faire détester ; à lui révéler enfin que l'existence est un tissu d'iniquités et d'impostures, que l'homme est lésé dans ses droits, même par ses parents, et que l'amour paternel et maternel ne met pas père et mère à l'abri de cet esprit de fausseté et de vanité. Il méprisa donc ce vain titre et resta convaincu que l'orgueil abusait l'âme de ses parents. Puis il oublia tout cela, parmi tant d'autres choses.

Il faut bien dire qu'en toute équité, cette appellation de cheikh ne lui convenait guère. Ce qu'il lui fallait, en dépit de sa « science » du Coran, c'était d'aller à l'école, comme il faisait du reste, dans un piètre accoutrement, coiffé d'une calotte qu'on nettoyait un jour par semaine, chaussé de souliers qu'on changeait une fois l'an, et qu'il ne quittait pas avant qu'ils ne le quittassent d'eux-mêmes. Et quand il les avait dû jeter, il lui fallait marcher nu-pieds une semaine, ou quelquefois plusieurs, jusqu'à ce qu'Allah lui fît la grâce d'une paire neuve. C'était tout ce qu'il méritait, car son savoir ne dura pas longtemps... Est-il seul à blâmer, dans l'histoire, ou bien la responsabilité se partage-t-elle entre lui et Sayedna ? Il est bien vrai que celui-ci le négligea pendant un certain temps, et s'occupa d'autres élèves qui n'avaient pas terminé le Livre. Il le négligea pour se reposer, et aussi parce qu'il n'avait pas reçu de récompense. Notre ami se reposa, lui aussi, à la faveur de cette négligence, et prit l'habitude d'aller à l'école pour y passer de longs jours dans une quiétude absolue et des jeux ininterrompus. Il attendait ainsi la fin de l'année, le retour de son frère qui faisait ses études au Caire, à l'Université d'el Azhar. Après les examens, lorsqu'il repartirait pour le Caire, notre ami l'accompagnerait pour devenir un véritable cheikh et un élève d'el Azhar.

Il traîna ainsi un mois, puis un autre et un autre encore. Il allait à l'école et en revenait sans avoir rien fait, mais certain de toujours savoir le Coran. Sayedna n'en était pas moins assuré, jusqu'à l'arrivée du jour néfaste, qui fit éprouver à notre ami, pour la première fois, toute l'amertume et toute la honte de l'humiliation publique, et lui fit détester la vie. Il revenait de l'école à la fin de l'après-midi, paisible et satisfait. A peine entré, il s'entendit saluer du nom de cheikh par son père qui s'avançait vers lui avec deux amis voisins. Son père semblait radieux de le voir et le fit asseoir avec bonté. Il lui posa les questions habituelles, puis lui demanda de réciter la « surate des poètes ». La foudre éclatant sur sa tête n'aurait pas plus hébété l'enfant que cette simple question. Il essaya de se souvenir, réfléchit, se crut sur le point de se lancer, resta court et marmotta : « Allah est mon refuge contre Satan le lapidé », puis donna plusieurs fois à Allah les noms de Clément et Miséricordieux, mais ne se rappela de la « surate des poètes » absolument rien, sinon que c'était une des trois qui commencent par Tâ sin mim [1]. Et il se prit à répéter Tâ sin mim une fois, deux fois, trois fois, sans pouvoir passer à aucune phrase. Son père lui souffla le premier mot, mais sans le faire avancer d'un pas. Alors, il lui demanda la « surate des fourmis ». L'enfant se rappela que le commencement de la « surate des fourmis » était le même que celui de la « surate des poètes », Tâ sin mim, et se reprit à répéter ces trois lettres. Son père lui souffla les premiers mots mais sans résultat ; et il tenta encore de lui faire réciter la « surate de la narration ». L'élève se souvint que c'était la dernière des trois et partit de plus belle à répéter Tâ sin mim. Mais, cette fois-ci, son père ne l'aida plus. Il dit seulement avec calme : « Va-t'en... Je croyais que tu savais le Coran. » L'enfant se leva, mourant de honte et tout baigné de sueur. Les deux voisins entreprirent de l'excuser, sur sa timidité

---

1. Lettres de l'alphabet arabe, t (emphatique), s. m.

et son jeune âge, mais lui s'esquiva, sans savoir à qui s'en prendre, de lui-même qui avait oublié le Coran, de Sayedna qui ne s'était plus occupé de lui, ou de son père qui lui faisait passer un examen.

Quoi qu'il faille en penser, cette soirée-là fut la plus effroyable qu'il ait jamais passée, sans paraître à table au dîner, sans que son père demandât où il était. Sa mère l'appela timidement pour dîner seul avec elle, il refusa. Elle le laissa et il s'endormit.

Mais cette soirée maudite fut, au total, bien meilleure que la matinée du lendemain quand il se rendit à l'école. Sayedna l'interpella avec la dernière sévérité : « Qu'est-ce qui s'est donc passé hier ? Comment se fait-il que tu aies été incapable de réciter la « surate des poètes » ? L'as-tu vraiment oubliée ? Récite-la-moi. » Notre ami se mit à balbutier *Tâ sin mim* et recommença devant Sayedna la comédie de la veille. « C'est bien, dit celui-ci, Allah m'a rendu ce que je méritais pour le temps que j'ai perdu avec toi, et la peine que j'ai prise pour ton instruction. Voilà que tu as oublié le Coran et il faut le recommencer. Ce n'est pas ta faute ni la mienne. C'est seulement celle de ton père. S'il m'avait accordé mon dû le jour où tu as su le Coran, Allah aurait béni ta mémoire, mais il m'a frustré dans mes droits et Allah a effacé le Coran de ton cœur. »

Sayedna lui fit apprendre le Livre depuis le début en le mettant au même rang que ceux qui n'étaient pas cheikhs et qui ne savaient rien.

VII

Il n'y a pas le moindre doute qu'il sut le Coran, dans la suite, d'une façon parfaite et en un temps très court. Il se rappelle qu'un jour il revint de l'école avec Sayedna, qui avait tenu particulièrement à l'accompagner. Quand ils arrivèrent à la maison, Sayedna s'arrêta et poussa la porte avec le cri d'usage : « *Yâ Sattâr !* » Le cheikh se trouvait, suivant son habitude, dans la véranda. Il venait de finir la prière du 'Asr. Sayedna s'assit et lui demanda :

« Pourquoi as-tu prétendu que ton fils avait oublié le Coran, et m'en as-tu fait de violents reproches ? Je t'ai juré qu'il ne l'avait pas oublié, mais qu'il s'était troublé par timidité. Tu m'as traité de menteur et tu as déshonoré ma barbe que voici. Je viens aujourd'hui pour que tu l'interroges devant moi, et je jure que, s'il en ressort qu'il ne sait pas le Coran, je raserai cette barbe et je deviendrai la honte des lettrés de cette ville.

— Doucement, répondit le cheikh, ne prends pas cela au tragique. Pourquoi ne dis-tu pas qu'il avait oublié le Coran, et que tu le lui as fait réciter une fois de plus

— Non, reprit l'autre, je jure par Allah trois fois qu'il ne l'avait pas oublié et que je n'ai pas eu à le lui rapprendre. Je me suis borné à l'entendre réciter le Coran comme de l'eau qui coule, sans arrêt ni hésitation. »

Notre ami écoutait ce dialogue avec la conviction intime que son père était fort clairvoyant et Sayedna un menteur. Pourtant il ne souffla mot et attendit l'examen. Celui-ci fut pénible et tout hérissé de difficultés.

Mais, ce jour-là, l'élève se montra supérieur aux circonstances. Il répondait à toutes les questions sans hésiter le moins du monde et à toute vitesse, au point que le cheikh crut devoir le modérer.

— Doucement... c'est un péché de dévider le Coran si vite.

Lorsque l'examen fut terminé, son père lui dit :

— Qu'Allah te soit secourable ! Va trouver ta mère et dis-lui que tu sais le Coran pour de bon.

Il se rendit auprès d'elle, mais ne lui dit pas un mot, et elle ne lui demanda rien. Ce jour-là, Sayedna sortit de la maison avec une « guebba » de drap dont le cheikh lui avait fait présent.

VIII

Sayedna parut le lendemain à l'école tout guilleret. Il appela le cheikh en herbe en lui donnant son titre, et il ajouta :

« Aujourd'hui, tu mérites ce nom ; car, hier, tu m'as permis de garder la tête haute, tu as blanchi mon visage et tu as rendu l'honneur à ma barbe. Ton père a été obligé de me donner une " guebba ". Tu récitais le Coran hier comme des chaînes d'or, et, moi, j'étais sur des charbons ardents, dans la terreur de te voir faire un faux pas ou dérailler. Jusqu'à la fin de cet examen, j'ai invoqué sur toi la force de Celui qui veille toujours. Je te dispense aujourd'hui de la récitation. Mais je veux conclure un pacte avec toi. Promets-moi d'y rester fidèle.

— C'est un devoir pour moi, répondit le jeune garçon en rougissant.

— Donne-moi ta main, continua Sayedna, en la prenant dans la sienne. »

A peine l'enfant eut-il tendu la main qu'il sentit quelque chose d'étrange, qui ne ressemblait à rien qu'il eût touché auparavant, quelque chose de large et qui s'enroulait en boucles, abondamment garnies de poils, dans lesquels les doigts se perdaient. Sayedna lui avait mis la main dans sa barbe. « Voici, ajouta-t-il, ma barbe que je remets entre tes mains ; j'espère que tu ne la traî-

neras pas dans la boue. Dis " Wallahi 'l'Azim[1] " trois fois, et
ajoute : " Par le Coran glorieux, j'aurai soin de son honneur ". »

L'enfant prêta le serment demandé. Quand il eut fini, le maître
lui dit :

— Combien y a-t-il de sections dans le Coran ?

— Trente.

— Et combien de jours as-tu pour réciter le Livre ?

— Cinq jours.

— Eh bien, si tu veux réciter le Coran une fois par semaine,
combien dois-tu réciter de sections chaque jour ?

L'enfant réfléchit un peu avant de répondre :

— Six...

— Jure donc que tu réciteras au surveillant six sections du
Coran tous les jours de travail, et que cette récitation sera ton
premier soin en arrivant à l'école. Quand tu l'auras terminée, il
n'y a pas de mal à ce que tu t'amuses et que tu joues, à condition de ne pas distraire les autres élèves de leur travail...

Notre ami se lia ainsi lui-même par ce pacte. Sayedna appela
le surveillant et lui fit promettre de faire réciter tous les jours
six sections du Coran. Il lui remit aussi entre les mains son
honneur, celui de sa barbe, et la réputation de l'école dans la
ville. Le surveillant reçut ce dépôt sacré devant tous les élèves,
qui assistaient à cette scène avec un profond ahurissement.

1. « Par Dieu tout-puissant ! »

IX

A dater de ce jour, l'enfant ne fut plus en rapport avec Sayedna pour son instruction, mais avec le surveillant. Ce dernier n'avait rien à envier au maître en fait de bizarrerie. C'était un jeune homme long et mince, noir comme du charbon, de père soudanais et de mère métisse. Il n'avait jamais eu de chance et n'arrivait à rien de bien dans la vie, ayant essayé tous les métiers sans réussir dans aucun. Son père l'avait confié à bien des patrons comme apprenti, mais sans succès. Il avait cherché pour lui à la sucrerie une place d'ouvrier, de gardien, de portier ou de domestique, mais rien de tout cela n'avait réussi. Le père désespéré l'avait pris en grippe et le méprisait. Il l'avait envoyé à l'école tout petit pour apprendre à lire et à écrire. Le pauvre diable avait retenu quelques surates du Coran qu'il ne tarda pas à oublier. Lorsque l'existence lui devint trop amère, il alla trouver Sayedna et lui conta ses peines.

« Reviens donc à l'école, lui dit ce dernier, et sois surveillant. Tu enseigneras aux enfants la lecture et l'écriture. Tu les empêcheras de se dissiper, et tu me remplaceras quand je n'y serai pas. C'est moi qui leur ferai réciter le Coran jusqu'à ce qu'ils le sachent parfaitement. A toi d'ouvrir l'école avant le lever du soleil, de veiller à sa propreté avant l'arrivée des élèves, de la fermer après la prière du 'Asr, et de prendre les clés. En tout, tu seras mon bras droit. Tu auras le quart du revenu de l'école en argent. Tu le demanderas toutes les semaines ou tous les mois. »

Le pacte fut conclu entre les deux hommes par une récitation de la « fâtiha[1] », et le surveillant commença son service.

Le surveillant vouait à Sayedna une haine solide, mêlée de mépris, mais il le servait. Le maître n'éprouvait pour le surveillant qu'aversion violente et dédain, mais il le ménageait. Le surveillant détestait le maître égoïste, tricheur et menteur, qui lui cachait une partie des revenus de l'école, et gardait pour lui le meilleur de la nourriture apportée par les élèves. Il le méprisait d'être à peu près aveugle et de faire semblant d'y voir, d'avoir une voix horrible et de la croire jolie. Quant au maître, il en voulait au surveillant rusé et sournois, qui lui cachait beaucoup de choses qu'il aurait dû lui dire, qui volait et subtilisait adroitement les mets qu'on servait entre eux deux au repas de midi, raflant les meilleurs morceaux. Il lui reprochait aussi de s'entendre avec les grands élèves et de s'amuser avec eux à son insu. Après la prière et la fermeture de l'école, ils se donnaient des rendez-vous sous le mûrier, ou bien près du pont ou à la sucrerie.

Le plus étrange est que les deux hommes restaient ponctuellement fidèles à leurs conventions. Ils étaient obligés de se prêter un mutuel appui, en dépit de leur inimitié et de leurs dissentiments. L'un avait besoin de vivre, l'autre ne pouvait se passer de quelqu'un qui l'aidât à tenir l'école.

Notre ami fut donc confié au surveillant, et commença la récitation quotidienne de six sections du Coran, mais cela ne dura pas trois jours : il s'en lassa dès la première fois, et le surveillant à la seconde. Le troisième, ils s'en ouvrirent l'un à l'autre. A partir du quatrième, ils convinrent que l'élève réciterait mentalement les six sections devant le surveillant, pour pouvoir lui demander son aide s'il s'embrouillait ou s'il oubliait un mot. L'élève venait chaque matin et saluait le répétiteur. Il s'asseyait par terre devant lui et remuait les lèvres dans un murmure qui simulait

1. La première surate du Coran.

la récitation. De temps à autre, il demandait un mot à son gardien, qui parfois lui répondait, et plus souvent s'en épargnait la peine. Sayedna venait aussi tous les jours un peu avant midi. Quand il avait salué et s'était assis, son premier soin était d'appeler le jeune garçon :

— As-tu récité?

— Oui.

— De quel endroit à quel endroit?

Notre ami répondait :

— De la « surate de la vache » à « La tagidanna[1] », quand c'était un samedi, de « La tagidanna » à « Wa mâ obarri[2] », si c'était un dimanche, et ainsi de suite, suivant la division du Coran en usage chez les lecteurs.

A chaque jour, il avait fait correspondre une des sections pour avoir une réponse prête aux questions de Sayedna.

Mais le surveillant n'était pas homme à s'en tenir à cet accord, aussi reposant pour lui que pour notre ami. Il ne cherchait qu'à tirer parti de la situation et de l'autorité à lui conférée. De temps à autre, il avertissait l'élève qu'il allait se plaindre au maître, et qu'il avait trouvé certaines surates mal sues : la surate de « Houd », ou bien celle des « prophètes », ou encore celle des « alliés ». Or, voici que le Coran tout entier s'effaçait — misère de la mémoire — car le jeune garçon en avait négligé la récitation depuis des mois. Il en venait à redouter tout de bon un examen inopiné du maître, et il achetait le silence du surveillant avec n'importe quoi. Combien de fois lui a-t-il donné le pain ou le « fitîr[3] » du petit déjeuner, ou les dattes qui remplissaient ses poches! Combien de fois lui a-t-il abondonné la piastre que lui donnait son père de temps à autre, et avec laquelle il comptait acheter des pastilles de menthe! Combien de fois a-t-il rusé avec sa mère pour prendre un gros morceau de sucre, afin, en arrivant à l'école, de l'offrir au

1. Surate V, verset 85.
2. Surate XII, verset 53.
3. Sorte de galette.

surveillant, et il le donnait tout entier, bien qu'il mourût d'envie d'en manger au moins un petit morceau ! L'homme noir les prenait, se faisait apporter de l'eau, y trempait le sucre, et le suçait bruyamment, puis enfin, l'avalait à moitié fondu. Combien de fois l'élève a-t-il pris sur le repas qu'on lui apportait de la maison tous les jours à midi — et pourtant il avait grand-faim — de quoi faire manger le surveillant à sa place, pour que Sayedna continuât d'ignorer à quel point il avait oublié le Coran !

Pourtant, ces rapports continuels ne tardèrent pas à lui assurer l'affection de cet homme, qui le prit pour ami et l'emmenait avec lui à la mosquée, après le déjeuner, faire la prière de midi. Il en vint à lui accorder sa confiance et à se décharger sur lui d'une partie du service, à lui demander de faire réciter le Coran à quelques-uns des plus petits, ou bien de faire répéter leur leçon à d'autres qui avaient commencé la révision et savaient déjà par cœur. Ici, notre ami s'efforçait de suivre les traces de son modèle avec exactitude. Il faisait asseoir devant lui les élèves et mettait en route la récitation, puis, feignait de s'en désin-téresser, pour bavarder avec ses petits camarades. A la fin d'une conversation, il se retournait brusquement, et, au moindre signe de désordre, d'inapplication ou de bruit, lançait les admonestations, les réprimandes, puis les coups et les menaces d'avertir le sur-veillant. En vérité, il ne savait pas mieux le Coran que ses élèves, mais le surveillant en avait usé ainsi avec lui, et il fallait bien qu'il jouât le personnage au naturel. Si celui-ci ne le grondait, ne le battait ni ne se plaignait de lui à Sayedna, c'est qu'il y mettait le prix, et même assez cher. Les élèves comprirent très bien ce système et se mirent à le payer lui-même aussi lar-gement. Il rentrait dans ses frais en recevant ces cadeaux, avec pourtant cette différence que ceux qu'on lui faisait avaient beaucoup plus de variété. Car il ne souffrait pas, comme l'au-tre, de privations à son foyer, et n'éprouvait pas le même besoin de pain, de dattes, de sucre. Par ailleurs, il lui était impossible d'accepter de l'argent. Qu'en aurait-il fait, lui qui ne pouvait dépenser un sou sans le secours d'un tiers ? Il se serait dénoncé lui-même, et aurait fait découvrir le pot aux roses. Pour toutes ces raisons, il se montrait délicat et difficile à contenter. Les élèves s'ingéniaient à lui faire plaisir et à lui acheter, qui des pastilles de menthe, qui du sucre candi, ou des amandes, ou des cacahuètes. De tout cela, une bonne part servait d'ailleurs à faire des largesses au surveillant.

Mais une variété particulière de paiement lui plaisait par-dessus tout, le tentait et l'encourageait à négliger tous ses devoirs de la façon la plus cynique : c'étaient les contes, les récits et les livres. Lorsqu'un élève pouvait lui rapporter une légende, ou lui acheter un livre au colporteur qui parcourait les villages du Riff [1], ou bien lui lire un chapitre de l'histoire d'« El Zir Sâlim [2] » ou bien d'Abou Zaïd, il était certain d'obtenir tout ce qu'il voulait de sa bienveillance, de sa sympathie et de son amitié. La plus habile dans ce genre était une petite fille aveugle appelée Nafissa. La famille l'envoyait à l'école pour y apprendre le Coran. Elle le retint entièrement et avec une grande sûreté de mémoire. Sayedna la confia au surveillant qui la passa à notre ami, et celui-ci employa la méthode dont le surveillant lui avait donné l'exemple. La famille de cette petite était riche, mais sa prospérité n'était pas très ancienne. Le père avait été ânier avant de devenir commerçant et de faire fortune. Il dépensait sans compter pour sa famille à laquelle il assurait un train de vie très large. Nafissa ne manquait jamais d'argent. Elle montrait aussi plus d'adresse que les garçons pour faire des cadeaux agréables. C'était encore elle qui savait le plus d'histoires, et qui s'entendait le mieux à en inventer, qui avait le répertoire le plus varié de romances et de complaintes, qu'elle chantait joliment, les unes et les autres. Ses manières parfois excentriques faisaient soupçonner quelque chose d'un peu trouble dans son esprit. Elle enchantait encore notre ami, une bonne partie du temps, de sa conversation, de ses mélodies et de ses récits, non sans lui faire quelques autres présents. Et lui, dans cet échange de « pots-de-vin », qu'il recevait

1. La Campagne (opposée à la Ville).
2. Titre d'un conte célèbre.

48

d'une main et donnait de l'autre, perpétuelle dupe et trichant lui-même, ne sentait pas le Coran s'effacer de sa mémoire, verset par verset, surate par surate, jusqu'au terrible réveil... et quel réveil !

X

C'était un mercredi. Notre ami l'avait passé dans la joie et la gaîté. Il avait affirmé à Sayedna, dans la matinée, qu'il venait de terminer la récitation complète du Livre, et il s'était mis ensuite à écouter de belles histoires et des bavardages dans l'oisiveté, jusqu'à la fin du jour. En sortant de l'école, au lieu de rentrer à la maison, il se dirigea vers la mosquée, avec un groupe de camarades, pour la prière du 'Asr. Il aimait faire ce détour, parfois grimper en haut du minaret, et joindre sa voix à celle du muezzin pour le « taslîm[1] ».

Il y alla donc ce jour-là et ne manqua pas de monter au minaret, faire l'appel à la prière. Quand il voulut rentrer, il avait perdu ses sandales et ne les retrouva plus. Il les avait posées à côté du minaret, et, après la prière, lorsqu'il revint les chercher, quelqu'un les avait volées. Il en ressentit un peu de contrariété, mais ce jour était tout au contentement et à la joie, et il ne se laissa pas abattre par un incident aussi mince, auquel il ne prévoyait aucune suite fâcheuse. Il rentra pieds nus. Il y avait loin, pourtant, de la mosquée à la maison... Mais cela ne l'effrayait pas, car il avait souvent marché sans chaussures.

1. L'invocation qui suit l'appel à la prière.

Il entre dans la maison. Voici le cheikh dans la pièce vitrée, comme à l'habitude, qui l'appelle :

— Où sont tes sandales ?

— Je les ai oubliées à l'école.

Le cheikh ne prête à cette réponse qu'une attention distraite et laisse au jeune garçon quelques instants de répit, le temps d'entrer, de dire quelques mots à sa mère et à ses sœurs, de manger une galette de pain comme tous les jours en revenant de l'école. Puis, il l'appelle et le voit se hâter d'accourir. Quand il est bien assis .

— Qu'est-ce donc, reprend le père, que tu as récité du Coran aujourd'hui ?

— J'ai terminé le Livre et lu les six dernières sections.

— Tu les sais toujours aussi bien ?

— Mais oui...

— Eh bien, récite-moi la « surate de Saba ».

Or, notre ami l'avait oubliée comme, du reste, toutes les autres, et Allah ne lui vint pas en aide, ne lui souffla pas une lettre.

— Récite la « surate du Créateur ».

Pas une lettre.

— Tu viens de m'assurer, reprit le cheikh de sa voix tranquille et moqueuse, que tu savais toujours le Coran. Récite la « surate Yâ-Sin [1] ».

Cette fois-ci, Allah lui fit la grâce de se souvenir des premiers versets de cette surate. Mais sa langue ne tarda guère à s'embarrasser et sa salive à sécher dans sa gorge. Un tremblement pénible le saisit et une sueur froide coula sur son visage.

— C'est bien, dit le cheikh avec calme, lève-toi, et tâche d'oublier tes sandales tous les jours. Je ne vois qu'une chose : c'est que tu les as perdues comme tu as perdu le Coran. Mais, moi, j'ai une autre affaire à régler avec ton maître.

Notre ami sortit de la véranda, la tête basse, le cœur chaviré, les jambes molles. Ses pas incertains le menèrent au « karâr ».

---

1. Lettres isolées de l'alphabet arabe, placées en tête de la surate, y, s.

Le « kârar » était une sorte de cellier, une pièce de la maison où l'on serrait les provisions, et où l'on élevait des pigeons. Dans un des coins, il y avait la « courma ». C'était une pièce de bois épaisse et large comme un tronc d'arbre, sur laquelle la mère coupait la viande. Elle y laissait un jeu de couteaux : des grands, des petits, des pesants et des légers.

Notre ami y pénétra et se dirigea vers le coin où se trouvait la « courma » ; il étendit la main pour prendre le « sâtoûr ». C'était le plus gros des couteaux qui étaient dessus, le plus coupant et le plus lourd. Il le prit de la main droite et s'en donna un coup sur la nuque... Puis il poussa un cri et le couteau lui tomba de la main. La mère se précipita : elle n'était pas loin mais n'avait pas fait attention à lui quand il était passé. Elle le trouva debout, tout égaré, barbouillé du sang qui coulait de sa nuque. Le couteau gisait à terre, à côté de lui... Elle eut bien vite fait de jeter un coup d'œil sur la plaie et de reconnaître que ce n'était rien... Alors, quelle avalanche de gronderies et de réprimandes ! Elle l'entraîna d'une main dans un coin de la cuisine, où elle le jeta presque, et s'en alla à ses affaires. Notre ami resta sur place sans bouger ni parler ni pleurer ni penser à rien, comme s'il n'existait plus. Ses frères et ses sœurs autour de lui s'agitaient et jouaient sans s'occuper de lui, sans qu'il se tournât vers eux.

Le coucher du soleil approchait quand on l'appela vers son père. Il sortit tout tremblant, ne tenant plus sur ses jambes, pour arriver à la véranda. Son père ne lui demanda rien, mais Sayedna l'accueillit par cette question :

— Ne m'as-tu pas récité aujourd'hui les six sections du Coran ?

— Oui, répondit-il.

— Ne m'as-tu pas récité hier la « surate de Saba » ?

— Oui, fut encore la réponse.

— Et qu'as-tu donc à ne pas pouvoir la réciter aujourd'hui ?

Cette fois, il ne répondit rien.

— Récite, reprit Sayedna, la « surate de Saba ».

Il ne put rien trouver. Son père lui demanda de réciter la

« Sagda [1] » sans plus de succès. Alors, la colère du cheikh se déchaîna, mais ce fut contre Sayedna et non contre l'enfant.

— C'est ainsi que ce petit va à l'école ? Mais ce n'est pas pour y réciter le Coran, ni pour l'apprendre, ni pour que tu aies soin de lui, ni même pour que tu lui accordes la moindre attention. Il ne fait que jouer et se dissiper. Il est rentré aujourd'hui pieds nus. Il a prétendu qu'il avait oublié ses sandales à l'école. Mon avis, c'est que tu ne t'occupes pas plus de lui faire apprendre le Coran que de voir s'il marche nu-pieds ou chaussé.

— Mais, dit Sayedna, j'en fais triple serment par Allah le Très-Haut, pas un jour je ne l'ai négligé, et si je n'étais parti aujourd'hui de l'école avant la sortie des élèves, il ne serait pas revenu pieds nus. Il me récite le Coran d'un bout à l'autre chaque semaine, six sections tous les jours, le matin, à mon arrivée.

— Je n'en crois rien.

— Que ma femme soit répudiée trois fois ! Je ne t'ai jamais menti, et je ne suis pas plus menteur en ce moment. Je te dis que je lui fais réciter tout le Coran en une semaine.

— Je ne veux pas le croire.

— Comment ! T'imagines-tu que ce que tu payes tous les mois me tient plus au cœur que ma femme ? Ou bien, crois-tu que, pour l'amour de ton argent, je vais profaner les choses les plus sacrées, vivre avec une femme trois fois répudiée devant toi ?

— Ça, dit le cheikh, c'est une chose qui ne me regarde pas ; mais ce garçon n'ira plus à l'école à partir de demain matin ».

Sur ces mots, il se leva et quitta la pièce. Sayedna se leva aussi pour s'éloigner, morne et triste. Notre ami resta seul à songer, non pas au Coran, ni à ce qui arrivait, mais à l'étonnante capacité de mensonge de Sayedna et à ce triple divorce qu'il venait de lancer aussi négligemment qu'une cigarette après l'avoir fumée.

Il ne parut pas à table ce soir-là. Il resta trois jours sans oser s'asseoir en face de son père, et s'abstenant même de se présenter

1. Passage de la surate XXXII, où le fidèle se prosterne.

aux repas. Il fallut que, le quatrième jour, ce dernier vînt le trouver dans la cuisine, où il s'était choisi un coin auprès du four. Il lui parla longtemps, avec tant de douceur, d'amitié et de gentillesse que l'enfant fut gagné à la fin, et que les traits de son visage perdirent leur tension farouche. Son père lui prit la main et le fit asseoir à table. Il prit soin de lui pendant tout le repas avec une attention particulière. Mais, alors que l'enfant, ayant fini de manger, se levait pour s'éloigner, il eut cette plaisanterie cruelle que son fils n'a jamais oubliée, parce qu'elle fut pour ses frères le signal d'un rire général, et parce qu'elle se grava dans leur mémoire pour leur servir de taquinerie de temps à autre : « Sais-tu bien le Coran ? »

XI

Le jeune garçon fut retiré de l'école, et Sayedna fut brouillé avec la famille. Le cheikh demanda à un autre lecteur de venir tous les jours à la maison lire une surate du Coran à la place de Sayedna, et de faire travailler son fils une heure ou deux. Celui-ci resta donc libre d'aller et venir et de jouer dès que son nouveau maître était parti. Quand arrivait la fin de l'après-midi, il voyait venir ses camarades qui sortaient de l'école et lui racontaient les événements de la journée. Il prenait plaisir à ces récits et en profitait pour se moquer d'eux et de l'école ainsi que de Sayedna et du surveillant. Il lui semblait que tout était fini entre l'école et lui, et qu'il ne retournerait plus jamais sous la coupe de Sayedna ni de son acolyte, qu'il ne les verrait plus. Alors, il délia sa langue sans contrainte et parla librement des deux hommes. Il se mit à révéler tous leurs vices et leurs méchancetés qu'il avait cachés jusque-là. Il les chargeait de malédicitons devant leurs élèves et les dépeignait comme des menteurs ou des voleurs cupides. Il racontait sur leur compte de vilaines histoires, dont le récit soulageait sa rancœur, tout en délectant son auditoire. Pourquoi aurait-il gardé tout cela pour lui quand il n'était plus qu'à un mois de son départ pour le Caire ? Car son frère d'el Azhar allait rentrer dans quelques jours, et, quand il aurait fini son congé, il l'emmènerait pour être pensionnaire de la célèbre Université. Là-bas, il n'entendrait plus parler du maître ni du surveillant.

Vraiment, il fut heureux ces quelques jours-là. Il se sentait sur plus d'un point supérieur à ses camarades. Il n'allait plus à l'école comme eux. C'était le maître qui faisait le chemin. Il allait partir au Caire où il trouverait el Azhar et Sayedna-l-Hussein [1] et Sayeda Zénab et bien d'autres illustres tombeaux de saints. Le Caire, pour lui, ne représentait pas autre chose que la ville d'el Azhar et le séjour des saints et des justes.

Hélas! ce bonheur ne dura pas, et il retomba dans la pire infortune. Sayedna ne put prendre son parti de cette rupture, ni accepter paisiblement la victoire du cheikh 'Abd el Gawad. Il fit intervenir les uns et les autres, tant et si bien que le cheikh se laissa fléchir et avertit, un jour, le petit qu'il devait retourner à l'école le lendemain matin... Il y revint donc de fort mauvais gré, appréhendant les représailles de Sayedna qui devait lui faire réciter le Coran pour la troisième fois. Mais ce n'était pas tout : les élèves avaient rapporté au maître et au surveillant tout ce qu'il avait dit. Allah [2]...! que les heures des repas furent longues, cette semaine-là. Sayedna trouvait à redire et le pion répétait à l'enfant ses propres paroles, qu'il avait lâchées quand il croyait ne plus les revoir ni l'un ni l'autre.

Cette semaine, il apprit à tenir sa langue. Il connut aussi quelle folie et quelle sottise c'est de se fier aux promesses des hommes et aux résolutions qu'ils prennent. Le cheikh n'avait-il pas juré que son fils ne retournerait plus à l'école, jamais... Et voici qu'il y était bel et bien retourné! Quelle différence, au fond, entre le cheikh qui jurait pour se parjurer, et Sayedna qui lançait des répudiations et des serments à la volée, tout en sachant bien qu'il mentait depuis A jusqu'à Z? Et ces gamins de l'école qui venaient bavarder avec lui et se moquer du maître et du surveillant, pour le pousser à dire des sottises sur leur compte, et, quand ils avaient réussi, allaient le rapporter tout

1. Célèbre mosquée du Caire.
2. « Mon Dieu ! »

chaud aux deux hommes, afin de s'insinuer dans leurs bonnes grâces ! Et sa mère qui le taquinait et qui excitait contre lui Sayedna quand il venait se plaindre à elle de ces cancans ! Et ses frères qui ne faisaient que le quereller et détourner la conversation sur Sayedna, de temps à autre, pour le mettre en colère et le faire rager ! Pourtant, il supportait tout cela avec constance et sang-froid. Comment n'aurait-il pas gardé l'une et l'autre quand il n'était plus séparé que par un mois à peine du moment de dire à tout cet entourage un adieu définitif ?

XII

Mais le mois passa et l'étudiant d'el Azhar retourna seul au Caire, tandis que notre ami restait dans sa petite ville comme devant. Il ne fit pas le voyage de la capitale. Il ne ceignit pas le turban. Il n'entra pas dans les plis d'une « guebba » ni dans le caftan.

Hélas! il était encore trop petit, et ce n'était pas facile de l'envoyer là-bas. Son frère ne se souciait pas de cette responsabilité. Il conseilla de le laisser encore une autre année où il était. Ainsi fut fait, sans que personne s'inquiétât de savoir s'il était content ou furieux. Pourtant, la vie changea pour lui quelque peu. Son frère l'Azhari avait conseillé qu'il passât cette année à se préparer pour l'Université. Il lui avait donné deux livres, dont il fallait apprendre le premier entièrement par cœur et retenir certaines pages du second.

Le livre qu'il fallait absolument savoir en entier était l'*Alfiyya*[1] d'Ibn Mâlik[2]. L'autre était un recueil de textes. Avant de partir, l'étudiant recommanda de commencer par l'*Alfiyya*. Quand celle-ci serait sue imperturbablement, il faudrait apprendre, dans l'autre livre, de drôles de choses qui s'appelaient, les

1. Célèbre grammaire de l'arabe classique.
2. Auteur de l'*Alfiyya*.

unes « La Pierre Précieuse », d'autres « La Perle Vierge », d'autres encore « Le Lampadaire » ou « La Rahabiyya » ou « La Lâmiyya des Verbes ». Tous ces noms faisaient sur l'âme de l'enfant une impression de vague et d'émerveillement, car il ne leur trouvait aucune signification, et parce qu'il sentait en eux tout le mystère de la science ; parce qu'il savait aussi que son frère les avait apprises et comprises, et ainsi était devenu un savant ; grâce à elles, il avait conquis un rang éminent dans l'esprit de ses parents mêmes, de ses frères, de toute la population du village. Est-ce que tout le monde ne parlait pas de son retour un mois à l'avance ? Et, quand il arrivait, n'allait-on pas à sa rencontre avec joie et liesse ? Et le cheikh lui-même ne buvait-il pas toutes ses paroles, pour les répéter ensuite aux gens du dehors, avec un naïf orgueil et une admiration sincère ? Est-ce que tout le village ne lui avait pas fait demander une conférence sur la « Théologie » ou sur le « Droit » ? Et qu'est-ce que ça pouvait bien être la « Théologie » ? Le cheikh ne le sollicitait-il pas avec une insistance presque humble, prodiguant les promesses et faisant miroiter les espoirs, le possible et l'impossible, pour obtenir qu'il prononçât la « khotba [1] » du vendredi à la mosquée ? Et puis, ce grand jour de la naissance du Prophète, comme il avait comblé l'Azhari d'égards et d'hommages, d'honneur et presque de vénération ! On lui avait acheté un caftan neuf, une « guebba » neuve, un tarbouche neuf et des sandales neuves. On parlait de ce jour et de ce qu'il serait, bien avant qu'il n'approchât. Et quand il fut à son milieu, toute la famille se précipita au déjeuner, dont on ne toucha presque rien, et le jeune étudiant revêtit ses beaux habits neufs, coiffant pour la circonstance un turban vert, et jetant sur ses épaules un châle de cachemire. Sa mère récitait sans arrêt les « mou'wazzât [2] ». Son père entrait et sortait, en proie à une radieuse agitation. Quand le jeune homme eut consacré à sa toilette tout le

1. L'allocation solennelle.
2. Versets d'exorcisme.

soin qu'il désirait, il sortit; un cheval l'attendait devant la porte. Des hommes le soulevèrent pour le mettre en selle au milieu de la foule qui l'entourait. Des gens couraient devant et d'autres derrière. Les coups de feu partaient en l'air. Les femmes poussaient leurs cris stridents des grandes fêtes et l'air s'embaumait des vapeurs de l'encens. Des chants s'élevaient à la gloire du Prophète, et toute cette foule s'ébranlait avec une lenteur à faire douter si ce n'était pas plutôt la terre qui s'était mise en marche autour d'elle avec les maisons qu'elle portait. Et tout cela signifiait que le jeune étudiant d'el Azhar avait été choisi en ce jour comme « Khalifa[1] ». C'est pour cela qu'il s'avançait processionnellement dans la ville et autour d'elle, à travers les villages, en cet appareil majestueux. Pourquoi donc avait-il été choisi comme « Khalifa » plutôt qu'un autre des jeunes gens de la ville? Parce qu'il était élève d'el Azhar, parce qu'il avait étudié la « science », et appris l'*Alfiyya,* la « Pierre Précieuse » et la « Perle Vierge ».

Comment le petit garçon n'aurait-il pas été transporté de joie à la perspective d'étudier la « science », comme son frère, et de se distinguer au milieu de tous ses amis et camarades, en apprenant l'*Alfiyya,* la « Pierre Précieuse » et la « Perle Vierge »?

Quelle joie et quel rêve, lorsqu'il revint le lendemain de l'école, un samedi, portant son exemplaire de l'*Alfiyya...* Ce livre, tout misérable, tout sale et mal relié qu'il était, l'élevait de plusieurs degrés dans la considération générale. Sous son apparence minable et malpropre, il valait à ses yeux cinquante Corans comme ceux qu'apportaient ses camarades.

Le Livre Sacré? Il l'avait appris par cœur, et n'en avait tiré aucun bénéfice. Bien d'autres jeunes gens le savaient comme lui, sans que personne fît attention à eux, et nul ne songeait à les choisir comme « Khalifa » le jour de la naissance du Prophète.

Mais l'*Alfiyya...* Comment vous faire comprendre ce que c'était? Qu'il vous suffise d'entendre que Sayedna n'en savait pas une lettre, et que le surveillant n'était pas capable d'en lire

1. Représentant symbolique du Calife.

60

les premiers vers. Car c'était en vers, et il n'y a pas de vers dans le Livre Sacré.

Et, vraiment, il éprouvait, en disant celui-ci : *Mohammad nous dit, Mohammad Ibn Mâlik...* *Je loue mon seigneur Allah, le meilleur des Rois* — un étonnement émerveillé que ne lui donna jamais aucune surate du Coran.

XIII

Comment ne se serait-il pas émerveillé en voyant dès le premier jour qu'il était maintenant beaucoup plus haut dans l'estime publique, et que Sayedna ne comprenait rien à l'*Alfiyya* qu'il étudiait, et ne pouvait la lui lire ? Cette *Alfiyya* mit l'école en révolution. Elle obligea l'enfant d'aller tous les jours au tribunal religieux, pour réciter au Cadi les pages qu'il voulait apprendre. Le Cadi, c'était aussi un savant, un des ulémas d'el Azhar, plus grand savant que son frère l'étudiant, même si son père n'en voulait rien croire, et se gardait bien de le comparer avec son fils. C'était dans tous les cas un « 'âlim [1] », un des ulémas d'el Azhar et c'était le « qâdi char'i [2] » avec un « qâf [3] » retentissant et un « rra [4] » qui roulait comme un tonnerre. Il siégeait au tribunal — non pas à l'école, — sur une estrade élevée où l'on avait placé des tapis et des coussins, auprès de laquelle le pauvre banc de Sayedna avait bien piètre mine. Il n'y avait pas non plus tout autour de lui des sandales rapiécées. A sa porte, deux hommes faisaient office d'huissiers, et les gens ne les appe-

---

1. Savant.
2. Juge religieux.
3. La lettre *k* (plein).
4. La lettre *r* (roulé).

laient que d'un nom magnifique, et non dépourvu de prestige :
« les émissaires ».

Oui, il fallait que notre ami allât au tribunal chaque matin,
pour réciter un chapitre de l'*Alfiyya*. Et comme le Cadi savait
bien lire ! Comme il avait la bouche pleine de ses « qâf » et de
ses « rra »... Et sa voix tremblait un peu en déclamant ces paroles
d'Ibn Mâlik : « Tout discours est pour nous un son articulé,
pourvu de signification, comme : marche droit... Les mots sont :
le nom, le verbe ou la particule. Au singulier chacun est un *mot*...,
et le terme de *parole* s'applique à l'ensemble. Parfois aussi *mot*
signifie *discours*. »

Le Cadi fit un jour une profonde impression sur l'âme de son
élève et lui inspira une grande humilité lorsqu'il lui fit apprendre
ces vers :

> *Un poème qui mérite une approbation sans réserve,*
> *Et surpasse l'*Alfiyya *d'Ibn Mu'ti* [1].
> *Mais celui-ci garde le premier rang pour m'avoir précédé,*
> *Et m'impose l'obligation de le louer congrûment ;*
> *Qu'Allah nous accorde ses récompenses généreuses,*
> *A lui et à moi sur les degrés de l'autre vie...*

Il les lut d'une voix brisée par les larmes, puis il fit ce commentaire : « Celui qui s'abaisse, Allah l'élèvera... » As-tu compris ces vers admirables ? — Non, dit l'enfant. — Voici, reprit
le Cadi : l'auteur, que Dieu l'ait recueilli en sa miséricorde ! ne
sut pas se défendre, au commencement de son œuvre, d'un mouvement d'orgueil et d'égarement, qui lui fit dire qu'elle surpas-
sait celle d'Ibn Mu'ti. Mais lorsque vint la nuit, il vit en songe
ce dernier surgir devant lui pour lui faire des reproches véhé-
ments. A son réveil, il comprit son erreur et ajouta : « Mais celui-
ci garde le premier rang pour m'avoir précédé. »

Comme le cheikh fut heureux et fier quand le garçon rentra,
le soir de ce même jour, et lui raconta ce que le Cadi lui avait
appris, en lui récitant les premiers vers de l'*Alfiyya* ! Il l'inter-

---

1. Auteur d'une première *Alfiyya*.

rompait à chaque mot par ce cri qui exprime chez nous l'admiration et l'émerveillement : «Allah... Allah... »

Mais toute chose a une fin. Notre ami passa des jours heureux à étudier l'*Alfiyya* jusqu'à ce qu'il parvînt au chapitre du sujet dans la syntaxe. Alors son zèle se refroidit. Son père lui demandait tous les jours : « As-tu été au tribunal ? » Et il se gardait bien de dire non. — « Combien as-tu appris de vers ? — Vingt. — Récite-les-moi. » Ainsi, le cheikh faisait répéter la leçon du Cadi.

Quand l'enfant arriva au chapitre du sujet, il n'alla plus au tribunal qu'avec un sentiment d'ennui, et en flânant sur sa route. Il parvint tout de même au chapitre du complément direct absolu. Mais après cela il lui devint impossible de faire aucun progrès, si minime qu'il fût. Il continua d'aller au tribunal, tous les jours, et de réciter au Cadi un chapitre quelconque de l'*Alfiyya*. Mais de retour à l'école il mettait le livre de côté et revenait à ses divertissements, à ses histoires et à ses bavardages.

Quand venait le soir, et que son père lui posait les questions devenues rituelles, il répondait qu'il avait appris le chapitre du complément du nom, ou celui de l'adjectif, ou du pluriel irrégulier. S'il fallait réciter, il débitait vingt vers pris dans les deux cents premiers, tantôt dans la déclinaison, tantôt dans le nom indéfini ou le nom propre, ou encore dans le sujet logique et l'attribut. Le cheikh n'y comprenait rien, et ne remarquait pas que son fils le jouait. C'en était assez qu'il entendît des vers, et, du reste, il s'en remettait au Cadi. Le plus curieux, c'est que le cheikh ne songea pas une fois à ouvrir l'*Alfiyya* pour confronter la récitation avec le texte. S'il en avait eu l'idée, on aurait assisté à une belle répétition des scènes de la surate des poètes, ou de celle de Saba, ou du Créateur.

Pourtant, l'enfant fut à deux doigts de ce péril un jour, et, si sa mère n'avait eu pitié de lui, il aurait eu avec son père une séance mémorable.

Il avait un frère qui fréquentait les écoles du gouvernement, et qui rentra au village pour les vacances. Le hasard fit qu'il assista à cet examen quotidien plusieurs jours de suite. Il entendit l'enfant assurer qu'il avait étudié le chapitre de la coordination, et réciter le chapitre du nom propre ou celui de la proposition relative. Il se tut le premier jour et celui qui suivit. Mais, lorsqu'il vit que cela se répétait, il attendit la sortie du cheikh, et dit au petit devant sa mère : « Toi, tu te moques de ton père et tu lui racontes des histoires. Tu joues à l'école et tu n'étudies rien du tout dans l'*Alfiyya*. — Menteur, répliqua l'autre, et qu'est-ce que tu y connais ? l'*Alfiyya* n'est que pour les Azhari, et pas pour les élèves des écoles laïques... Va demander au Cadi si je ne vais pas au tribunal tous les jours. » Le jeune homme reprit : « Quel chapitre as-tu appris aujourd'hui ? » L'enfant en indiqua un. « Mais ce n'est pas celui que tu as récité à ton père, tu lui as récité celui-ci. Donne ton *Alfiyya*, que je t'interroge. » L'enfant resta interdit et ne trouva rien à répondre. Le frère voulait tout raconter au cheikh, mais sa mère intercéda. Par tendresse pour elle, et aussi par pitié pour son cadet, il se tut et le cheikh resta dans l'ignorance jusqu'au retour de l'élève d'el Azhar. Celui-ci interrogea l'enfant et découvrit sans peine la vérité. Il ne perdit pas une minute à tempêter ni à gronder. Il ne dit rien non plus au père. Il se contenta de faire interrompre à son frère l'école et le tribunal, et il lui apprit le tout en dix jours.

XIV

La « science » garde dans les villages et les bourgs de l'intérieur un prestige inconnu dans la capitale et dans ses divers milieux lettrés. Rien d'étonnant, du reste, ni d'étrange à cette simple
application de la loi de l'offre et de la demande au cas de la
science, comme à celui de n'importe quelle marchandise. Les
« savants » circulent matin et soir dans les rues du Caire, où
presque personne ne fait la moindre attention à eux ; de même
qu'ils parlent, et peuvent parler longtemps, avec de copieuses
digressions, sans que personne s'y intéresse, sauf peut-être leurs
élèves ; tandis qu'on voit, au contraire, les ulémas du Riff, les
cheikhs des villages et des agglomérations, ne marcher qu'entou-
rés d'égards et de révérence, n'ouvrir jamais la bouche qu'au
milieu d'un silence respectueux, où les auditeurs mêlent une
vénération quasi religieuse, impressionnante et irrésistible. Notre
ami subissait l'influence de la mentalité du Riff, et vouait aux
« savants » la même vénération que ses concitoyens. C'est tout
juste s'il ne croyait pas qu'ils avaient été créés d'une argile plus
pure et plus distinguée que les autres hommes. Il les écoutait
parler dans un ravissement et un transport qu'il a cherché depuis
à retrouver au Caire devant les plus grands ulémas et les plus
illustres cheikhs, mais sans jamais y réussir.

Il y avait des ulémas dans sa petite ville de province : trois ou quatre qui se partageaient l'admiration et l'affection publiques. Le premier, secrétaire au tribunal religieux, courtaud et bien en chair, enflait volontiers sa voix claironnante. Les mots sortaient de sa bouche, énormes comme lui, grossiers comme lui, choquants tant à cause de la voix qui les prononçait que des idées qu'ils exprimaient. Il représentait un de ces fruits secs d'el Azhar, qui passent des années autour de ses colonnes sans arriver au titre de « 'âlim » ni aux fonctions de Cadi. Il s'était contenté du poste de secrétaire au tribunal, tandis que son frère était un juge distingué dans une ville de l'intérieur. Il ne pouvait s'asseoir dans aucune réunion sans chanter les louanges de son frère et sans critiquer le Cadi de son propre tribunal. Il était hanéfite[1], et les fidèles de ce rite étaient rares dans la cité, peut-être même inexistants. C'était pour lui un perpétuel sujet de plaintes et d'emportement contre ses rivaux, les autres ulémas, qui, appartenant aux rites chaf'ite[1] et mâlikite[1] trouvaient dans la ville des adeptes qui buvaient leur science et des consultants qui venaient leur demander une « fetwa[2] » sur les questions de droit religieux. Il ne laissait passer aucune occasion d'exalter la doctrine hanéfite et de malmener chaf'ites et mâlikites. Mais les gens du Riff ne manquent pas de finesse ni d'esprit. Ils avaient percé à jour l'envie et le dépit qui le faisaient parler. Même ils en éprouvaient quelque compassion, et, s'ils riaient, c'était sans méchanceté. Quant à lui, une jalousie spécialement acharnée et violente l'animait contre le jeune étudiant d'el Azhar. Car on l'avait choisi jusque-là tous les ans comme « Khalifa », et cela le faisait rager de voir élire cette année le jeune homme à sa place. Aussi, quand on parla de le charger également de la « khotba », c'est-à-dire du sermon du vendredi, le hanéfite le sut et ne souffla mot. Mais, quand on fut au vendredi, au moment où, dans la mosquée remplie de monde, le jeune homme s'avançait pour monter les degrés du « minbar[3] », il se leva et se plaça devant l' « imâm[4] » pour

1. Un des quatre rites orthodoxes.
2. Avis juridique.
3. La chaire.
4. L'officiant.

lui dire à voix haute, de façon à être bien entendu : « Ce blanc-bec est encore bien jeune. Il ne lui convient guère de gravir le « minbar », de faire le prêche, ni de présider la prière devant une assistance où l'on compte des cheikhs et des gens d'âge. Si tu lui cèdes la chaire et la prière, je me retire... » Puis, se tournant du côté des fidèles, il ajouta : « Ceux qui ne tiennent pas à perdre le bénéfice de leur prière n'ont qu'à me suivre ! » Ces paroles jetèrent un certain trouble dans les esprits, et le tumulte aurait facilement gagné l'assemblée, si l'officiant ne s'était levé lui-même pour faire la « khotba » et présider la prière. Ainsi, le jeune étudiant fut évincé des honneurs de la chaire, cette année-là. Il s'était pourtant donné beaucoup de mal pour apprendre par cœur son sermon, et s'était préparé à cette circonstance solennelle par une méditation de bien des jours. Il avait récité sa « khotba » plusieurs fois devant son père, qui attendait cette heure comme la réalisation du plus ardent désir et du plus radieux espoir. Sa mère avait tous ces derniers temps vécu dans la terreur, hantée par la crainte du mauvais œil ; et il n'était pas encore parti pour la mosquée, qu'elle avait déjà rassemblé dans une cassolette des braises sur lesquelles elle jetait diverses sortes de parfums, et qu'elle promenait ainsi dans toute la maison, chambre après chambre, en s'arrêtant quelques. instants dans chacune d'elles pour murmurer des paroles de conjuration. Cet étrange exorcisme durait encore au retour de son fils, et c'est ainsi qu'il la trouva derrière une porte, dans un nuage de fumées d'encens, marmottant toujours ses formules, tandis que le père éclatait en imprécations contre ce méchant homme, dont l'envie avait rongé le cœur jusqu'à le dresser contre son fils pour l'écarter de la chaire et de la prière.

La ville comptait aussi un autre « 'âlim » chaf'îte. C'était « l'imâm » de la mosquée, où il officiait et présidait la prière. Connu pour sa piété et sa ferveur religieuse, il était l'objet d'une vénération qui allait presque jusqu'à le faire tenir en odeur de sainteté. On recherchait sa « baraka », c'est-à-dire les bénédictions qui s'attachaient à sa personne et à ses objets familiers. On implorait de lui la guérison des maladies et la réussite des affaires embarrassées. Il semble que lui-même se soit considéré un peu comme un « wali[1] », un de ces hommes qui sont plus proches d'Allah que le commun des mortels.

La population continua, bien après sa mort, durant des années, à révérer sa mémoire, et à raconter, comme un fait avéré, qu'à la descente du corps, dans la tombe, le saint avait proféré d'une voix claire ces paroles entendues de tous ceux qui le conduisaient au dernier asile : « Seigneur, fais de ce tombeau un lieu béni. » Il courait aussi dans le peuple mainte histoire de songes, dans lesquels il s'était manifesté avec tous les signes de la glorification qu'Allah réserve à ses élus dans son paradis.

La ville possédait un troisième cheikh, de rite mâlikite. Celui-là ne s'était point voué tout entier à la « science », et n'en faisait pas non plus sa profession. Travailleur des champs et trafiquant de leurs produits, il fréquentait la mosquée pour s'y acquitter des cinq prières quotidiennes. Il restait volontiers à causer avec les gens de temps à autre, à réciter les traditions du Prophète et à discuter des questions de droit religieux en toute simplicité, sans en tirer vanité ni gloire. Aussi, presque personne ne faisait attention à lui, à part un tout petit nombre de fidèles.

Tels étaient les ulémas, les savants.

Mais il y en avait d'autres qui prêchaient dans la petite ville, dans les villages environnants et dans la campagne. Ils n'avaient pas moins que les ulémas officiels une influence sur la vie intellectuelle et un grand empire sur les esprits. Tel ce « hadj[2] », le tailleur dont la boutique s'ouvrait presque en face de l'école, et que tout le monde s'accordait à qualifier d'avaricieux et de grippe-sous. Il était en rapport avec un des plus grands cheikhs de confrérie, et dédaignait les ulémas de toute catégorie, qui tiraient leur science des livres au lieu de recourir aux maîtres spirituels. Il ne voyait de science véritable qu'en cette connaissance intérieure qui vient au cœur par Dieu seul, et non par le secours d'un livre, sans qu'on sache même lire ni écrire.

1. Santon.
2. Pèlerin de La Mecque.

C'était aussi ce cheikh qui avait commencé par être ânier, et par transporter les marchandises ou faire les déménagements, puis s'était élevé au rang d'un commerçant, dont les ânes ne transportaient plus que ses propres marchandises. Tout le monde l'accusait d'avoir fait sa fortune en mangeant le bien des orphelins, et de s'être enrichi aux dépens des faibles. Il répétait sans cesse le même verset avec de longs commentaires : « Ceux qui dévorent injustement le bien des orphelins ne font qu'avaler dans leurs entrailles un brasier, et, certes, ils rôtiront dans les flammes éternelles. » Il évitait de faire la prière à la grande mosquée dont il craignait l' « imâm » et les autres ulémas. Aussi préférait-il fréquenter une petite mosquée sans importance.

Il y avait encore cet autre, qui ne savait ni lire, ni écrire, ni même bien réciter la « fâtiha », la première surate du Livre, mais qui appartenait à l'ordre mystique des Châzili [1]. Il rassemblait chez lui des fidèles pour faire des « zihr », c'est-à-dire des invocations collectives au nom d'Allah, et donnait des consultations sur les affaires religieuses, et séculières aussi.

Ensuite, il aurait fallu compter dans leur nombre les « faqih [2] » qui récitaient le Coran dans les cérémonies et le faisaient réciter à l'assistance après eux. Ils se distinguaient eux-mêmes des ulémas en se faisant appeler « porteurs du Livre d'Allah ». Ils s'attachaient aux gens du peuple, aux simples, et spécialement aux femmes. Aveugles pour la plupart, ils avaient accès à l'intérieur des maisons, où ils récitaient le Livre. Les femmes leur racontaient leurs histoires et les consultaient sur des questions de jeûne et de prière, ou sur d'autres affaires qui s'en rapprochaient. Ces hommes détenaient une « science » en tout point opposée à celle des ulémas, qui tiraient la leur des livres et qui se rattachaient, plus ou moins étroitement, à l'Université d'el Azhar. Elle n'était pas moins contraire à celle des mystiques de la voix contemplative. Les adeptes de la science ésotérique puisaient à la source du Coran directement, le comprenant comme ils le

1. Ordre fondé au XIIIᵉ siècle par un Tunisien.
2. Ceux qui font profession de réciter le Coran.

pouvaient, non selon sa vérité ni son vrai sens. Ils le comprenaient à la façon de Sayedna — qui, lui-même, comptait parmi les « faqih » les plus fins, les plus forts dans leur science, et les plus subtils dans l'interprétation. Notre ami questionna son maître, un jour, sur la signification de ce verset : « Nous vous avons créés sous plusieurs formes successives[1]. » Il répondit tranquillement et sans la moindre hésitation : « Nous vous avons créés comme les taureaux[2], dépourvus de toute intelligence. » Ils le comprenaient aussi à la façon du grand-père de l'enfant, qui savait le Coran comme pas un, et qui l'expliquait, le commentait ou l'interprétait avec l'aisance la plus brillante. Son petit-fils l'interrogea certain jour sur cette parole sacrée : « Tel parmi les hommes adore Dieu d'une foi mal assise ; s'il lui arrive quelque félicité, il se rassure ; mais, si l'épreuve le surprend, le voilà qui fait volte-face, et qui perd son bonheur terrestre avec celui de l'autre vie. » Il expliqua ainsi ce mot « harf », qui veut dire, en réalité, pointe, escarpement (pour signifier une foi chancelante) : « Sur le bord d'une estrade, d'un banc de pierre... et tant que durent les temps heureux, il reste tranquillement en place ; mais, si le malheur survient, il se renverse sur la face. »

Notre ami se mêlait à tous ces ulémas, et recueillait, à les fréquenter, des notions qui, rassemblées, lui composaient un agrégat d'une science fruste, hétéroclite, trouble et incohérente. J'ai toujours supposé qu'elle avait exercé une influence, et non des moindres, sur la formation de son esprit, à qui ne manquaient ni l'inquiétude, ni les discordances, ni même les contradictions.

1. *Taur*, pl. *atwar* : formes.
2. *Thaur*, pl. *thirân* : taureaux.

XV

Et les cheikhs de la voie mystique, qu'étaient-ils donc ? Nombreux et dispersés dans tous les coins de la campagne, ils laissaient rarement la ville plus d'une semaine sans y reparaître. Ils appartenaient à des confréries diverses, et s'étaient partagé le public dont ils s'étaient fait des partisans, et dont ils avaient exaspéré les rivalités. Une jalousie particulièrement vive, dans les centres de l'intérieur, divisait deux familles de chefs de confréries, qui régnaient, l'une au nord de la province, l'autre au sud. Or, la population des provinces se déplace facilement et ne redoute pas d'émigrer d'un village à un autre, ou d'une ville à une autre, au sein d'un même district : il arrivait donc à un partisan de l'une des deux familles rivales d'aller s'établir sur le territoire de l'adversaire. Les grands chefs de chacune d'elles étaient, par là, obligés de voyager dans le district, pour visiter leurs fidèles et leurs adhérents respectifs. Et Dieu sait à quelles bagarres pouvait donner lieu le passage du chef de la confrérie du Sud, dans le Nord du pays, ou inversement. Le père du jeune garçon appartenait aux sectateurs du Sud. Il avait prêté serment à leur maître, comme son père avant lui. La mère aussi se rattachait à la même obédience, par son père qui comptait parmi les plus chauds partisans et défenseurs du chef et même parmi ses amis intimes. Le chef de cette famille mourut et fut remplacé par un fils qui

72

avait fait le pèlerinage de La Mecque. Il était aussi plus habile que son père, plus expert en l'art de réaliser des profits, plus acharné aussi à susciter des conflits, plus près en un mot des affaires terrestres, et plus loin de celles du ciel.

Le père du jeune homme était « descendu » habiter vers le nord, et s'y était fixé ; aussi bien le maître des confréries de Haute-Égypte avait-il établi l'usage de venir le visiter une fois l'an. Lorsqu'il arrivait, ce n'était bien entendu pas seul, ni à la tête d'une poignée d'hommes, mais avec une véritable armée, d'une centaine d'hommes, ou guère moins. Il ne prenait pas non plus le chemin de fer, ni le bateau qui descend le Nil, mais tout ce monde voyageait sur des chevaux de selle, des mulets et des ânes, autour du chef, à travers les villages et les hameaux, campant et repartant avec éclat et en grande pompe, triomphant là où ils régnaient sans partage, se serrant les coudes aux endroits où leurs adversaires avaient quelque pouvoir. Quand ils faisaient leur visite à la famille de l'enfant, c'était pour recevoir l'hospitalité. La rue était tout juste assez large pour eux, pour leurs chevaux, leurs mulets et leurs ânes, et ils l'occupaient dans toute sa longueur, depuis le canal jusqu'à son extrémité sud. Aussitôt on tuait les brebis, on étalait sur le sol des nappes pour recevoir les plats, et ils se précipitaient sur les mets avec une gloutonnerie capable d'éclipser toute autre. Le cheikh de la caravane s'asseyait dans la pièce de réception, entouré de ses intimes et de ses familiers. Devant lui, son hôte et les membres de la famille s'empressaient à ses moindres désirs. Le repas fini, on s'éloignait pour le laisser dormir sur place, jusqu'à ce qu'il se levât pour ses ablutions. Il fallait voir alors les gens se précipiter et se disputer à qui verserait l'eau, puis, à qui attraperait une gorgée de l'eau qui avait servi. Lui, sans se soucier autrement d'eux, faisait sa prière rituelle et l'allongeait comme à plaisir, en y ajoutant une prière d'action de grâces au moins aussi longue. C'est seulement ensuite qu'il s'asseyait pour recevoir les gens qui défilaient devant lui. Les uns lui baisaient les mains et s'éloignaient humblement. D'autres conversaient avec lui un instant ou deux. Certains lui demandaient des faveurs. Il répondait aux uns et aux autres des paroles étranges et obscures, sur l'interprétation desquelles les intéressés échafaudaient ensuite les théories les plus différentes.

Il fit amener un jour le héros de cette histoire et lui caressa la tête en récitant ce verset divin : « Il t'a fait connaître ce que tu ne savais pas, et, ineffable, la grâce d'Allah fut sur toi. » Depuis ce jour, le père fut assuré que son fils arriverait à quelque chose. Quand on avait fait la prière au coucher du soleil, on dressait les tables pour le repas du soir. Après la dernière prière de la journée, on instituait la séance.

« Instituer la séance » était une expression consacrée pour la réunion du cercle des récitants du « zikr ». Les assistants répétaient le nom d'Allah, assis et immobiles. Puis leurs têtes s'animaient d'un léger mouvement, et leurs voix s'élevaient insensiblement. Ensuite, le balancement gagnait tout le haut du corps, tandis que la voix s'élevait encore d'une fraction de ton. En dernier lieu, un tremblement agitait le corps tout entier, et soudain on les voyait tous debout, comme poussés en l'air par un ressort. A divers endroits du cercle, des cheikhs récitaient les vers d'Ibn el Fârid [1], et d'autres du même genre. Le cheikh de la confrérie avait une dévotion spéciale pour un poème bien connu sur le voyage nocturne du Prophète et le « Mi'rag [2] ». Il commençait ainsi :

> De La Mecque, et de la demeure entre toutes glorieuses,
> Vers Jérusalem s'en est allé une nuit Ahmad.

Les cheikhs la déclamaient en mesure, et le cercle du « zikr » gesticulait au rythme de leurs voix, tout entier penché en avant, puis redressé, comme si c'eût été une danse avec ces cheikhs pour orchestre.

L'enfant n'oubliera jamais qu'une certaine nuit une faute échappa des lèvres d'un des récitants, qui mit un mot à la place d'un autre dans un poème. On vit le cheikh se soulever en tumulte,

1. Poète mystique du XIII° siècle.
2. L'Ascension nocturne.

74

bouillant, tempêtant, écumant de colère et hurlant de toute l'enflure de sa voix : « Fils de chien ! qu'Allah maudisse vos pères, et les pères de vos pères jusqu'à Adam ! Vous voulez donc mettre en ruines la maison de cet homme ! »

Il gardera toujours le souvenir de l'effet produit par cette colère sur l'esprit des exécutants du « zikr » et des assistants. Tout le monde fut persuadé que ce lapsus dans le poème traînait après lui un cortège de mauvais sorts inouïs. Le père s'en montra très affecté, terrifié. Il se tranquillisa pourtant par la suite et se calma. Après le départ du cheikh le lendemain, quand la famille se mit à parler de lui et de l'incident du « zikr », le maître de la maison partit d'un éclat de rire qui ne laissa aucun doute à son fils sur la nature de sa foi en le cheikh, laquelle paraissait fort mêlée de scepticisme et de mépris... oui... scepticisme et mépris, car son avidité et son avarice étaient trop évidentes pour abuser quiconque avait le moindre bon sens et la moindre réflexion.

Mais personne ne le détestait plus amèrement ni n'entrait contre lui dans des colères plus vives que la mère de l'enfant. Elle redoutait sa venue et abhorrait jusqu'à l'ombre de sa personne. Elle faisait les frais obligés, tout en pestant et sans décolérer. C'est à peine si elle réussissait à tenir sa langue avec les plus grands efforts. Car sa visite était une lourde charge pour la famille, qui vivait à l'aise, mais ne roulait pas sur l'or, en fin de compte.

Cette arrivée portait un coup mortel aux provisions de blé, de beurre et de miel. Elle obligeait le chef de la famille à des emprunts ruineux, pour acheter les indispensables moutons et les chèvres. Le cheikh ne faisait jamais halte dans la maison sans repartir le lendemain matin avec les objets qu'il avait trouvés jolis et qui lui avaient plu : tantôt un tapis, tantôt un châle de cachemire, et ainsi de suite.

Mais cette visite n'en était pas moins ardemment désirée par la famille, parce qu'elle la couvrait de gloire et permettait à ses membres de lever la tête et de se distinguer. Elle la craignait pourtant à cause des grandes dépenses et des fatigues qu'elle imposait. C'était un de ces maux inévitables, institués par la coutume, et qui avaient fini par devenir un besoin.

Les rapports de la maison avec la confrérie étaient anciens et solides. Ils avaient laissé des traces durables, sous forme de récits d'aventures et de légendes, de grâces et de miracles dont on avait gardé le souvenir. Le père et la mère trouvaient une délectation naïve à raconter aux enfants ces histoires du temps jadis. Jamais la mère ne laissait passer une occasion de narrer celle du pèlerinage de son père et de la grand-mère avec le cheikh Khâlid : « Le cheikh avait fait trois fois le pèlerinage, suivi de mon père, mais cette fois-là, ma grand-mère les accompagnait. Leur devoir terminé, ils s'en allaient à Médine, quand mon aïeule tomba du haut de sa monture, et se blessa le dos à ne plus pouvoir marcher ni bouger. Son fils dut la porter, avec la peine qu'on imagine, et il s'en plaignit à leur compagnon. Celui-ci répondit :

— Est-ce que tu ne revendiques pas pour elle la descendance du Prophète ? Ne dis-tu pas qu'elle est de la lignée de Hassan, fils de 'Ali.

— Certes, oui... répliqua-t-il.

— Alors, elle vient retrouver son aïeul. Quand tu l'auras menée jusqu'à la mosquée du Prophète, pose-la dans une dépendance de l'édifice, et laisse-la seule en tête à tête avec son ancêtre, qui ordonnera ce qu'il jugera bon.

Ainsi fut fait. Mon père installa sa mère dans un coin de la mosquée et lui dit, en ce rude parler des fellahs égyptiens, qui, dans sa sécheresse, lui remplissait pourtant l'âme d'affection et d'attendrissement :

— Te voilà avec ton arrière-grand-père. Je n'ai rien à faire avec vous deux.

Il la laissa donc seule et suivit le cheikh dans la direction du tombeau pour la procession d'usage.

« Et, raconte-t-il lui-même, par Allah, je n'avais pas fait plus de quelques pas, quand je l'entendis m'appeler. Je me retournai : elle courait après moi. Je ne voulus point revenir en arrière, mais elle me poursuivit et me dépassa, rejoignit le cheikh et prit part à la procession. »

Le père ne manquait jamais non plus de conter cette autre histoire à propos du même cheikh. On citait un jour devant lui un passage du philosophe El Ghazâli[1] d'après lequel personne ne peut voir le Prophète en songe. Le cheikh se mit dans une véritable colère et répéta plusieurs fois : « Par Allah ! J'espérais mieux que cela de toi, Ghazâli... J'ai vu moi-même le Prophète avec ces deux yeux que voici. Il était monté sur sa mule. » Et, la seconde fois, il modifia un peu ses termes : « Il était monté... sur sa chamelle. » Le père de notre ami en concluait qu'El Ghazâli s'était trompé, que les gens ordinaires peuvent voir le Prophète en rêve, mais que les saints et les justes ont le pouvoir de le contempler tout éveillés.

Il appuyait cette théorie sur une tradition qu'il citait toujours à la suite de l'histoire : « Celui qui m'a vu en rêve, avait dit Mohammad, m'a vu aussi en réalité, car le Démon ne saurait se montrer sous ma ressemblance. »

C'est ainsi que notre ami fixait dans sa mémoire quantité de légendes, de miracles, de secrets mystiques. Lorsqu'il voulait en parler avec ses camarades ou ses amis à l'école, il en entendait conter d'autres tout pareils, où, cette fois, le premier rôle était joué par le chef de la confrérie du Nord et auxquels les uns et les autres croyaient dur comme fer.

La population du Riff égyptien, vieillards, jeunes gens, femmes et enfants, vivait dans un monde coloré par une profonde vie intérieure, bien à elle, tissu de simplicité et de mystère, de mysticisme et de naïveté. La plus grande part, dans la formation de cette mentalité, revenait aux confréries mystiques.

1. Célèbre philosophe, mort en 1111.

XVI

Du reste notre ami ne tarda pas à compléter son bagage de « sciences » diverses par l'acquisition d'une nouvelle variété : la magie et les talismans. Des marchands ambulants introduisaient dans les villages tout un ramassis de livres, où, sans doute, se montrait la plus fidèle image de l'âme campagnarde à cette époque. Ils colportaient dans leurs besaces des biographies de saints, les récits des conquêtes de l'Islam, *L'histoire du chat et de la souris, Le dialogue du fil de la vapeur, Le soleil des grands secrets de la magie,* et un autre ouvrage dont je ne sais plus le titre, mais que l'on appelait jamais autrement que le livre de Diârby[1]. Ils offraient encore ces formules variées d'invocations, que l'on nomme « werd », des histoires de la naissance du Prophète, des recueils de poésie mystique, des livres de prédication et d'édification, d'autres de conférences, d'anecdotes historiques remarquables, de légendes héroïques tirées des annales des tribus hilaliennes et Zanâti, ou de la vie d'Antar et du Sultan Baïbars, ou de Saïf, fils de Zou-Yazan[2], et enfin, avec tout cela, le Livre Sacré.

1. Mystique magicien de Mésopotamie, dont on ne sait presque rien.
2. Légende du Yémen : Saïf était un héros de l'Arabie du Sud ; il lutta contre l'invasion abyssine.

Les gens achetaient tous ces volumes et en dévoraient les pages. Leur esprit en assimilait la substance, comme leur corps se nourrissaient du manger et du boire.

On lisait à notre ami des passages de tous ces livres et il en retint beaucoup. Mais il s'appliqua particulièrement à deux choses : la magie et la mystique. L'union dans son esprit de ces deux genres de sciences n'avait rien de bien étonnant ni de malaisé, car la contradiction qui apparaît entre elles n'est en réalité que formelle. Est-ce que le mystique ne prétend pas, pour lui-même ou pour les autres, déchirer le voile de l'inconnaissable et pénétrer le mystère du passé aussi bien que de l'avenir, de même qu'il s'affranchit de la servitude des lois naturelles et réalise toutes sortes de prodiges et de miracles ?

Mais le magicien, que fait-il donc de si différent ? Ne prétend-il pas s'adjuger à lui-même le pouvoir de déchiffrer l'invisible, de dépasser les limites des lois naturelles, lui aussi ? et d'entrer en rapport avec le monde des esprits ? Alors, toute la différence entre le magicien et le mystique ne réside que dans leurs relations : le second avec les anges, le premier avec les démons. Mais il faut lire Ibn Khaldoun [1], ou des écrivains aussi difficiles, pour arriver à réaliser cette différence, et à en déduire les conséquences naturelles qui prohibent la magie et en inspirent l'horreur, tandis qu'elles font aimer la mystique.

Que l'enfant et ses amis étaient loin d'Ibn Khaldoun et des auteurs qui lui ressemblent ! Il ne leur tombait entre les mains que des livres de magie, pêle-mêle avec les *Vertus des justes* et les *Miracles des saints*. Ils ne lisaient pas autre chose, et c'est là qu'ils puisaient toutes leurs impressions. Ils ne tardaient guère à passer de la lecture et de l'émerveillement à l'imitation et aux expériences. On les voyait prendre les sentiers de la mystique, ou, au contraire, s'engager sur les voies tortueuses de la magie. Bien souvent, magie et mystique se confondaient dans leur esprit, devenaient une seule et même pratique, destinée à faciliter l'existence et à se rapprocher d'Allah.

1. Historien maghrebin illustre du XIVᵉ siècle.

Les mêmes pensées vinrent à notre ami, qui de temps à autre se livrait au mysticisme, ou s'astreignait aux pratiques de la magie, bien certain d'être agréable à Dieu et aussi de s'assurer dans cette vie la possession des choses les plus désirables.

Entre toutes les histoires qui circulaient dans les mains des enfants, où elles passaient en sortant du cabas des colporteurs, s'en trouvait une, extraite des *Mille et Une Nuits,* connue sous le nom d'*histoire de Hassan de Basrah.* On y lisait l'aventure du magicien qui changeait le cuivre en or, celle du château qui se dressait derrière la montagne, sur des colonnes lancées dans l'azur à une hauteur prodigieuse, et qu'habitaient sept jeunes filles qui n'étaient autres, en réalité, que des filles de djinns, château qui était le refuge de Hassan le Basri. Il contenait aussi le récit de ses longs et pénibles voyages au pays des djinns. Dans ces histoires, un détail remplit l'âme du petit garçon d'un émerveillement sans borne : c'était la baguette magique, donnée à Hassan au cours d'un de ses voyages, et qui avait la propriété remarquable, lorsqu'on en frappait le sol, de le fendre d'une ouverture, d'où sortaient neuf personnages, dévoués au service de son possesseur. C'étaient naturellement des djinns puissants et légers, qui fendaient l'air et franchissaient les obstacles, transportaient les fardeaux les plus lourds et déracinaient des montagnes, bref, accomplissaient des exploits sans fin.

Le jeune garçon fut séduit par l'idée de cette baguette magique et souhaita vivement de la conquérir au point que le désir l'empêchait de dormir la nuit, et l'obsédait des journées entières. Il se prit à lire des livres de magie et de mystique, dans l'espoir de rencontrer un jour le secret qui lui procurerait la baguette enchantée.

Il y avait dans le voisinage un enfant de son âge qui l'accompagnait à l'école, encore plus anxieux que lui de posséder ce bâton merveilleux. A force de recherches, les deux enfants parvinrent à dépister un moyen facile d'arriver à leurs fins. Ils l'avaient trouvé dans le livre de Diârby. Il fallait s'isoler, après avoir fait ses ablutions, devant un feu et une certaine quantité de parfums, et répéter l'un des noms d'Allah : « Yâ Latîf !

yâ Latîf[1] ! », en jetant du parfum sur le feu de temps à autre. Il fallait continuer jusqu'à ce que la terre se mît à tournoyer, et que le mur se fendît devant l'opérant, pour laisser apparaître un serviteur des djinns, gardien de ce nom d'Allah, qui demanderait ce qu'on désirait. L'affaire serait alors faite, sans le moindre doute.

Les deux enfants résolurent d'employer ce moyen. Ils achetèrent donc diverses essences, et c'est notre ami qui s'isola dans la pièce vitrée, toutes portes fermées, devant un petit feu, sur lequel il jetait le parfum en répétant : « Yâ Latîf! yâ Latîf! » Il passa un bon moment dans l'attente de ce qui devait arriver : la terre qui tournoie, le mur qui s'entrouvre et le génie qui apparaît. Rien de tout cela ne se produisit. Et, là, notre ami, le magicien et le mystique, devint aussi charlatan.

Il sortit de la pièce, pâle et défait, se tenant la tête dans les mains, à peine capable d'articuler un mot. Son ami l'assiégeait de questions : avait-il rencontré le serviteur des génies ? Lui avait-il demandé la baguette enchantée ? L'autre ne répondait qu'en tremblant, dans un frémissement de tout le corps, et à travers des dents qui claquaient, si bien qu'il réussit à effrayer son confrère en magie. Avec lenteur, il parvint à se calmer et à répondre en paroles entrecoupées, d'une voix tremblante : « La terre s'est mise à tournoyer, tant et si bien que je tenais à peine debout. Le mur s'est ouvert, et j'ai entendu la voix terrible du djinn, qui remplissait toute la pièce. Alors, j'ai perdu connaissance, et, quand j'ai repris mes esprits, je me suis sauvé en toute hâte. » Le camarade écoutait ce récit dans la joie la plus pure et dans l'admiration : « Ce n'est rien, remets-toi, disait-il, c'est simplement que tu as eu peur, et tu en as perdu le sentiment. Nous allons chercher dans le livre un remède pour te garantir et te rendre le courage de faire face au serviteur des génies pour lui exprimer ton désir. » Ils reprirent donc leurs recherches et trouvèrent qu'il convenait de faire une prière de deux prosternations, avant de s'asseoir devant le feu et de commencer l'incantation.

1. « O Généreux ! ô Généreux ! »

81

Notre héros recommença le lendemain, sans voir plus que la veille ni la terre tournoyer, ni le mur s'ouvrir, ni le génie paraître. Mais il sortit de la pièce avec une contenance paisible et assurée. Il apprit à son camarade que tout s'était déroulé suivant le programme prévu, mais que le génie n'avait pas voulu lui donner la baguette magique qu'il ne fût mieux exercé à toute cette cérémonie. Il lui avait fixé rendez-vous dans un mois plein. Pendant ce laps de temps, il fallait recommencer régulièrement tous les jours la prière, les parfums sur le feu et les noms d'Allah. S'il y manquait un seul jour, il faudrait s'y remettre un autre mois complet ; l'autre le crut sur parole et ne laissa plus passer un jour sans insister pour qu'il accomplît les rites. Le jeune magicien en profita pour exploiter la faiblesse de son ami et pour exiger de lui des services difficiles ou ennuyeux. Si l'autre refusait ou montrait peu d'empressement, il lui déclarait froidement qu'il ne se mettrait pas devant le feu, qu'il ne ferait pas l'invocation « yâ Latîf » et qu'on n'aurait jamais la baguette. Aussi l'autre se soumettait-il docilement et tout de suite.

Mais notre ami n'était pas seul à manifester ce penchant pour la magie ou la mystique. Il ne faisait que suivre une direction où le sollicitait son père lui-même. C'est que le cheikh adressait de nombreuses requêtes à Allah. Il avait beaucoup de fils, auxquels il désirait donner instruction et éducation. Mais il était pauvre et ne pouvait en payer tous les frais. Il s'endettait de temps en temps et les échéances étaient lourdes. Il souhaitait aussi parfois une augmentation de traitement, ou une élévation de classe, ou un changement de fonction. Tout cela, il le demandait à Allah dans ses prières rituelles, dans ses supplications et des oraisons spéciales. Parmi celles qu'il préférait, se trouvaient celles qu'on appelait les litanies de la « surate de Yâ sin ». Il priait son fils, le héros de cette histoire, parce qu'il était encore petit, et parce qu'il était aveugle, de les faire pour lui. Ces deux parures étaient des titres à la bienveillance d'Allah et à un rang élevé à ses yeux. Est-ce qu'Allah aurait eu le cœur de rebuter un pauvre enfant aveugle, qui lui demandait une chose bien simple, en se recommandant de la récitation du Coran ?

Les litanies de la « surate Yâ sin » comportaient plusieurs degrés. Le premier était de se retirer seul, pour dire quatre fois cette surate du Coran en faisant suivre cette récitation de la prière spéciale qui en était le sujet. Le second degré comportait les mêmes conditions avec une récitation répétée sept fois. Le troisième consistait à la reprendre quarante et une fois sans oublier chaque fois de la faire suivre de l'invocation de Yâ sin : « O partisans du bien dans la meilleure des nations », puis naturellement, à la fin, d'une demande de faveur divine. L'encens était requis dans ce troisième degré. Le cheikh chargeait son fils de la petite litanie dans les cas ordinaires, de la moyenne dans les affaires importantes, et de la grande lorsqu'il s'agissait d'une question qui touchait à la vie de la famille tout entière.

Quand il cherchait à faire admettre un de ses fils gratuitement dans une école, c'était la petite. S'il implorait d'Allah le paiement d'une dette écrasante, il avait recours à la moyenne. Mais, lorsqu'il désirait son transfert d'un poste à un autre, ou une augmentation de traitement d'une livre, ou même moins encore, il faisait donner la grande litanie. Chacune avait aussi son tarif : la petite, un morceau de sucre ou de confiserie ; la moyenne, cinq millièmes, c'est-à-dire une demi-piastre ; quant à la grande, c'était une piastre entière. Bien souvent, le jeune garçon s'isola dans la récitation de la surate, quatre fois, sept fois ou quarante et une fois répétées. Le plus fort est que ces demandes s'accomplissaient très exactement. Le résultat naturel était de fortifier le cheikh dans la conviction que son fils avait la « baraka » et du crédit auprès d'Allah.

Le rôle de la magie et de la mystique n'était pas limité à la solution des difficultés ni à la divination des mystères de l'invisible. Elles étendaient leur domaine à la défense contre les infortunes et la préservation des coups du sort. L'enfant a oublié bien des choses, mais non cette frayeur panique qui régna sur tous les cœurs dans la ville et les villages environnants lorsque du Caire arriva la nouvelle qu'une comète devait bientôt traverser le ciel, et qu'à deux heures de l'après-midi, ce jour-là, elle toucherait d'un coin de sa queue la terre, qui se briserait en poussière, emportée par les vents. Les femmes et le commun du peuple ne s'en enquiétèrent que fort peu. Ils ne sentaient une confuse terreur que si on leur parlait de cette catastrophe prochaine, ou s'ils en entendaient discuter. Ensuite, ils ne tardaient guère à être repris par les soins de la vie pratique. Mais tous ceux qui cultivaient les « sciences » religieuses, tous les porteurs du Livre Saint, les cheikhs des confréries mystiques, leurs disciples, attendaient dans la crainte et une véritable épouvante. Leurs cœurs n'arrêtaient pas de battre à coups désordonnés dans leurs poitrines, ni leurs bouches de palabrer cet inépuisable sujet. Les uns affirmaient que cette calamité ne se produirait pas, car elle était contraire aux conditions bien connues de l'heure du jugement dernier. Et la terre n'était pas destinée à périr avant que parussent la *Bête,* le *Feu* et l'*Antéchrist,* ni avant que descendît le *Messie* sur le monde pour le remplir de justice après une période de règne du mal. D'autres pensaient que ce cataclysme faisait justement partie des signes de l'*Heure,* et certains développaient cette conséquence, que le bouleversement s'abattrait sur la terre de façon à n'en dévaster qu'une partie, sans l'atteindre tout entière. Ils en parlaient toute la longueur du jour. Et quand venait la nuit, après la prière du soleil couchant, ils se réunissaient en cercles dans la mosquée ou devant leurs demeures, pour répéter des litanies : « L'*Heure* imprévue a sonné soudainement, il n'y a contre elle d'autre rempart qu'Allah », et ainsi jusqu'à la prière de la nuit tombée. Et les jours passèrent, et l'heure fatale arriva, mais il ne parut dans le ciel aucune comète, et la terre ne fut frappée d'aucune ruine, ni partielle ni totale. Alors, les docteurs de la loi, les porteurs du Coran, les chefs de confréries mystiques se divisèrent sur l'interprétation du phénomène. Les premiers, ceux qui tiraient leur « science » des livres, et se rattachaient à el Azhar, crièrent victoire : « N'avions-nous pas dit que ce désastre était impossible, avant les signes de l'*Heure* dernière ? Ne vous avions-nous pas invités à ne pas croire un mot de ces sottises des astronomes ? » Les porteurs du Coran répliquaient aussitôt : « Bien sûr que si ! le fléau était sur le point de fondre sur nous, sans la compassion d'Allah pour les nourrissons, les femmes enceintes et les bêtes innocentes. Il a prêté l'oreille aux supplications de ses adorateurs, et s'est laissé fléchir par leurs humbles prières. » Quant aux mystiques et aux adeptes de la science ésotérique : « Erreur ! rétorquaient-ils à leur tour, la catastrophe allait bel et bien se déchaîner sur l'univers, n'eût été l'intercession du " Pôle mutaxalli ", c'est-à-dire du " grand maître " actuel de tous les derviches et de tous les saints de la terre, en faveur du monde, auprès d'Allah. C'est lui qui a détourné ce malheur de nos têtes, et qui s'est chargé de nos iniquités. »

Le lecteur demandera peut-être : et comment donc appeler ce qui poussait les gens à se prémunir contre les puissances mauvaises du « Khamsîn [1] » ? Etait-ce magie ou bien mysticisme ? Je serais bien embarrassé de répondre autrement qu'en rapportant fidèlement les souvenirs du petit garçon d'alors. Les jours qui précédaient la première lune du printemps, et celui appelé « Shamm en-nassîm [2] », où tout le monde sort au matin pour respirer la première brise des vents du sud, faisaient une impression insolite et sibylline, qui insinuait au cœur des femmes et des porteurs du Coran un mélange indéfinissable d'allégresse et d'angoisse vague. Dès qu'avait lui l'aube du vendredi, on se précipitait dans un festin où n'entraient que des mets tout à fait spéciaux, jusqu'au samedi que marquait une débauche d'œufs coloriés. Les experts en religion se préparaient à ce jour très soigneusement, en achetant du papier blanc, bien lisse, qu'ils coupaient en morceaux tout petits, sur lesquels ils inscrivaient des lettres : *alif, lam, mim, sad* [3], avant de les plier et d'en bourrer leurs poches. Le samedi, on les voyait se répandre dans les maisons de leurs amis et connaissances, pour distribuer ces fragments aux gens de la famille, en demandant à chacun d'en avaler quatre, avant de toucher aucune nourriture ni aucune boisson. Ils préconisaient cette pratique comme préventif contre les mauvaises influences du Khamsîn, et comme préservatif tout spécialement efficace de l'oph-

1. Vent du désert.
2. *Litt.* « Respire la brise. »
3. *a, l, m, s* (emphatique).

talmie. Tout le monde les croyait sur parole, et avalait leurs petits papiers en les payant d'un œuf rouge ou jaune. L'enfant n'a jamais su ce que pouvait bien faire Sayedna de tous les œufs qu'il collectionnait le samedi « de la lumière », ainsi nommé parce qu'une clarté miraculeuse auréole ce soir-là le Saint-Sépulcre à Jérusalem. Il n'en récoltait certainement pas moins de plusieurs centaines. Mais les préparatifs des experts ne se bornaient pas là. Des mêmes modestes matériaux, du papier blanc et très lisse, ils faisaient de petits fragments sur lesquels ils écrivaient l'inventaire de l'*Héritage du Prophète* :

« L'héritage de Taha fut deux rosaires, et le Livre Sacré.

« Un étui à khôl, deux tapis de prière, un moulin à main et un bâton. »

Et ainsi de suite, jusqu'à épuisement de la liste bien connue des objets familiers que le Prophète laissa quand il mourut. Ils ajoutaient alors une autre prière qui commençait par des mots que ces lettrés déclaraient être du syriaque : « Dunbud, danbi, kara karandi, sara sarandi, sabar sabarbatûna : emprisonnez le djinn qui est loin, qu'il ne vienne pas, et celui qui est près, qu'il ne puisse nous faire du mal. » Puis, ils pliaient ces morceaux pour en faire des amulettes et des talismans qu'ils allaient distribuer dans les maisons, aux femmes et aux enfants, en échange de menue monnaie, ou de pain, de « fitîr » et de diverses sucreries. Ils assuraient aux gens qu'en portant ces amulettes ils repoussaient la malignité des démons qui transportent les vents du Khamsîn. Les femmes prenaient ces talismans avec une entière confiance. Mais cela ne les empêchait pas de se garantir contre les « 'afrit » quand soufflait le vent, en coupant des oignons pour les suspendre aux portes des maisons, et en mangeant des fèves germées, à l'exclusion de toute autre nourriture ce jour-là.

XVII

Or, il plut à Allah que l'élève de Sayedna fût pour lui une cause d'affliction et l'atteignît sévèrement dans son prestige. Ce n'était pas assez de ces incidents douloureux qui se produisaient de temps à autre, lorsque le cheikh interrogeait l'enfant sur le Coran, ni des calamités continuelles qui sortirent de l'obstination ridicule du gamin à étudier l'*Alfiyya* et quelques autres textes qui firent de lui un élève pénible, insolent, prenant des airs supérieurs vis-à-vis de ses camarades et de son maître, persuadé qu'il était déjà une espèce de « 'âlim », et qu'il n'avait plus besoin d'obéir aux ordres du surveillant. Tout cela n'était rien ; il survint une adversité nouvelle, suprême et inattendue, qui porta au maître un coup plus sensible que tous les autres, parce qu'elle le toucha dans ses capacités professionnelles. Un habitant du Caire s'établit un jour dans la petite ville, appelé par ses fonctions d'inspecteur des chemins ruraux. Homme entre deux âges, portant le tarbouche, et parlant français, il prétendait sortir de l'Ecole des Arts et Métiers. Avec cela, modeste et sympathique, il ne tarda point à se faire apprécier. On l'invitait aux réunions, et bientôt il lia des relations d'amitié avec le père du petit garçon. Celui-ci avait justement appointé Sayedna pour réciter chez lui tous les jours une surate du Coran, à raison de dix piastres par mois. C'était le tarif le plus fort, celui que payaient les gens distingués. Or Sayedna éprouvait de l'affection pour le nouveau venu et le couvrait de louanges. Mais vinrent les jours de Ramadan : les gens s'assemblaient toutes les nuits chez un notable de la ville, où Sayedna récitait le Coran tout le long du mois. Notre ami l'accompagnait et le soulageait de temps à autre en récitant à sa place une surate ou un fragment de surate. Une nuit, cet inspecteur vint à l'entendre et en dit quelques mots à son père :

— Ton fils a besoin de prendre des leçons pour réciter le Coran suivant les règles du « tagwid [1] ».

— Mais, répondit le cheikh, il apprendra cela en allant au Caire, avec les maîtres d'el Azhar.

— Je puis moi-même, reprit l'inspecteur, lui enseigner le « tagwid » selon la lecture de Hafs [2] en sorte qu'il parte au Caire sachant déjà les principes, et trouve plus de facilité par la suite à parachever la connaissance des sept lectures, ou des dix, ou des quatorze.

— Mais, s'exclama le cheikh, tu es donc aussi un porteur du Coran.

— Oui, et je sais aussi le « tagwid ». Si je n'étais pas trop absorbé par mon service, je pourrais apprendre à ton fils le Coran avec toutes ses variantes. Mais j'aimerais lui consacrer une heure par jour pour lui apprendre la lecture hafsienne et les principes de l'art, qui constitueront pour el Azhar une préparation sérieuse.

« Est-il possible, se répétaient les assistants, qu'un tarbouchard, qui parle français, sache aussi le Coran et ses différentes lectures ? »

L'inspecteur expliqua qu'il était aussi ancien élève d'el Azhar, qu'il avait poussé fort loin les études des sciences religieuses, puis qu'il avait quitté l'Université pour les écoles du gouvernement, ce qui l'avait conduit aux Arts et Métiers. On le pria de donner un échantillon de ses capacités. L'homme se déchaussa, s'assit par terre, les jambes croisées, et prononça la « surate de Houd »

1. Art de bien réciter le Coran.
2. Un des maîtres du « tagwid ».

avec une perfection qui laissa loin derrière elle tout ce qu'on avait entendu jusqu'ici. Inutile de demander si on s'émerveilla et si on admira. Mais on imagine facilement, en revanche, la déconfiture de Sayedna, et son dépit à la fin de la soirée, qui le laissa comme anéanti, foudroyé.

Au matin, le cheikh exigea que son fils se rendît chaque jour à la maison de l'inspecteur. Ce fut une joie pour l'enfant, joie incomparable, sauf à celle de rapporter l'incident tout chaud à ses camarades et d'en parler aux élèves. On peut bien supposer l'étendue de l'affliction éprouvée par Sayedna après ces récits. Il fit appeler le jeune garçon et lui défendit de prononcer jamais le nom de l'inspecteur à l'école.

L'enfant allait voir tous les jours ce dernier, qui lui fit réciter la *Tohfat et Atfâl*[1], en lui commentant les principes du « tagwid ». Il lui apprit à prononcer l'allongement, le nasillement, la sourdine, la contraction et tout ce qui s'ensuit. L'élève était dans l'admiration, et ne se lassait pas d'en parler à ses camarades. Il leur démontrait que Sayedna ne donnait pas bien le premier, ni ne réussissait parfaitement le nasillement, ni ne connaissait la différence entre le *madd*[2] *kalami* et le *madd harfi*, ni entre les *madd* appuyés et les *madd* allégés. Les échos de tous ces propos revenaient à Sayedna et l'assombrissaient de tristesse, jusqu'à le conduire parfois à des excentricités.

L'enfant reprit la récitation du Coran depuis le début avec l'inspecteur. Il apprit les endroits de la pause et de la liaison. Il se mit à imiter son professeur dans sa manière de réciter et à psalmodier comme lui. Il lisait le Coran ainsi à l'école. Quand son père vint à l'interroger et l'entendit réciter de cette manière nouvelle, il ne tarit pas d'exclamations et de joie bruyante, ni de louanges à l'adresse de l'inspecteur. Il n'y avait rien au monde de plus mortifiant pour Sayedna que ces compliments.

Une année passa tout entière à ces exercices, et l'enfant apprit

1. Manuel de récitation du Coran.
2. *Madd* : allongement.
 Kalami : du mot.
 Harfi : de la lettre.

parfaitement le « tagwid » selon Hafs. Il aurait sans doute abordé la lecture de Warsh[1], sans une série d'événements qui précédèrent de peu son départ pour le Caire.

Aimait-il ces leçons quotidiennes simplement par admiration pour son nouveau maître, et parce qu'il désirait vivement posséder l'art de psalmodier le Saint Livre, ou était-ce pour mettre Sayedna hors de lui et s'élever au-dessus de ses camarades ? Assurément, dans les deux premiers mois de l'année, il n'eut pas d'autres raisons. Par la suite, il se sentit attiré vers cette demeure par d'autres sentiments...

L'inspecteur avait atteint quarante ans, peut-être même les avait-il dépassés. Il avait épousé une jeune fille de moins de seize ans. Il n'avait pas d'enfant, et cette grande maison n'était habitée que par la jeune femme et une grand-mère quinquagénaire.

Au début de ses visites, le garçon entrait et sortait sans que personne fît attention à lui, à part l'inspecteur. Mais, lorsqu'elles se multiplièrent, la jeune femme prit l'habitude de lui adresser quelques mots et de lui poser des questions sur lui-même, sur sa mère et ses frères, et sur sa famille. Il répondit d'abord timidement, puis avec plus de naturel, à la fin avec confiance. Il finit par s'établir entre lui et cette... petite fille une amitié sincère, douce à l'âme du gamin, dont le cœur s'abandonnait à son charme. Par contre, elle était pénible à la vieille. Quant à l'inspecteur, il l'ignorait parfaitement.

Le garçon se mit à devancer le rendez-vous pour gagner une heure, ou une fraction d'heure de causerie avec la jeune femme.

Celle-ci en vint à l'attendre, et, quand il arrivait, elle l'emmenait dans sa chambre, le faisait asseoir et s'asseyait en face de lui.

La conversation finit par tourner au jeu, jeu d'enfants ni plus ni moins, mais bien agréable. Il raconta tout cela à sa mère, qui s'en égaya beaucoup et eut compassion de la pauvre fille esseulée. Elle dit à la sœur du gamin : « Une petite fille,

1. Autre maître du « tagwid ».

mariée à ce vieillard, qui ne connaît personne, et que personne ne connaît, et qui a envie de jouer ! »

A partir de ce jour, elle chercha un moyen pour lier connaissance avec la petite fille, pour l'inviter à venir chez elle et l'y ramener souvent.

XVIII

C'est ainsi que les jours suivaient les jours, dans la vie du jeune garçon, entre la maison de l'inspecteur, les causeries des ulémas et les cercles du « zikr ».

Ils n'étaient ni doux ni amers, uniformément, mais parfois doux, parfois amers. Ils passaient, tièdes et inconsistants. Mais un jour vint, après tant d'autres, qui fit connaître à l'enfant le goût de la douleur véritable, et lui fit éprouver que ces peines qui l'avaient affligé jusqu'ici, et qui quelquefois lui faisaient détester la vie, n'étaient qu'enfantillages, que le destin savait accabler les hommes d'autres tristesses, capables d'exaspérer chez eux l'amour instinctif de la vie, tout en diminuant son prix à leurs yeux.

L'enfant avait une sœur, la plus jeune de la famille, âgée de quatre ans à peine, à l'âme légère et au visage épanoui, à la langue alerte et aux réflexions amusantes, à l'imagination pleine de vivacité, bref la joie de tous les siens. Souvent elle se retirait de longues heures dans le recueillement de ses jeux : assise près du mur, elle lui parlait, comme elle avait entendu sa mère faire avec une visiteuse. Elle suscitait dans tous les jouets, dès qu'ils tombaient entre ses mains, une animation et comme une personnalité, dont ils se trouvaient revêtus. Tel devenait une femme, tel autre un homme, ici un jeune garçon, là une jeune fille. La petite allait et venait devant tous ces personnages et nouait entre eux des conversations, tantôt badines, tantôt aigres, parfois aussi, paisibles et calmes.

La famille entière prenait grand plaisir à écouter ces dialogues imaginaires, et à regarder jouer la petite sans qu'elle se doutât qu'on l'observait.

Vint la fête du sacrifice, une certaine année. La mère s'affaira dans les préparatifs et la décoration de la demeure, la fabrication du pain et des crêpes. Les grands frères se disposèrent aussi à fêter dignement cette solennité. Ils ne sortaient de chez le tailleur que pour entrer chez le cordonnier. Les plus petits s'amusaient de toute cette animation inusitée. Notre ami regardait faire les uns et les autres avec une sorte de philosophie qui lui était devenue habituelle. Il n'avait besoin, lui, d'aller ni chez le tailleur, ni chez le cordonnier, et il ne sentait nulle envie de se distraire de ces agitations qui les prenaient tous. Il lui suffisait de se retirer dans un monde intérieur pour vivre au milieu des chimères qu'il s'était créées, de ses explorations au pays des contes, et du trésor des livres hétéroclites qu'il dévorait du matin au soir.

La fête était donc toute proche. La petite fille fut soudain plongée dans une sorte de torpeur et d'abattement, à quoi personne ne prêta grande attention. Les enfants, dans les villages et les bourgs des provinces, sont sujets à de pareilles négligences, surtout quand la famille est nombreuse, et la maîtresse de maison fort occupée. Les femmes des villages de l'intérieur ont une espèce de philosophie et d'insouciance coupables, mais aussi une « science » qui n'est guère moins néfaste. L'enfant se plaint, mais rarement la mère s'en préoccupe... et quel est l'enfant qui ne se plaint pas ? Ce n'est que l'affaire d'une journée et d'une nuit, puis il se réveille guéri. Si la mère s'en inquiète, elle dédaigne le recours au médecin, ou l'ignore. Elle n'a confiance qu'en cette science funeste des « bonnes femmes » ou des gens qui leur ressemblent. C'est de cette manière que notre ami perdit les yeux. Il attrapa une ophtalmie, négligée pendant des jours. Puis on fit venir le barbier qui lui appliqua un traitement dont il resta aveugle. De semblable façon, cette petite fille perdit la vie. Elle resta dans l'hébétude et la torpeur de la fièvre, un jour, puis deux, puis un troisième, et encore un jour, étendue sur son lit dans un coin de la maison, soignée tantôt par sa mère ou une sœur qui lui apportaient des aliments, dont Allah seul sait s'ils lui étaient bons ou contraires. L'animation n'en souffrit guère dans la maisonnée. On préparait le pain et les crêpes d'un côté. On nettoyait la pièce de réception d'un autre. Les petits continuaient leurs jeux et leurs amusements, les grands leurs ajustements d'habits et de chaussures. Le cheikh prenait son repas de midi et s'en allait, pour revenir avec des amis passer la fin du jour et les premières heures de la nuit.

Cela dura jusqu'au milieu de l'après-midi du quatrième jour, et alors tout s'arrêta subitement. Tout s'arrêta, et la mère connut qu'un spectre terrifiant planait sur sa demeure, où jusque-là n'était jamais entrée la mort, où cette mère tendre n'avait encore jamais goûté la morsure de la vraie douleur. Oui... au milieu de son affairement, elle entendit soudain la petite pousser un cri funèbre qui lui fit instantanément tout quitter pour courir vers elle. Mais les cris continuèrent de plus belle, et les sœurs de la petite fille, elles aussi, laissèrent tout pour accourir. Les hurlements s'élevaient de plus en plus fort, la petite se tordait de douleur et se débattait dans les bras de sa mère. Le cheikh, à son tour, quitta ses amis et apparut sur le pas de la porte. Mais les cris se suivaient, de plus en plus déchirants, et la maison en était pleine. La petite fille était secouée d'un tremblement horrible, et son visage se contractait sous la sueur ruisselante. Grands et petits quittèrent leurs jeux, leurs vêtements et leurs chaussures, pour venir sur la pointe des pieds. Ce long cri perçant s'entendait toujours, toujours plus atroce, et l'on pouvait voir la famille entière interdite et silencieuse autour du petit lit, ne sachant que faire... et pendant des heures et des heures... Le cheikh, cédant à la faiblesse ordinaire aux hommes en pareil cas, s'éloignait en marmottant des prières et des versets du Coran, pour implorer Allah. Grands et petits s'esquivaient dans la stupeur, pouvant à peine oublier leurs amusements et leurs conversations, mais n'osant pas les reprendre. Ils erraient dans la maison, tandis que la mère, assise, hébétée, regardait fixement sa fille et lui donnait à boire quelque remède,

94

je ne sais quoi. Mais le long cri strident éclatait toujours dans le silence, et les efforts violents de la malade ne s'arrêtaient pas, ne diminuaient pas.

Je n'aurais jamais cru qu'il existât chez les enfants, qui n'ont pas dépassé leur quatrième année, une telle force de résistance à la mort. Vint l'heure du repas du soir, et la table fut dressée par les grandes sœurs. Le cheikh et ses fils s'y assirent. Mais les cris ininterrompus de la petite fille leur ôtèrent toute envie de toucher à rien. Ils s'en allèrent, et la table fut desservie, sans qu'on eût rien mangé, sans que la petite cessât de crier ni de se débattre, ni sa mère de la contempler en levant parfois les bras vers le ciel. Elle avait découvert sa tête, chose qu'elle n'avait jamais faite. Mais les portes du ciel étaient fermées ce jour-là, et le destin déjà décrétait l'issue désormais inévitable. Le cheikh pouvait bien réciter le Coran, la mère s'abîmer dans les implorations. Fait étrange : personne de tout ce monde ne songea un seul instant au médecin. La nuit s'avança et les hurlements de la petite fille insensiblement faiblirent. Sa voix se fit plus étouffée. Elle se débattait moins. L'espoir vint à cette mère éplorée qu'Allah écoutait ses prières et celles de son mari, et que la crise se dénouait. C'était vrai que la crise se dénouait, et qu'Allah avait eu pitié de cette enfant, et que l'affaiblissement de sa voix et l'épuisement de ses membres agités étaient bien les deux miracles de cette miséricorde. La mère regardait sa fille, et s'imaginait qu'elle allait dormir. Elle la regardait encore et voici qu'une accalmie durable s'établissait dans le silence et l'immobilité, ne laissant qu'un souffle léger, intensément léger, hésiter entre les deux petites lèvres entrouvertes. Puis ce souffle lui-même s'éteignit. La petite fille avait cessé de vivre.

Quelle fut sa maladie ? Et comment fut-elle emportée ? Allah seul sait cela, qui connaît toutes choses.

Mais alors s'éleva une autre clameur, ininterrompue et perçante. D'autres convulsions suivirent celles de l'enfant, aussi longues et aussi violentes. Mais c'était la mère qui criait devant l'image de la mort, et se débattait dans l'égarement de sa perte. Les grands fils et les plus jeunes enfants coururent vers elle dans l'épouvante. Le cheikh était déjà là. Dans les affres de sa souffrance, elle n'émettait que des mots sans suite, et les pleurs lui ôtaient la voix. Elle déchirait ses joues cruellement, sans arrêt, et son mari devant elle restait debout sans une parole pendant que ses yeux s'écoulaient en un flot de larmes. Mais déjà les voisins et les voisines avaient entendu et se hâtaient. Le cheikh dut s'éloigner pour recevoir les hommes et répondre à leurs consolations avec empire et sang-froid. Les enfants de tout âge se dispersèrent dans la maison, les uns, le cœur dur, pour dormir, les autres, le cœur brisé, sans chercher un sommeil impossible. Quant à la mère! Qui dira jamais les tortures de cette nuit désespérée, devant sa fille déjà roidie et glacée? Elle poussait le hululement lugubre des pleureuses, en s'écorchant les joues et se frappant la poitrine, entourée de ses filles et de ses voisines qui refaisaient tous ses gestes après elle, et c'est ainsi qu'elles passèrent toute la nuit.

Mais quelle minute égalera jamais l'horreur de celle où vinrent des gens qui emportèrent la petite enfant au lieu d'où jamais l'on ne retourne? Ce jour était celui de la fête des victimes. La maison s'était parée pour la fête et l'on avait préparé les victimes. Quelle fête, et quelles victimes... Et quelle heure sombre que celle où le cheikh revint seul à sa demeure, vers le milieu du jour, du cimetière où il avait confié sa petite à la terre!

Depuis ce jour, une sorte de pacte sembla vouer la famille à l'affliction. Peu de mois passèrent avant que le cheikh perdît son vieux père, tout chargé d'ans. Et quelques autres mois amenèrent le tour de la vieille grand-mère maternelle. Ce n'étaient que deuils suivant les deuils, et douleurs succédant aux douleurs, les unes aiguës, d'autres plus sourdes. Jusqu'au jour d'indicible amertume, qui effaça l'horreur de tous les autres, et marqua désormais la vie de la famille d'une empreinte de tristesse jamais abolie, jour qui blanchit la tête au père et à la mère, et qui condamna cette mère à ne plus s'habiller que de noir jusqu'à son heure dernière, à ne plus goûter la saveur d'aucune joie, à ne plus se permettre un rire qu'elle ne terminât dans les pleurs, à ne plus s'endormir qu'en larmes, ni s'éveiller que le visage humide d'autres larmes, à ne plus manger d'aucun fruit, parce qu'elle les abandonnait aux pauvres et aux enfants, à ne plus sourire à aucune fête ni accueillir un jour heureux qu'avec aversion et chagrin.

C'était le 21 août de la'nnée 1902, dont l'été fut si désastreux. Une épidémie de choléra s'était abattue sur l'Egypte et décimait la population.

Elle avait dévasté villes et villages, et rayé de l'existence des familles entières. Sayedna avait intensifié sa production de talismans et d'inventaires de l'héritage du Prophète. Les écoles coraniques et celles du gouvernement furent toutes fermées. Des médecins et des missions du service d'hygiène s'étaient répandus sur le pays avec tout un matériel, et des tentes qui leur servaient à isoler les malades. L'épouvante courbait les têtes et oppressaient les cœurs. La vie avait perdu tout son prix. Chaque famille ne parlait que du malheur des autres familles, et attendait sa part du destin. La mère du petit garçon ne vivait plus que dans des transes perpétuelles. Elle se demandait, mille fois la journée, lequel serait visité par le malheur, de ses fils et de ses filles. Elle avait un fils de dix-huit ans, à la mine gracieuse et au visage aimable, distingué, d'une vive intelligence, le meilleur caractère de la famille et l'esprit le plus ouvert. Nul n'avait un cœur plus compatissant, ni l'âme plus sincère, plus de piété tendre pour sa mère ni d'égards pour son père, plus de douce bonté pour ses frères plus jeunes et pour ses petites sœurs. Avec cela toujours gai. Il venait de passer son baccalauréat et s'était inscrit à l'Ecole de Médecine. Il n'attendait que la fin de l'été pour gagner le Caire. Quand éclata l'épidémie il se lia au médecin de la ville, et se mit à le suivre dans ses tournées, disant qu'il s'exerçait à sa profession. On parvint ainsi au vingt août.

Le jeune homme rentra au bout de cette journée, souriant comme à l'habitude, caressa sa mère et la taquina, pour calmer ses frayeurs.

— La ville, ajouta-t-il, n'avait été atteinte, ce jour-là, que de vingt cas, et le poids de l'épidémie semblait s'alléger.

Pourtant il se plaignit de quelques malaises, mais sortit trouver son père, avec lequel il bavarda comme à l'habitude, puis ses amis qu'il accompagna comme tous les jours, sur les bords de l'Ibrahimiyya[1].

L'entrée de la nuit le ramena au foyer, où il passa une heure à rire et à jouer avec ses frères. Ce soir-là, il déclara, devant toute la maisonnée, que manger de l'ail préservait du choléra. Il en mangea lui-même, et ses frères, grands et petits, suivirent son exemple. Il voulut aussi persuader son père et sa mère, mais n'y réussit pas.

La maison était tranquille et plongée dans le sommeil, depuis les plus petits jusqu'aux plus grands de ses hôtes, et jusqu'aux animaux, quand arriva le milieu de la nuit. Alors une rumeur étrange emplit cet air calme, et tout ce monde fut sur pieds, comme à un signal. Le cheikh et sa femme étaient dans le couloir couvert de tapis et sans autre ombrage que le ciel, en train d'appeler leur fils et de lancer son nom à tous les échos. Les jeunes enfants sautaient de leurs lits en toute hâte, pour courir au point d'où partait le bruit. Les petits s'asseyaient et se frottaient les yeux, cherchant à distinguer, dans une vague appréhension, d'où venait ce remue-ménage et tout ce mouvement insolite.

L'origine de tout cela était le bruit que faisait le jeune étudiant pour vomir. Il y avait déjà une heure ou deux qu'il sortait de sa chambre sur la pointe des pieds pour aller dehors, en mettant tout son soin à n'éveiller personne. Mais le mal arrivait à une telle extrémité qu'il n'avait pu se contenir davantage, ni continuer à vomir tout doucement, en sorte que ses parents avaient fini par entendre ce râle qui les avait glacés d'horreur, et avec eux toute la maison.

Ainsi le jeune homme était atteint, et le fléau avait trouvé le chemin de cette demeure. La mère savait maintenant sur lequel de ses fils devait tomber le malheur. Quant au cheikh, il fit cette nuit-là une contenance bien digne d'admiration : calme et grave, et pourtant atterré, mais dominant son désarroi, avec dans la voix quelque chose qui trahissait un cœur brisé, mais cependant

1. Canal.

98

ferme et préparé au malheur, il ramena son fils dans la chambre et le fit isoler de ses frères, puis sortit en hâte pour appeler deux voisins qui, en moins d'une heure, amenèrent le médecin.

Durant cet intervalle, la mère saisie d'effroi, mais ferme et pieuse, donnait ses soins à son fils. Lorsque le vomissement lui laissait quelque trêve, elle sortait dans le couloir, élevait les bras et le visage vers le ciel, et s'abîmait dans la prière, jusqu'à ce que de nouveau elle entendît ce râle qui la faisait rentrer en toute hâte vers son fils pour l'appuyer sur sa poitrine et lui prendre la tête dans ses mains. Mais sa langue n'arrêtait pas quand même de réciter des prières et des invocations.

Il lui fut impossible d'obtenir que le malade fût isolé des autres enfants, car ceux-ci remplissaient la chambre et se tenaient autour d'elle interdits. Quant à lui, caressant sa mère dans les intervalles de ses efforts, il jouait avec ses petits frères jusqu'au moment de l'arrivée du médecin, qui prescrivit et ordonna, puis s'éloigna en promettant de revenir le lendemain. La mère s'établit dans la chambre de son fils. Le cheikh s'assit non loin de là, muet et farouche, ne faisant plus aucune prière, et sans même répondre aux gens qui venaient lui parler.

Le matin se leva bientôt. Le jeune homme se plaignit d'une douleur dans les jambes. Les sœurs vinrent le frictionner sans qu'il cessât de souffrir, tantôt avec des plaintes, tantôt en silence. Les vomissements l'agitaient de hoquets convulsifs, qui arrachaient le cœur en même temps au père et à la mère. Une matinée passa, comme la famille n'en avait jamais vue : morne, traversée d'alarmes et de pressentiments. A l'extérieur de la maison se pressait une foule, qui venait apporter au cheikh des consolations. A l'intérieur, c'était une assemblée de voisines venues pour réconforter la mère. Le cheikh et sa femme étaient bien trop absorbés pour s'occuper de l'une et de l'autre. Le médecin revenait d'heure en heure, le malade avait demandé qu'on télégraphiât à son frère, l'étudiant d'el Azhar au Caire, et à son oncle en Haute-Egypte. Il demandait la montre de temps en temps pour regarder l'heure comme si elle allait trop vite, et qu'il craignît de mourir sans avoir revu son frère et son oncle, le jeune homme et le vieillard. O heure funeste... Rien ne vous arrêta... Troisième heure de ce jeudi 21 août 1902.

Le médecin avait quitté la pièce, désespérant de le sauver. Il semble qu'il ait dit en particulier, à deux des amis les plus intimes du cheikh, que le jeune homme touchait à son heure dernière. Ceux-là s'avancèrent jusqu'à pénétrer dans la chambre du malade, où était sa mère. Elle parut ce jour-là, pour la première fois de sa vie, dévoilée devant des hommes.

Son jeune fils était sur un lit, tordu de souffrances, alternativement dressé puis rejeté en arrière, s'asseyant, demandant l'heure, enfin vomissant. La mère restait muette. Les deux hommes prodiguaient leurs consolations, mais c'était le malade qui leur répondait : « Je ne suis pas plus grand que le Prophète. Est-ce que le Prophète n'est pas mort ? » Il appelait son père pour le consoler lui aussi, mais le cheikh ne répondait rien. Puis, il se levait et se rasseyait, se jetait sur le lit, ou parfois à côté. Notre ami, pendant cette scène, retiré dans un coin de la pièce, hagard et misérable, se consumait de désespoir éperdu, le cœur déchiré de chagrin.

Enfin, le malade se rejeta sur le lit sans avoir plus la force d'aucun mouvement. Il se mit à gémir, et son gémissement faiblissait par intervalles, jusqu'à n'être plus qu'un murmure qui s'éloignait de minute en minute. Notre ami perdra jusqu'au dernier de ses souvenirs, avant d'oublier ce gémissement suprême que poussa son frère, tout grêle, faible et profond, avant de se taire pour jamais. En cet instant, la mère fut debout, toute résignation devenue vaine, et sa fermeté s'écroula ; à peine dressée elle s'abattit et serait tombée sans l'appui des deux hommes. Alors elle se reprit et sortit de la pièce, écrasée, courant presque vers le seuil, pour, lorsqu'elle l'eut enfin dépassé, tirer de sa poitrine une plainte dont le souvenir déchire encore le cœur de l'enfant qui l'entendit. Le malade tressaillit faiblement à ce cri, et tout son corps fut traversé par un tremblement, que suivit le repos de la mort. Les deux témoins de cette scène s'avancèrent pour lui rendre les derniers devoirs, lui fermer les yeux et lui bander les membres. Après lui avoir couvert le visage du linceul, ils sortirent à la rencontre du cheikh. Ils se rappelèrent alors que l'enfant aveugle était resté prostré dans un coin de la chambre. L'un d'eux revint et le tira, sans qu'il en eût conscience, un peu plus loin de là, au milieu des visiteurs, où il le posa comme une loque.

Il ne se passa guère plus d'une heure, ou même moins, avant que la dépouille eût reçu les derniers soins, et qu'on vînt la chercher pour l'ensevelir. Les hommes sortaient de la maison, emportant la bière sur leurs nuques. O destin... Ils avaient à peine atteint la porte, et la première personne qui rencontra le brancard funèbre fut cet oncle, le vieillard que le jeune homme avait attendu, luttant contre la mort, minute par minute, dans l'espérance de le revoir.

A dater de ce jour, une tristesse vint habiter cette demeure, et toute manifestation de joie ou de plaisir, à n'importe quelle occasion, devint une faute dont il convenait que s'abstinssent ses membres, grands et petits, sans différence.

A dater de ce jour, le cheikh ne s'assit plus au repas du matin ni à celui du soir sans évoquer le souvenir de son fils et le pleurer, parfois une heure entière. Devant lui, sa femme répondait à ses pleurs et autour de lui les fils et les filles s'efforçaient en vain de consoler leurs parents jusqu'à ce qu'ils fondissent tous en larmes, l'un après l'autre.

A dater de ce jour, la famille prit l'usage de franchir le Nil jusqu'au séjour des morts, à intervalles réguliers, elle qui pourtant jusque-là se rangeait parmi celles où l'on blâme ces sortes de visites funèbres.

A dater de ce jour aussi, s'accomplit un changement complet dans l'âme de notre enfant. Il connut Allah dans sa vérité, et ressentit l'anxiété de se rendre favorable par toutes sortes d'offrandes, par l'aumône, par la prière et par la récitation du Coran. Allah est témoin que ce qui l'y poussait n'était pas la crainte, ni les soucis, ni l'amour égoïste de la vie, mais il savait que son frère aîné, élevé dans les écoles du gouvernement, ne remplissait qu'imparfaitement ses devoirs religieux. Notre ami, en conséquence, s'adonnait à nombre de pratiques pieuses pour diminuer en partie le passif de son frère. Celui-ci était mort à dix-huit ans, et le petit savait par les cheikhs que la prière et le jeûne sont de stricte obligation à partir de quinze ans. Il évalua en lui-même que son frère était redevable encore envers Allah du jeûne et de la prière de trois années pleines, et il s'imposa à lui-même de faire les cinq prières rituelles deux fois au lieu d'une, une fois pour lui-même et une autre pour son frère; de jeûner chaque annéee deux mois au lieu d'un, un pour lui-même et un autre pour son frère; de ne révéler rien de tout cela à personne de la famille, mais d'en faire un pacte privé entre Allah et lui; et aussi de donner à un pauvre ou à un orphelin une partie de ce qu'on lui donnait à lui-même à manger, comme des fruits, avant d'en prendre sa propre part. Allah est témoin que le garçon fut fidèle à ce pacte pendant des mois, et que cette règle de vie ne changea pas avant qu'il partît pour l'Université d'el Azhar.

De ce jour aussi l'insomnie lui devint familière et le hanta des nuits entières. Combien en a-t-il passées, tout occupé de la pensée de ce frère, ou par la récitation de la « surate de la délivrance » des milliers de fois, pour vouer le mérite de cette œuvre pie au défunt, ou encore à composer des vers, imités de ceux qu'il lisait dans ses livres de légendes, et tout remplis de sa tristesse et de son deuil, à la mémoire du cher disparu, prenant bien garde de ne jamais clore un de ces petits poèmes autrement que par une invocation pieuse sur la tête du Prophète, pour transférer à son frère le mérite de cette prière.

Oui, de ce jour, il connut les rêves effrayants : la maladie de son frère se présentait à ses yeux chaque nuit. Et cela dura des années. Ensuite, l'âge et l'influence de l'Université d'el Azhar prirent le pas sur ces souvenirs, et le rêve s'espaça à mesure que l'enfant devenait jeune homme, puis homme fait. Les divers âges de la vie se succédèrent sur sa tête, mais il garde toujours la même fidélité à ce frère, et à son souvenir, si vivace qu'il le revoit en songe aujourd'hui, chaque semaine, à tout le moins.

Les frères et les sœurs se sont consolés. Les amis et les camarades ont oublié. Son souvenir a fini par ne plus visiter son père que rarement. Mais il reste deux êtres au monde qui se rappellent encore, et se rappellent sans fin, aux premières ombres de chaque nuit, jusqu'à la nuit éternelle : sa mère, et le petit enfant d'alors...

XIX

— Cette fois-ci, tu iras au Caire, avec ton frère, et tu deviendras étudiant, à l'ombre de la Mosquée sainte. Tes efforts seront consacrés à la « science ». Quant à moi, j'espère vivre assez longtemps pour voir ton frère Cadi, et toi-même devenu un des ulémas d'el Azhar, assis près de ses colonnes, au milieu d'un cercle d'élèves, vaste à perte de vue.

Ainsi parlait le cheikh à son fils, à la fin d'un jour d'automne de l'an 1902. L'enfant écoutait, mais sans y croire, et sans non plus rester tout à fait sceptique. Il préférait attendre la confirmation des jours, ou leur démenti. Combien de fois son père lui avait-il tenu le même langage, et combien de fois son frère l'azhari lui avait-il fait pareille promesse... Puis l'azhari était retourné seul au Caire, et l'enfant, resté dans la petite ville, tournait en rond, de la maison à l'école, et du tribunal aux réunions des cheikhs.

Il est vrai qu'il ne sut jamais pourquoi il se mit à croire à la promesse du cheikh, cette année-là. Un jour, on lui annonça qu'il allait partir, très prochainement. Vint un jeudi, et voici le garçon qui se voyait lui-même en train de faire ses préparatifs de voyage, véritablement. Puis il se vit dans la gare, avant que le soleil ait paru vers l'Orient. Le voilà ensuite assis à l'arabe, la tête penchée, mélancolique et le cœur affligé. Il entendit l'aîné de ses frères le réprimander avec douceur : « Ne baisse pas ainsi la tête, et ne prends pas ce visage navré, tu vas chagriner ton frère. » Il entendit aussi son père l'encourager affectueusement : « D'où vient ta peine ? N'es-tu pas un homme, et n'es-tu pas capable de quitter ta mère ? Ou bien est-ce que tu as envie d'aller jouer ? Est-ce que tu n'as pas assez de jouer, depuis le temps ? »

Dieu sait que l'enfant n'était pas triste de quitter sa mère, ni parce que c'en était fini des jeux du premier âge ! Mais sa seule pensée allait à celui qui dormait là-bas, de l'autre côté du Nil. Il pensait à lui et se rappelait. Combien de fois n'avait-il pas rêvé au temps où celui-là serait aussi avec eux au Caire, étudiant à l'Ecole de Médecine ! Il se souvenait et son cœur saignait, mais il garda pour lui ce sujet de peine, et dissimula, s'imposa même de sourire. Ah ! S'il avait laissé parler son âme sans contrainte, il aurait éclaté en pleurs, et avec lui son père et ses deux frères.

Le train partit, les heures fuyaient, et notre ami se trouva au Caire, au milieu d'un groupe de pensionnaires de la Mosquée, qui étaient venus voir son frère pour le saluer et qui mangeaient avec lui quelques mets qu'il avait apportés du village.

Ce jour passa. Le lendemain, qui fut le vendredi, notre ami se vit dans la grande mosquée d'el Azhar pour la prière solennelle. Voici qu'il entendit le prédicateur, un cheikh à la voix grasse et haute, qui emphatisait ses « rra » et ses « qâf », tout pareil à celui de la petite ville en tout le reste. Quant à la « khotba », c'était la même, le « hadîth [1] » était le même, et quant à la prière, elle était toute pareille, ni plus longue que celle de sa petite ville, ni plus courte.

L'enfant revint chez lui, ou plutôt dans la chambre de son frère, quelque peu déçu. Son frère lui demanda ce qu'il pensait de la récitation psalmodiée du Coran et des sept lectures.

— Je n'ai besoin de rien de tout cela, répondit-il. La psalmodie, je la connais à fond ; et les lectures ne me serviront de rien. Les as-tu apprises, toi, les lectures ? Ne me contenterais-je point de te ressembler ? Je n'ai besoin, moi, que de la « science », je désire

----

1. Parole traditionnelle attribuée au Prophète.

apprendre le droit religieux, la grammaire, la logique et la théologie.

— Doucement, dit son frère. C'est assez du droit religieux et de la grammaire pour cette année.

Le samedi s'était levé, et le jeune garçon sortit du sommeil à son aurore. Il fit ses ablutions et sa prière un peu avant son frère, qui lui annonça où il allait le mener : à certaine mosquée où il avait un cours à suivre. Après quoi, il l'accompagnerait à el Azhar, pour le présenter à un cheikh de ses amis, sous la direction duquel l'enfant pourrait apprendre les principes de la « science ».

— Et quel est, interrompit le petit, le cours auquel je vais assister ?

— C'est, dit son frère en riant, le cours de droit religieux, dans le traité d'Ibn 'Abidîn[1].

Il parlait en faisant bouche pleine des mots qu'il disait.

— Et qui est, poursuivit l'enfant, le cheikh qui le fait ?

— C'est, dit l'autre, X...

Le jeune garçon avait entendu ce nom mille et mille fois, sur les lèvres de son père qui tirait beaucoup de vanité de l'avoir connu autrefois, quand il était Cadi en province. Sa mère prononçait souvent aussi ce nom, en rappelant qu'elle avait connu la femme du cheikh, jeune femme agitée et fruste, affectant de s'habiller à la mode de la ville, elle qui n'avait rien d'une citadine. Le père demandait souvent à l'étudiant d'el Azhar, toutes les fois qu'il rentrait du Caire, des nouvelles du cheikh, de ses cours, et s'informait du nombre de ses élèves. Le fils parlait longuement de son rang au tribunal supérieur, et du cercle d'élèves qui l'entouraient par centaines. Le père insistait alors pour que son fils l'azhari récitât à la manière du cheikh. L'étudiant s'essayait à cette imitation qui ne manquait jamais de faire bien rire son père de plaisir et d'admiration. Le père demandait encore :

— Il te connaît ?

1. Commentaire de droit hanéfite sur le « Darr mukhtâr ». (*Litt. :* « La Perle choisie ».)

— Comment ne me connaîtrait-il pas ? répondait le jeune homme. Moi qui, avec quelques amis, suis un de ses disciples les plus assidus et préférés... Nous assistons à son cours public, puis à un autre cours qu'il fait exprès pour nous, chez lui. Bien souvent nous y déjeunons, pour travailler ensuite aux nombreux ouvrages qu'il compose.

Et l'étudiant passait de là à décrire la maison, la pièce où il le recevait, et la bibliothèque. Son père écoutait tout dans le ravissement, et, quand il sortait retrouver ses amis, allait à son tour le répandre, un peu grisé et glorieux.

Ainsi, l'enfant connaissait le cheikh, et fut heureux d'aller se joindre au cercle de ses auditeurs. Quelle joie d'enlever ses sandales à la porte de la mosquée, et de marcher sur les nattes, puis sur le marbre, puis sur ces tapis fins qui recouvrent le sol du sanctuaire ! Quel délice de prendre place dans le cercle sur ce tapis, au côté d'une colonne de marbre, dont il toucha la surface et tout de suite aima la douceur lisse, évocatrice des méditations, et aussi de la parole de son père : « J'espère vivre assez longtemps pour voir ton frère Cadi, et toi-même " 'âlim ", au pied d'une colonne d'el Azhar. » Comme il songeait ainsi et souhaitait toucher de même les colonnes, pour voir si elles ressemblaient à celles de cette mosquée, il perçut tout à coup, dans les rangs des auditeurs autour de lui, un mouvement insolite, qu'il sentit aussitôt s'affaiblir et disparaître. Son frère le toucha de la main, en murmurant à voix basse :

— Voici le cheikh.

Toute la personne du jeune enfant se tendit alors et se concentra dans ses oreilles. Il se tut pour écouter. Qu'entendait-il ? Ce qu'il entendait, c'était un son étouffé, paisible et pourtant sévère, une voix où dominait une certaine note, disons d'orgueil, ou peut-être de majesté, ou de quelque nom qu'on voudra l'appeler, mais en tout cas une nuance déconcertante, que tout de suite il n'aima pas. Il se passa bien des minutes avant qu'il pût distinguer dans les paroles du cheikh une seule lettre, avant qu'il eût accoutumé son oreille à la voix et à la sonorité du lieu. Enfin, il démêla et comprit, et il m'a juré par la suite que son mépris pour la

« science » avait commencé ce jour-là. Voici ce qu'il entendit :
« Et si le mari dit à la femme : tu es *répudiée* ; ou s'il lui dit
seulement : tu es divorcée ; ou encore : tu es divorcée ; ou bien :
tu es divorcée ; le divorce est accompli, sans considération du changement dans le mot d'une ou plusieurs lettres. » Le cheikh parlait d'un ton chantant, presque psalmodié, non dénué de certains
accents rauques, mais qu'il cherchait à rendre doux et agréables. Il
mêlait de place en place, en guise de points d'orgue à cette mélo-
die, ce mot qu'il répétait d'un bout à l'autre du cours : « Compris ? 'arçons... » A telle enseigne que notre jeune ami en vint à se
demander ce que c'était que le 'arçon. Et quand il s'éloigna, sa
première question fut pour interroger son frère là-dessus. L'autre
fit un grand éclat de rire « 'arçons? Cela veut dire *garçons*,
dans le langage du cheikh ».

Ils poursuivirent leur route vers el Azhar, où le nouvel élève
fut présenté à son maître, qui lui enseigna les éléments du droit
religieux et de la grammaire, pendant toute une année.

À MA FILLE

Ma fille... Cœur simple et pur, âme sincère... Tu entres dans ta neuvième année, cet âge où les enfants admirent leur père et leur mère, et les prennent pour idéal dans la vie, l'âge ou ils imitent leurs actions et leurs paroles et s'évertuent à leur ressembler, d'aussi près qu'ils peuvent, où ils se font gloire de leurs parents devant leurs compagnons de jeux, et s'imaginent qu'ils ont été dans leur jeunesse comme aujourd'hui, un modèle idéal sur lequel on se règle. N'en est-il pas ainsi ? Ne crois-tu pas que ton père est le meilleur des hommes, et aussi qu'il était naguère le plus sage et le plus parfait des enfants ? N'es-tu pas certaine qu'il vivait la même vie que tu mènes aujourd'hui, ou mieux encore ? Ne voudrais-tu pas vivre comme il faisait lorsqu'il avait huit ans ? Et cependant ton père fait tous les efforts, et s'impose toutes les fatigues, simplement pour t'épargner ce que fut son existence lorsqu'il était enfant. Je l'ai connu, ô ma fille, dans cet âge de sa vie. Et si je te parlais maintenant de ce qu'il était alors, je ruinerais trop de tes illusions. Je décevrais trop de tes espoirs, et j'ouvrirais, dans ton cœur candide et dans ton âme douce, une porte vers des horizons de tristesse qu'il serait sacrilège de ne pas laisser close encore. Non, je ne te dirai plus rien de sa vie dans ce second âge qui commence ici. Je ne t'en dirai rien maintenant. Rien... jusqu'à ce que tu aies un peu grandi, que tu sois en état de lire, et de comprendre, et de juger. Alors tu pourras connaître l'amour de ton père pour toi dans sa véritable étendue, et ses efforts pour que tu sois heureuse en vérité, et aussi dans quelle mesure il a réussi à t'épargner ce qui fut sa propre enfance et sa jeunesse à lui. Oui, ma fille, je l'ai connu alors. Je sais trop à quel point tu as l'âme sensible et compatissante ; je craindrais, en te contant la suite, de faire déborder ton cœur de pitié attristée, et de te voir éclater en pleurs. Je t'ai vue un jour assise sur les genoux de ton père, qui te racontait l'histoire d' « Œdipe-Roi », sortant de son palais, les yeux crevés, ne sachant où porter ses pas, et quand sa fille Antigone vient l'assister dans sa misère. Je t'ai vue ce jour-là écouter d'abord dans l'émerveillement, puis les couleurs ont quitté ton visage et ton front pur s'est assombri. A la fin, tu fondis en larmes, renversée sur ton père et le couvrant de baisers, jusqu'à ce que ta mère t'arrachât de ses bras pour calmer ta frayeur. Alors ta mère comprit, et ton père, et moi aussi, que, si tu pleurais en pensant à « Œdipe-Roi », c'est parce qu'il était aveugle, ignorant de la lumière, incapable de se diriger seul. Tu pleurais sur ton père en même temps que sur Œdipe... Et moi, je sais bien que tu aimes à jouer comme les autres enfants, à t'amuser de tout et à rire, que tu as un peu de la dureté de l'enfance, et je craindrais, ma fille, en te racontant la vie de ton père, dans certaines périodes de sa jeunesse, de te faire rire sans pitié de ses aspects comiques. Je n'aimerais pas faire rire une enfant de ses parents, ni l'amuser en la rendant insensible à leurs malheurs. Et cependant j'ai connu ton père à une époque dont je pourrais te faire le récit sans te donner envie d'en rire.

Il avait treize ans, quand il fut envoyé au Caire pour suivre les cours d'el Azhar, et apprendre la « science ». C'était un enfant plein d'ardeur et d'activité, maigre et pâle, modestement vêtu, plus près de la pauvreté que de la richesse, d'aspect misérable, avec sa « 'abâya » râpée et son bonnet dont le blanc tournait au noir, avec cette chemise sur laquelle s'ouvrait la « 'abâya », et qui se colorait au contact des aliments qui étaient tombés dessus, avec ses sandales usées et rapiécées. Il faisait bien piètre figure dans cet accoutrement, mais on lui souriait quand même en le voyant, malgré ses haillons et ses paupières fermées, le front rayonnant et la bouche rieuse, s'empresser à la suite de son guide, vers la mosquée el Azhar, attentif à ne pas rester d'un pas en arrière, ni à hésiter dans sa marche ou à laisser voir sur son visage cette disgrâce des ténèbres qui si souvent obscurcit la physionomie des aveugles. Quelque misérable qu'il pût paraître, on lui souriait et on le regardait avec bonté se placer au milieu d'un cercle d'élèves, attentif aux paroles du cheikh, qu'il buvait littéralement, avec un sourire qui n'exprimait ni amertume ni chagrin, ni désir non plus de s'amuser, tandis que les jeunes gens autour de lui ne faisaient que rire, et s'en donner à cœur joie de plaisanter.

Je l'ai connu, ma fille, tel qu'il était à cette époque, et comme j'aimerais que tu l'aies connu aussi... Alors tu pourrais apprécier la différence. Mais comment te serait-ce possible, à toi qui n'as que neuf ans et ne vois dans la vie que joie sereine ?

Il passait le jour entier, la semaine, et le mois, et l'année, sans manger autre chose que d'un seul plat, dont il prenait sa part le matin, et une autre portion le soir, sans une plainte, sans un mot de lassitude, sans se forcer à la patience, sans songer que son sort fût à plaindre. Si toi, ma fille, tu avais goûté à ce plat, si peu que ce fût, un seul jour, ta mère aurait eu bien du souci, elle t'aurait donné une purge, et n'aurait pas attendu pour faire appeler le médecin.

Bien souvent ton père passait la semaine et le mois, sans autre nourriture que le pain d'el Azhar. Pauvres pensionnaires d'el Azhar lorsqu'ils sont réduits au pain de leur alma mater ! Si encore il n'était pas tout rempli de toutes sortes de balayures et de petits cailloux ou encore de toutes sortes d'insectes !...

Il passait la semaine, et le mois, et l'année, sans tremper ce pain dans autre chose que du miel noir. Tu ne sais pas ce qu'est le miel noir ? Il vaut mieux pour toi que tu l'ignores.

C'est ainsi qu'il vivait dans l'effort, souriant à la vie et à l'étude, dans des privations dont il avait à peine conscience, jusqu'au jour où, l'année terminée, il revenait trouver ses parents, qui lui demandaient comment il mangeait, comment il vivait. Il lui fallait alors tisser des mensonges, comme aujourd'hui pour toi il entrelace les fils des histoires, et leur dépeindre une vie, qu'il ne vivait pas, d'abondance et de prospérité. Il n'était pas poussé à ce mensonge par l'envie de mentir, mais par la compassion pour ces deux pauvres vieux, qu'il craignait d'affliger en leur révélant la réalité de son dénuement, et aussi par indulgence pour son frère l'étudiant d'el Azhar, ne voulant pas leur laisser voir qu'il souffrait de son égoïsme et de son peu de bienveillance. Telle fut la vie de ton père quand il avait treize ans.

Et si tu me demandes comment il est arrivé au point où il en est aujourd'hui ? Comment sa mine est devenue acceptable, de piteuse et misérable qu'elle était ? Comment il a pu préparer pour ton frère et pour toi la vie dont vous jouissez, facile et riante ? Comment il lui fut possible d'imprimer dans l'âme de bien des gens tellement d'envie et de haine, et d'aversion, mais aussi de faire sur l'âme de beaucoup d'autres l'impression inverse d'approbation, d'estime et de sympathie ? Si tu lui demandes comment il est passé de ceci à cela ? Je ne suis pas en état de répondre... Mais une autre personne est là qui peut le faire. Demande-le-lui.

La connais-tu ? Regarde vers elle. C'est cet ange qui se penche sur ton lit, le soir, pour que la nuit t'accueille dans le calme et dans la paix du sommeil, et, le matin, pour que le jour t'accueille dans la joie et l'épanouissement. N'est-ce pas à cet ange que tu dois le repos de la nuit et l'enchantement du jour ? Cet ange, ô ma fille, s'est aussi penché sur ton père, et il a changé en joie la misère de son âme, fait de son infortune un bonheur, et de son désespoir une espérance.

La dette de ton père envers cette fée n'est pas moindre que la tienne. Aidons-nous l'un l'autre, ma fille, à nous en acquitter, encore que nous ne puissions jamais arriver à en payer qu'une infime partie.

1927.

*La traduction de la deuxième partie
est de Gaston Wiet.*

Deuxième partie

Voici le deuxième volume du Livre des jours *de Taha Hussein. Dans une première partie, dont la traduction française de Jean Lecerf a paru en 1934, Taha Hussein nous contait les toutes jeunes années d'un enfant, jusqu'à treize ans. C'est l'histoire toujours naïve, toujours touchante, de la découverte du monde extérieur. Mais ici, l'enfant, victime d'une ophtalmie mal soignée, perdit la vue presque dès sa naissance. L'émotion du lecteur n'en est que plus intense.*

Nous arrivons maintenant à l'adolescence : l'enfant a quitté sa campagne et s'installe dans la capitale pour s'inscrire comme étudiant à el Azhar. Nous pénétrons dans une sorte de cité universitaire pour étudiants pauvres, j'allais écrire faméliques. C'est aussi la misère joyeuse d'un groupe insouciant, vivant en phalanstère, mettant tout en commun. Les plaisirs de la table se réduisent aux fèves impitoyablement quotidiennes, à des tasses de thé, à quelques plats sucrés.

Les études sont aussi poursuivies en commun et les insuccès possibles semblent former le seul souci sérieux. Le corps professoral est un peu malmené, égratigné plutôt, à part la noble figure du grand réformateur Mohammad 'Abdo. Les étudiants sont partout les mêmes : ils critiquent leurs maîtres en attendant d'être à leur tour les victimes des railleries de la génération suivante.

Ce Livre des jours *n'a pas voulu tout dire : ce n'est pas le journal de l'enfant. Mais c'est une vivante synthèse des faits les plus courants, des personnages familiers, c'est enfin l'exposé, franc jusqu'à la confession, des actes et des pensées. Quelle vive lumière est ainsi projetée sur son âme ! Le peintre a travaillé suivant le procédé mis en œuvre dans sa première partie, il décrit par petites touches et les coups de pinceau effleurent à peine la toile. Mais l'essentiel est toujours donné et c'est à nous de prolonger ou d'accentuer les traits.*

Sur un fond de grisaille, qui exclut la monotonie, parce que sous les faits les plus banals nous sentons toujours une âme, des accents douloureux d'indignation ou de chagrin mettent une note grave, d'une belle ampleur austère. Le drame intérieur est poignant : l'enfant connaît sa faiblesse intime, il l'amplifie, par une superbe volonté, dans le sens du mutisme, cette forme aggravée de l'isolement : or nul n'a peut-être mieux exprimé les affres de la solitude, de la solitude nocturne surtout, où l'esprit s'engourdit à guetter le bruit des ténèbres.

Ainsi une route se trace d'elle-même, reliant entre eux ces témoins qui semblent avoir été choisis au hasard de la fidélité de la mémoire. Et c'est là que se révèle un prodigieux artiste, lequel, sans timidité, sans fanfaronnade, sans mensonge aussi, nous invite à observer ses pensées et à juger sa façon de vivre.

Pourquoi, en lisant ce texte arabe, ai-je eu la sensation constante de voguer sous un ciel qui n'était jamais noir ? J'ai vraiment senti la profonde vérité de la maxime baudelairienne :

Les parfums, les couleurs et les sons se répondent.

Ce n'est plus l'enfant guidé par un compagnon chargé de lui éviter les aspérités du chemin. C'est lui notre guide et c'est avec lui que nous découvrons, que nous voyons cette chambre, cet immeuble, ces ruelles du quartier d'el Azhar. Nous sommes heu-

reux de voyager à sa suite, avides d'un enrichissement qui nous est prodigué sans lésinerie.

El Azhar est le trait d'union de tous les petits tableaux. J'aurais presque voulu dire que c'est le principal personnage, tellement l'impression en est vivante. On y partage l'atmosphère de piété qui a tant ému l'adolescent. On y assiste à des cours, dont l'intérêt immédiat a paru parfois contestable, mais qui marque une trace indélébile et féconde, par une science impeccable de la langue et du problème religieux.

Mais je m'aperçois en terminant que je parle à peine de l'auteur, ou que je semble ne pas en parler. Pour le lecteur d'Egypte, même européen, ce serait une outrecuidance impardonnable que de lui présenter Taha Hussein. Mais ce qu'on ne doit pas ignorer à l'extérieur c'est le rayonnement dont ce prestigieux écrivain bénéficie légitimement dans le monde littéraire. Doué d'une culture universelle qui rappelle à la fois l'honnête homme de notre XVIIᵉ siècle et le savant du moyen âge arabe, Taha Hussein est un créateur. Loin de l'étouffer, cette richesse l'a dirigé dans le sens de l'originalité. Style et fond lui appartiennent en propre. Aucun de ceux qui lisent l'arabe ne me contredira au sujet de la langue. Le luxe des nobles comparaisons, les mots à effet, qui participèrent du génie, toujours poétique, de la langue, n'étaient pas destinés à masquer la sincérité. Dans le passé, c'était une somptueuse parure, qui ne voulait pas être une duperie. Mais osera-t-on, après Taha Hussein, reprendre la boursouflure magnifique d'antan? On s'aperçoit, à lire ce nouveau verbe, limpide et familier, que le pittoresque n'y a pas perdu. L'émotion non plus. J'ai découvert et admiré ce nouveau raffinement, j'ai essayé de m'en imprégner. Si le lecteur français ne trouve pas ces qualités et veut croire à un éloge dicté par l'affectueuse amitié qui me lie à l'auteur, c'est que le traducteur, malgré son zèle, n'a pas réussi.

Taha Hussein n'est pas seulement un novateur de la forme. Nous possédons dans nos littératures occidentales des récits sur l'adolescence, Souvenirs d'enfance et de jeunesse, Le Petit Pierre, Poésie et Vérité et, sous une forme romancée, David Copperfield.

En langue arabe, c'est, croyons-nous, la première œuvre de ce genre et elle n'est pas inférieure à celle de ses cousins lointains. Il n'y manque même pas cette tristesse qu'on rencontre chez Jules Renard, un peu édulcorée, un peu plus tendre.

Gaston **Wiet**.

I

Il passa au Caire deux semaines, peut-être un peu plus, sans se faire une idée bien nette de son existence. Il savait seulement qu'il avait quitté la campagne, qu'il était venu dans la capitale, et qu'il devait y faire un long séjour pour s'y instruire en suivant les différents cours d'el Azhar. Ses journées s'écoulaient en trois phases distinctes qu'il vivait comme un rêve, car il n'en pénétrait pas la réalité.

Il habitait une maison étrange, à laquelle on accédait par une route aussi singulière. Au retour d'el Azhar, il tournait à droite et entrait par une porte, ouverte le jour et fermée la nuit : après la prière du soir, on devait s'introduire par une mince ouverture ménagée au milieu de cette porte. Celle-ci une fois franchie il sentait, à sa droite, une douce chaleur qui venait caresser sa joue, cependant qu'une légère fumée chatouillait ses narines ; à gauche, un bruit étrange frappait son oreille et le plongeait dans l'étonnement.

Durant de longs jours, chaque fois qu'il rentrait d'el Azhar le matin et le soir, il fut intrigué par ce bruit : il l'entendait, se demandant ce que c'était, mais il avait honte de poser des questions à ce sujet. Certains propos qu'il surprit lui permirent de comprendre : c'était le glouglou d'un narghileh que fumait un des commerçants du quartier. Il lui était préparé par le propriétaire du café voisin, auquel on devait ainsi cette douce tiédeur et cette subtile fumée.

En quelques pas, il avait traversé ce passage couvert, au sol spongieux, où il pouvait à peine conserver son équilibre, par suite de la grande quantité d'eau qu'y prodiguait le cafetier. Il aboutissait à une allée à ciel ouvert, étroite et sale, imprégnée d'un mélange d'odeurs invraisemblables, impossibles à identifier. Elles étaient à peine supportables au lever du jour et à l'approche de la nuit, mais elles s'installaient terribles lorsque le jour s'avançait et que la chaleur du soleil était à son paroxysme.

Notre ami marchait tout droit dans cette allée étranglée. Pourtant, elle lui semblait tortueuse : le plus souvent, son compagnon le tirait de droite et de gauche, pour lui éviter les aspérités du chemin. Il s'efforçait alors de faire face à la nouvelle direction, vers la façade de cette maison-ci à droite, ou vers ce mur-là, à gauche. L'obstacle dépassé, il reprenait le courant, comme auparavant, marchant à petits pas, presque en glissant, tandis que son nez attrapait ces odeurs nauséabondes, et que ses oreilles enregistraient des rumeurs variées, assourdissantes, qui l'assaillaient de tous côtés, d'en haut, d'en bas, de droite, de gauche, puis se mêlaient quelque part dans l'air. Elles s'aggloméraient pour planer au-dessus de la tête de l'enfant comme une sorte de brouillard ténu, composé de nuages superposés.

Ce vacarme offrait, en effet, un assemblage des plus hétéroclites : un tintamarre de disputes féminines, des voix d'hommes s'interpellant sans aménité ou devisant paisiblement, le fracas de ballots qu'on dépose ou qu'on charge, le juron d'un charretier excitant un âne, un mulet ou un cheval, le grincement des roues d'une voiture ; parfois, ce tissu de charivaris était troué par le braiment d'un âne et le hennissement d'un cheval.

Notre ami cheminait à travers tout cela, l'esprit dégagé, semblant même se désintéresser de son sort. Mais, à un endroit précis, il percevait, par l'entrebâillement de la porte, à sa gauche, le bruit de conversations confuses, et il savait alors qu'après un ou deux pas, il devrait tourner à gauche : il trouverait un escalier qu'il emprunterait pour gagner le logis. C'était un escalier banal, ni trop ardu, ni trop étroit : ses marches étaient en pierre, mais mais comme on l'utilisait souvent, et qu'on n'avait pas l'habitude de le laver ni de le balayer, des amas de poussière s'y étaient accumulés, formant une matière compacte au point de faire oublier la pierre ; on croyait avoir affaire à un escalier en terre battue.

Chaque fois que l'enfant prenait un escalier, il était obligé d'en dénombrer les degrés. Pourtant, pendant toute la durée de séjour dans cette maison, il ne lui vint jamais à l'idée de les compter. Après deux ou trois voyages, il sut qu'il devait monter de quelques marches, tourner un peu à gauche, pour continuer son ascension, en laissant à droite une ouverture par laquelle il ne pénétra jamais : il savait qu'elle menait au premier étage de l'immeuble qu'il habita durant de longues années.

Il dépassait donc le palier de cet étage, dont les locataires n'étaient pas des étudiants, mais qui servait de logement à des tâcherons et à des revendeurs, et il continuait à grimper pour atteindre le second. Il n'était pas encore arrivé en haut que son oppression cessait : il se trouvait dans une atmosphère reposante, vivifiée par des bouffées d'air libre, il pouvait enfin respirer largement après avoir suffoqué dans cet escalier sordide. Et c'est avec satisfaction qu'il entendait la voix de ce perroquet hurlant sans arrêt, comme pour attester à la face du monde entier la tyrannie de son maître le Persan, qui le tenait odieusement enfermé. Demain ou plus tard, le volatile serait vendu à un autre propriétaire, qui l'emprisonnerait dans une cage aussi détestable. Lorsque le Persan se serait ainsi débarrassé de lui et en aurait touché le prix, il lui achèterait un remplaçant, qui vivrait dans la même geôle, y ferait entendre ses imprécations, en attendant le sort réservé à son prédécesseur : passer de main en main, de cage en cage ; il y apporterait sa triste mélopée, qui partout égayait l'humanité.

En haut de l'escalier, notre ami tendait son visage au souffle pur de l'air, il répondait à l'appel du perroquet qui l'invitait à aller vers la droite. Il s'engageait dans un étroit couloir et passait devant deux chambres, qui servaient d'habitation à deux Persans. L'un était encore jeune, l'autre d'un certain âge. Autant l'un était bougon, fruste et semblait atteint de misanthropie, autant l'autre montrait d'abandon et de gentillesse, il souriait toujours.

L'enfant finissait par arriver chez lui. Une première pièce, qui ressemblait plutôt à une antichambre, contenait les ustensiles de ménage ; elle menait à une seconde pièce, spacieuse, mais irrégulière, où étaient rangés les objets servant à la vie matérielle et intellectuelle. C'était la chambre à coucher, la salle à manger, le salon de conversation, la retraite des causeries nocturnes, le cabinet de travail : on y trouvait, avec des livres, des provisions et de quoi faire le thé. L'enfant avait pour s'asseoir un coin familier, bien délimité, comme il en avait l'habitude dans la chambre où il vivait et dans celles où il se rendait souvent.

C'était à gauche en entrant : à un pas ou deux, il trouvait étendue à terre une natte sur laquelle était jeté un vieux tapis, encore en bon état. Il s'asseyait là pendant le jour et c'est là qu'il dormait la nuit, enveloppé dans une couverture, la tête sur un oreiller. Vis-à-vis était l'emplacement réservé à son frère le cheikh, à un niveau un peu supérieur : la natte étalée à terre était recouverte d'un tapis confortable, protégé par une pièce de feutre, que surmontait un matelas de coton, large et long ; l'ensemble était caché par un couvre-lit. C'était là que s'asseyaient le jeune cheikh ainsi que ses amis. Ils ne s'accotaient pas au mur, comme le faisait l'enfant, ils s'adossaient à des coussins, mis en bon ordre sur ce matelas. Pour la nuit, cette banquette se métamorphosait en lit, où dormait le jeune cheikh.

II

Sur cette ambiance l'enfant n'en sut jamais davantage. La seconde période de sa journée était pleine de l'angoisse qui l'étrei-
gnait dans le trajet de son quartier à el Azhar. Il sortait donc de cet
endroit couvert, où la chaleur du café impressionnait sa joue
gauche et où le glouglou du narghileh s'infiltrait dans son oreille
droite, et il se trouvait face à une boutique qui joua dans son
existence un rôle considérable. C'était celle d'el Hadj Firouz,
qui débitait leur nourriture aux habitants du quartier, sans jamais
les rassasier. Il leur vendait le matin des fèves cuites à l'eau.
Chez lui, comme chez tous ses confrères, elles étaient apprêtées
de différentes manières, mais il en vantait la qualité supérieure et en exagérait le prix. C'étaient des fèves nature, ou pré-
parées à l'huile, au beurre fondu, au beurre frais ; il y ajoutait en cas de besoin toutes sortes d'épices. Les étudiants les appréciaient au point d'en consommer des doses excessives : ils avaient
déjà l'esprit lent pendant la leçon de la fin de la matinée et dor-
maient aux cours de midi.

Le soir, el Hadj Firouz écoulait d'autres variétés : du fromage,
des olives, du sésame moulu, ou du miel ; pour les gens plus
aisés, il avait en magasin des boîtes de thon ou de sardines.
A quelques autres, lorsque venait la nuit, il vendait de ces choses

qui n'ont pas de nom, qui ne se mangent pas, dont on parle à voix basse, mais qu'on sollicitait à l'envi [1].

L'enfant prêtait l'oreille à ces conciliabules secrets ; il aurait voulu comprendre au moins une fois afin d'être fixé définitivement. Les jours succédèrent aux jours, l'enfant devint adulte, et le hasard lui permit de déchiffrer l'énigme de ces mystérieux colloques. Il connut alors la vérité et modifia ses vues sur le prix de maintes choses, sur la mesure de nombreux jugements, sur la valeur de bien des gens.

El Hadj Firouz était noir comme un charbonnier, immensément long, peu bavard. D'ailleurs son langage était très confus : il avait une façon étrange de bredouiller l'arabe, qui laissa dans le souvenir de l'enfant une trace ineffaçable. Il n'avait certes pas lu dans le *Bayan wal-Tabyin* [2] l'histoire de Ziyad et de son esclave. Ce dernier dit à son maître : « Nous avons reçu un "imar wahch " (âne sauvage). » Ziyad, fâché de cette mauvaise prononciation (imar au lieu de himar), voulut lui faire dire plus simplement « 'ayre » (synonyme de « himar ») ; l'esclave reprit : « ayre » (phallus). Et Ziyad se hâta de l'interrompre : « Non, non, il vaut mieux dire " imar " ! »

L'enfant ne lisait jamais ce récit sans se rappeler el Hadj Firouz. Ce personnage jouissait d'une fameuse réputation dans l'esprit des habitants du quartier, et notamment des étudiants. Lorsque la fin du mois approchait, ou que le paiement du traitement était retardé, bref lorsqu'ils manquaient d'argent, ils avaient recours à lui pour être nourris à crédit ou encore pour lui emprunter quelques piastres ; ils comptaient enfin sur lui pour résoudre bien des difficultés, et c'est pourquoi son nom était pour eux aussi célèbre que celui des plus savants professeurs d'el Azhar.

El Hadj Firouz exerçait une autre fonction essentielle à l'égard de ces étudiants. C'est à son nom qu'étaient envoyées les lettres

1. Des aphrodisiaques.
2. Le livre *Bayan wal-Tabyin* est l'œuvre d'un des plus grands prosateurs arabes, Djahiz, qui vécut au IXe siècle : c'est une anthologie des meilleurs morceaux de l'éloquence.

qui contenaient des nouvelles de leurs familles et surtout ces petites feuilles qu'on porte au bureau de poste : on y arrive les poches vides et, lorsqu'on en repart, les pièces d'argent font entendre dans la poche un tintement si agréable à l'oreille, au cœur aussi.

Bien entendu chaque étudiant faisait l'impossible pour passer près de la devanture d'el Hadj Firouz, matin et soir, pour le saluer, tout au moins pour lancer un coup d'œil rapide et furtif vers cet endroit où arrivaient ces lettres si désirées. Combien de fois l'un d'eux revenait à son logis, tenant en main cette enveloppe fermée, toute maculée de taches d'huile ou de beurre ! Mais, malgré ces taches, cette enveloppe avait à ses yeux plus de valeur que tel ou tel devoir d'un de ces livres de droit, de grammaire ou de rudiments de théologie.

L'enfant avait donc en face de lui, en sortant de ce paysage couvert, la boutique d'el Hadj Firouz. Il faisait quelques pas avec son ami pour aller le saluer, pour lui demander s'il avait reçu une lettre à son nom : suivant la réponse, son visage était souriant ou renfrogné. Il tournait à gauche, puis marchait droit devant lui dans cette longue rue étroite, populeuse : c'était un flot incessant d'étudiants, de commerçants, de revendeurs, d'ouvriers, de carrioles traînées par des ânes, des chevaux ou des mulets. On y était assourdi par les cris des charretiers, cris de reproche ou de colère, s'abattant sur ceux qui obstruaient la route, hommes, femmes ou enfants. A droite et à gauche, dans cette artère, il y avait des échoppes variées, dont ces humbles gargotes où se préparait la nourriture des pauvres. Il s'en dégageait des odeurs désagréables, chères pourtant à beaucoup de ces passants, étudiants et ouvriers, ceux qui travaillent de leurs mains, qui portent des charges sur leurs dos ou sur leurs épaules : d'aucuns s'arrêtaient pour acheter quelques aliments, qu'ils dévoraient sur place, ou qu'ils emportaient chez eux pour les consommer seuls ou les partager avec les leurs. Certains recevaient ces odeurs comme un assaut, mais ils restaient impassibles ; ils étaient appelés, mais semblaient sourds ; leur yeux voyaient, leurs narines sentaient, leur appétit était excité, mais leur main était impuissante, car leur poche ne leur était pas fidèle. Ils passaient, l'âme insatisfaite, conservant dans le cœur un peu de rancune et d'amertume, et, malgré tout, contents de leur sort et résignés à leur destin.

Parmi ces boutiques, certaines donnaient asile à un commerce calme et tranquille, silencieux ; on n'y parlait pas, ou on y parlait peu ; les mots tombaient à voix basse et à peine pouvait-on les saisir ; en tout cas, on s'y exprimait avec une certaine recherche de politesse, avec une douceur accueillante. Malgré cela, peut-être à cause de cela, ce négoce s'adressait à une clientèle plus fortunée. Dans la plupart des magasins, on ne vendait que du café et du savon ; dans quelques-uns, du sucre et du riz.

L'enfant circulait à travers tout cet ensemble avec un intérêt croissant. Il en aurait ignoré les détails si son compagnon ne lui avait fourni de temps en temps des explications. Il avançait toujours, tantôt d'un pas ferme et droit, tantôt inclinant sa direction. Sa démarche était assurée tant que la rue était convenable, mais il trébuchait lorsqu'elle était encombrée et qu'on ne pouvait plus aller tout droit. Il arrivait en un point où il fallait tourner un peu à gauche pour s'engager dans une ruelle exiguë, dont les méandres étaient continuels, d'une saleté invraisemblable : c'était à croire que les puanteurs les plus immondes, les plus pénétrantes, s'y étaient donné rendez-vous. De temps à autre on percevait de ces voix faibles et grêles qui exhalent l'empreinte de la plus affreuse misère, de ces voix qui, provoquées par le bruit des pas, se réfugient dans la mendicité, comme si les intéressés ne connaissaient la vie que par l'oreille : ils la sollicitent toutes les fois qu'ils l'entendent. D'autres voix leur répondaient, brèves, rudes, haletantes, espacées, les piailleries de ces oiseaux qui aiment l'obscurité, se plaisent dans les lieux retirés, et hantent les ruines. A leurs cris se mêlaient des bruissements d'ailes, qui frôlaient parfois l'oreille ou la joue de l'enfant et le remplissaient de frayeur. Sa main se levait soudain, d'une façon instinctive, pour protéger oreille et joue, et les battements légers de son cœur se prolongeaient un certain temps.

Il marchait dans cette ruelle étroite, oppressante, tortueuse, où les descentes suivaient les montées, et qui se déroulait en zigzags interminables. Ces cris variés, agaçants, l'invitaient ou le poursuivaient, l'impressionnaient toujours péniblement jusqu'au moment où il sentait que son cœur se calmait, qu'il éprouvait un certain bien-être et que sa respiration devenait normale. L'enfant poussait alors un profond soupir, lourd de tout le poids de sa détresse douloureuse.

Il reprenait haleine, dégagé et serein, comme s'il aspirait la vie dans cet air libre qui l'enveloppait depuis qu'il avait quitté la ruelle aux chauves-souris. Il s'enfonçait dans cette rue qui commençait par une descente, où ses pas étaient fragiles pour quelques instants, puis comme le sol s'égalisait, il prenait de l'aplomb. Il était d'ailleurs porté à sourire en retrouvant ce concert de voix étranges qu'il entendait en pénétrant dans cette rue calme et douce, bornée à sa gauche par la mosquée de Sayedna-l-Hussein, et à sa droite par ces petites boutiques. Combien de fois, dans la suite des jours, devait-il s'arrêter près de certaines d'entre elles ! Que de bonnes choses il devait y goûter !

Durant l'été, il mangea des figues qui avaient macéré et but de l'eau de figues ; durant l'hiver, il goûta la « basboussa¹ » et profita de la chaleur qu'elle vous infuse. Il fut aussi le client de l'un de ces marchands syriens pour y prendre toutes sortes de nourriture, froide ou chaude, douce ou salée. Il y trouvait un plaisir ineffable et pourtant, si on lui en présentait maintenant, il craindrait de tomber malade, ou même de désirer mourir.

Continuant dans cette rue, il parvenait à un endroit où les voix se multipliaient et devenaient plus étourdissantes : il comprenait que c'était un croisement. Il pouvait marcher droit devant lui, aller à droite ou à gauche, ou faire volte-face.

Son compagnon lui expliquait le carrefour : « A droite, tu vas dans la Sikka Gadida, puis au Mouski, puis à 'Ataba-l-Khadra ; à gauche, c'est la rue Darrassa ; mais nous irons tout droit, dans la rue el Hal wagui, cette rue de la science et de l'effort laborieux : les maisons s'y rejoignant au point qu'en éten-

---

1. Gâteau d'origine syrienne, aux amandes et aux noisettes.

dant les bras, tu pourras en toucher les murs, mais tu passeras entre des rangées de petites échoppes, où l'on vend des livres, vieux et neufs, les meilleurs comme les pires, imprimés et manuscrits. » Combien de stations fit l'enfant dans cette ruelle minuscule, que de moissons productives ! Il ne les a pas oubliées, malgré la fuite des jours et les vicissitudes de l'existence. Mais pressons-nous, car il faut que notre ami arrive à el Azhar avant que la leçon ne commence. Il était déjà devant la Porte des Barbiers, enlevait ses sandales, les mettait l'une sur l'autre, les prenait en main et entrait avec son compagnon. Après quelques pas, il enjambait un seuil légèrement surélevé et la cour d'el Azhar était à lui, procurant une impression de sécurité apaisante, rendue sensible par un souffle frais, la brise du matin, C'était là le troisième stade de son existence d'alors.

III

Ce furent les heures qu'il préféra et qui marquèrent sur lui l'empreinte la plus durable. Evidemment, cela valait mieux que la vie dans sa chambre, où il sentait si durement son exil. Car, au fond, cette chambre, il ne la connaissait pas, et les objets et les meubles ne lui étaient pas familiers, sauf peut-être ceux qui étaient à sa portée. Le sens de la vie lui avait paru bien différent dans sa maison campagnarde, aux chambres amies, où rien ne lui était inconnu. Ici, il passait ses journées, loin de tous, loin des choses, dans une angoisse telle que l'air lourd qu'il respirait ne lui donnait aucune paix, l'aidait à peine à vivre ; il n'y puisait qu'une inquiétude pénible.

De tout autre nature était le trouble qui l'agitait dans le parcours entre sa maison et el Azhar. Il était alors presque saisi de panique, sa démarche était vacillante et son cœur plein de cette funeste et pesante appréhension qui enlève à l'homme tous ses moyens, le pousse à l'aventure, sans direction précise, dans sa misérable vie matérielle, et le condamne sans retour à la même impuissance dans sa vie intellectuelle. Il était en effet distrait par les palabres qui fusaient autour de lui et par les mouvements de la foule. Il était uniquement préoccupé de l'incertitude de ses pas et cherchait en vain à régler son allure chancelante, hésitante, effarouchée, sur celle de son compagnon, nette et décidée, presque brutale.

C'est dans cette troisième période de sa journée qu'il trouvait la paix, le repos, la sécurité et l'équilibre. La brise qui se levait dans la cour d'el Azhar, au moment de la prière de l'aurore, semblait accueillir amicalement son visage et emplissait son cœur de sérénité et d'espérance. L'impression de ce souffle frais, qui séchait son front en sueur, à la suite de sa marche rapide, lui rappelait ces baisers que sa mère déposait sur son front de temps à autre, pendant son séjour à la campagne. Ces élans affectueux lui venaient lorsqu'il avait psalmodié quelques versets du Coran, ou qu'il contait à sa mère une de ces bonnes histoires qu'on lui avait apprises à l'école, ou bien lorsque, cessant de réciter dans son coin les litanies de la « surate *Ya Sin* », destinées à obtenir les grâces de Dieu, il partait, petite chose pâle et menue, chercher un objet pour lui et pour sa famille.

Ces baisers lui donnaient du courage et propageaient dans tout son être, en même temps que de la tendresse, beaucoup de réconfort et d'espoir. C'est la même impression de fraîcheur qu'il recueillait dans la cour d'el Azhar, du repos après la fatigue, du calme après l'orage, un sourire après la mine maussade. Pourtant, il ne savait rien encore d'el Azhar, il n'avait pas la moindre notion de ce qu'il y trouverait, mais il lui suffisait de frôler de ses pieds nus le sol de cette cour, de recevoir sur son visage la caresse de cette brise matinale, de pressentir enfin qu'autour de lui l'Université allait s'éveiller de sa somnolence, que son inertie ferait bientôt place à l'activité. Il reprenait conscience de lui-même, la vie lui revenait. Il était certain d'être dans sa patrie, au milieu des siens et il n'éprouvait aucune sensation d'isolement, aucune mélancolie ; son âme s'épanouissait de toutes parts et de toutes les fibres de son être, il aspirait à découvrir... quoi donc ? Une chose qu'il ne connaissait pas, mais qu'il aimait et vers laquelle il se sentait irrésistiblement attiré : la Science. Combien de fois avait-il entendu ce mot et désiré en découvrir le sens caché. C'était bien flou dans son esprit, mais il était convaincu que la science était sans limites et que l'humanité y consacrait toute son existence pour n'en acquérir que de faibles éléments. Il voulait, lui aussi, y vouer sa vie tout entière pour cueillir le plus possible de ses fruits, si peu que ce fût. Son père, ainsi que ses savants amis qui venaient l'entretenir, avaient déclaré devant lui que la science était un océan sans rivages, et l'enfant n'avait pas considéré que cette formule fût une métaphore ni une hyperbole, mais il l'avait prise à la lettre. Il était venu au Caire, à el Azhar, pour se plonger dans cet océan : il en boirait ce qu'il pourrait, quitte à s'y noyer. Quelle fin plus belle pour un être d'une certaine noblesse que cette mort par la science ! Magnifique plongeon dans l'au-delà !

Toutes ces pensées assaillaient soudain sa jeune âme, l'envahissaient, la possédaient tout entière et lui faisaient oublier cette chambre affreuse, ces rues agitées et capricieuses, abolissaient même le souvenir des joies de la vie rustique. Elles lui donnaient la certitude que ce n'était ni une erreur ni une exagération que de se consumer d'amour pour el Azhar, tout en regrettant amèrement sa campagne.

L'enfant marchait à côté de son compagnon et traversait la cour. Il mettait le pied sur cette petite marche qui marquait l'entrée de l'Université : alors son cœur se remplissait de modestie et d'humilité, mais son âme était gonflée d'orgueil et de fierté. Il cheminait à petits pas sur cette natte étendue, un peu usée, au point de laisser le sol apparaître par endroits, comme si les pieds des visiteurs devaient s'imprégner de la bénédiction qui s'attache à ce sol sacré. L'enfant aimait el Azhar en cet instant où les fidèles achevaient la prière de l'aurore et s'en allaient, les yeux encore lourds de sommeil, former un cercle autour de telle ou telle colonne, attendant le maître qui leur ferait un cours de « hadith », d'exégèse, de dogme ou de théologie. A cette minute, el Azhar était calme et l'on n'y entendait point cette rumeur étrange qui dominait depuis le lever du soleil jusqu'à la prière du soir. On percevait à peine des chuchotements, une récitation du Coran faite d'un ton posé ; parfois on surprenait un fidèle en prière qui avait manqué la prière en commun ou qui, l'ayant accomplie, ajoutait une invocation surérogatoire. Ça et là, un professeur commençait son cours, d'une voix engourdie, le ton de quelqu'un qui vient de s'éveiller, de faire sa prière et n'a pris aucune nourriture : ainsi son corps n'a encore ni l'énergie, ni la force voulues. Il disait d'une voix tranquille, douce, légèrement chevrotante : « Au nom de Dieu Clément, Miséricordieux ! Louange à Dieu, Maître des mondes ! Que sa bénédiction et son salut soient sur le plus noble des prophètes, notre seigneur Mohammad, sur sa famille et sur ses compagnons ! Voici ce que dit l'auteur, que Dieu ait son âme et nous fasse profiter de sa science, amen ! »

Les étudiants écoutaient la leçon avec la même apathie tranquille. Combien de fois l'enfant a eu l'occasion d'établir un parallèle entre la voix faible des cheikhs à la leçon de l'aurore et leur belle assurance au cours de midi. Les voix de l'aurore étaient ténues et douces, avec un reste de sommeil ; les voix de midi étaient, au contraire, fortes, résolues, empreintes toutefois d'une certaine paresse, signe manifeste de rassasiement : ils avaient ingurgité cette nourriture spéciale aux azharistes de ce temps-là, des fèves et des salades, ou des plats analogues.

Il y avait dans le ton de l'aurore comme une supplication envers les vieux auteurs pour s'attirer leur bienveillance, mais à midi, les voix partaient à l'attaque : on aurait cru qu'elles assaillaient des ennemis. Ce contraste émerveillait et amusait l'enfant. Il suivait toujours son compagnon, gravissait les deux marches par lesquelles on accédait au « liwan [1] ». Son compagnon l'installait près de la chaise magistrale, reliée par une grosse chaîne à une de ces colonnes bénies, et lui disait : « Assieds-toi là. Tu vas entendre une leçon de hadith ; lorsque mon cours sera fini, je reviendrai te chercher. » La leçon traitait des fondements du droit et son maître était le cheikh Radi, que Dieu ait son âme ! L'ouvrage commenté était le *Tahrir* de Kamal ibn Houmam [2]. L'enfant entendait ces mots qui le fascinaient : il n'arrivait pas à

1. On appelle « liwan » les portiques qui entourent la cour centrale de la mosquée.
2. Il s'agit d'un ouvrage sur les fondements du droit, dont l'auteur vécu au XVe siècle.

démêler les sentiments, il y avait de l'effroi et du désir, et sans doute du respect et de la vénération. Les fondements du droit ! Que pouvait bien être cette science ? Qui était donc le cheikh Radi ? *Tahrir* ? Que signifiait ce vocable ? Kamal ibn Houmam ! Etait-il un nom plus magnifique que ces deux-là ? Le savoir était vraiment un océan sans rivages et il y avait tout profit pour un homme intelligent à s'y précipiter. La considération de l'enfant pour ce cours en particulier augmentait de jour en jour en écoutant son frère et ses camarades étudier la leçon avant de s'y rendre : c'était un texte singulier, qui laissait dans son cerveau une douce impression.

L'enfant n'en perdait pas un mot. Il aurait voulu avoir six ou sept années de plus pour pouvoir comprendre, élucider les problèmes obscurs, résoudre les difficultés, bref posséder le sujet à l'instar de ces jeunes gens déjà au courant, discuter avec ses maîtres comme le faisaient les étudiants entraînés. Mais pour l'instant, il devait se borner à écouter sans comprendre. Combien de fois avait-il ressassé la même phrase afin d'en pénétrer le sens intime ! Il n'y avait pas gagné grand-chose, sinon le respect de la science, une profonde déférence envers les savants, le sentiment de son ignorance et la volonté de travailler d'arrache-pied.

Il y eut une phrase surtout. Que de nuits sans sommeil ! Combien de journées perdues à chercher, Dieu peut en témoigner ! Il en négligea des cours où l'effort était superflu, car il comprit ses premières leçons sans aucune peine, et ce fait l'amena à délaisser les explications du cheikh afin de mieux réfléchir à ce qu'il avait entendu dire par ces étudiants distingués.

Cette phrase, qui ne quittait plus son esprit et son cœur, était en réalité très bizarre. Il l'avait entendue à l'état de demi-veille, au moment où il allait s'endormir ; il l'avait retrouvée intacte le lendemain matin. C'était : « La vérité est la destruction de la destruction. » Qu'est-ce que cela pouvait bien vouloir dire ? Comment détruire la destruction ? Que pouvait être cette destruction ? Et enfin comment la destruction de la destruction pouvait-elle être identique à la vérité ! Cette phrase tournait dans sa tête comme un accès de délire dans la cervelle d'un fiévreux. Il en vint à bout grâce au traité des objections grammaticales de Kafraoui[1] : il put comprendre l'expression, en discuter, et il sentait alors qu'il commençait à goûter à l'eau de cet océan sans rivages, l'océan de la science.

L'enfant s'asseyait auprès de cette colonne et, tout en jouant avec cette chaîne, il écoutait le cheikh donner son cours de « hadith » : il le comprenait très clairement. Il n'avait qu'une seule chose à lui reprocher, cette cascade de noms propres et de prépositions, qui se déversaient sur la tête des étudiants : « Un tel dit, d'après un tel, d'après un tel, etc. »

L'enfant ne voyait aucun sens à l'usage abusif de ces noms, ni à l'amas de ces prépositions ; il aurait voulu que le cheikh arrivât vite au texte même du « hadith ». C'est alors que tout son être se penchait vers son maître : il écoutait avidement, comprenait, mais se désintéressait du commentaire qu'il en donnait ; il lui rappelait trop les explications de l'imam de sa mosquée, à la campagne, et aussi celles de ce cheikh qui lui avait enseigné les rudiments du droit.

El Azhar s'éveillait peu à peu, sortant de sa torpeur, grâce aux voix de ces cheikhs qui faisaient leurs cours, au milieu des discussions qui surgissaient entre eux et leurs élèves, non sans une certaine brusquerie. Les étudiants se pressaient, les voix montaient, les murmures se fondaient et les cheikhs étaient obligés d'user d'un diapason plus élevé pour se faire entendre. Ils étaient parfois forcés de prononcer d'une voix de stentor ces mots qui marquaient la fin des leçons : « Dieu est très savant. » En effet, d'autres étudiants s'approchaient pour assister à la leçon de droit qui devait être donnée par un confrère, ou bien par le même professeur. Il convenait donc de terminer la leçon de l'aurore pour commencer le cours du matin. C'est alors que son camarade venait chercher l'enfant, le prenait par la main et l'emmenait sans aucune aménité vers un autre cours : il le déposait comme un meuble et s'en allait.

L'enfant avait compris qu'il assistait au cours de droit. Cette

---

1. Ce grammairien vécut au XVIIIe siècle.

leçon achevée, le cheikh partait et les étudiants s'éparpillaient. Mais lui ne bougeait pas de sa place, attendant le retour de son camarade qui était allé suivre à Sayedna-l-Hussein le cours de droit du cheikh Bekhit, que Dieu ait son âme !

Or, ce dernier aimait parler longtemps, ses étudiants se plaisaient à discuter avec lui, de sorte qu'il ne terminait jamais son cours à l'heure. Son camarade revenait, prenait l'enfant par la main sans dire un mot et l'entraînait sans douceur. On sortait ainsi d'el Azhar : c'était le retour à la deuxième phase, celle du chemin entre l'Université et son domicile, puis à la troisième, qui le refoulait dans l'angle de sa chambre, et le rendait à ce vieux tapis jeté sur une natte qui s'en allait en lambeaux.

IV

L'enfant s'asseyait sur ce tapis, dans un coin de la pièce, appuyant la main ou le bras sur la fenêtre à gauche. Il ne songeait pas à lui-même, car une masse de pensées lui offraient des distractions, incidents de la rue ou de la cour d'el Azhar, souvenirs des conférences de « hadith » ou de droit. Ces réminiscences n'étaient que passagères ; son frère ne l'avait pas installé dans son coin pour rêver lui-même ou pour travailler, mais simplement pour préparer le déjeuner. Ce repas variait d'un jour à l'autre, non dans son menu, certes, car c'était toujours des fèves au beurre ou à l'huile : le contraste résidait dans les péripéties qui l'accompagnaient. Ce déjeuner était tantôt silencieux, animé tantôt par de bruyantes conversations. Lorsque l'enfant se trouvait seul avec son frère, ils mangeaient rapidement, dans une atmosphère de sombre tristesse ; ils étaient sobres de paroles et l'enfant ne répondait au jeune cheikh que par des monosyllabes, entrecoupés de longues pauses. Mais quel vacarme étourdissant lorsque les camarades de celui-ci étaient invités ! Ils étaient tantôt trois, tantôt quatre. Certains jours, venait un cinquième, mais celui-là avait un autre intérêt et il est préférable de n'en point parler maintenant.

C'était des étudiants qui venaient passer une heure agréable.

Ils dédaignaient l'enfant, ne lui adressaient jamais un mot, ce qui permettait à celui-ci de les ignorer à son tour.

Il aimait mieux cela. Il y trouvait plus de profit, car il avait un tel désir d'écouter ! Il a ainsi entendu des tas de choses et des plus extraordinaires. Rien n'était plus varié que les entretiens qui se déroulaient autour de cette table ronde et basse, qu'on appelle « tabliya ». Les convives s'asseyaient tout autour par terre ; un vaste plat était placé au milieu, plein de fèves ; à côté, il y avait un grand bol plein d'eau, où macéraient des cornichons. Les jeunes gens la buvaient en guise d'apéritif : l'un d'eux commençait et passait le bol à son voisin, mais on ne le présentait jamais à l'enfant. Ainsi, lorsqu'ils avaient bu de cette eau salée, piquante, qui aiguisait l'appétit, comme on le dit communément, ils se mettaient à manger. On avait aussi posé sur la table une quantité de pains, achetés ou distribués par el Azhar. C'était alors à qui dévorerait le plus, à qui consommerait le plus de pains, mastiquerait le plus grand nombre de bouchées, à qui avalerait le plus de fèves, sauce comprise, beurre ou huile, sans compter les condiments destinés à les faire passer, raves, piments ou concombres. C'était une sorte de gageure, et le diapason des voix de s'élever et les éclats de rire de remplir la chambre. Ils sautaient par la fenêtre à gauche, se répandaient au-delà dans la rue, franchissaient la porte à droite, s'égaillaient dans l'immeuble, dégringolaient à l'étage au-dessous, où les femmes d'ouvriers discutaient, se disputaient et s'invectivaient : les éclats de rire faisaient concurrence à ces bruyants jacassements. Les femmes se taisaient soudain, attentives à ces cris aigus, à ces explosions de gaieté, qui leur venaient de loin, et elles semblaient trouver à les écouter un plaisir qui n'avait d'égal que celui qu'éprouvaient nos jeunes affamés à avaler sans mesure. L'enfant était assis au milieu d'eux, baissant la tête, courbant l'échine, tel un arc ; sa main errait, avec une timidité craintive et comme honteuse entre ce pain placé devant lui et ce plat qui était trop loin, au centre de la table. Elle se heurtait à ces nombreuses mains avides, qui ne se levaient que pour s'abaisser, ou réciproquement, et qui avaient vite fait de vider le plat. L'enfant en concevait un étonnement mêlé de réprobation : il ne pouvait admettre qu'on pût allier une telle gloutonnerie envers les fèves et les salades à la passion d'apprendre et de s'instruire, à cette distinction, cette vivacité et cette finesse d'esprit qui caractérisaient ce petit groupe.

Ce déjeuner ne durait pas longtemps : un quart d'heure suffisait pour en venir à bout et faire place nette. Il ne restait plus sur la table que de rares miettes et aussi la moitié du pain de l'enfant, car celui-ci n'avait jamais pu ou voulu en manger plus de la moitié. En un clin d'œil, la table était enlevée. Un des jeunes gens allait dehors la nettoyer et la remettait en place, débarrassée de tous les restes : seules subsistaient les taches de beurre et d'eau de cornichons. Un autre était parti chercher un peu de charbon de bois, puis préparait le samovar, cette bouilloire qu'emploient les Persans et les Russes, l'emplissait d'eau, allumait le feu et, après avoir placé bien convenablement les braises, le mettait au centre de la table, à la place du plat. Il avait rangé des verres tout autour ; il s'asseyait alors, attendant que l'eau se mît à bouillir. Les jeunes gens conversaient doucement, sans bruit : leurs estomacs bien remplis de solide et de liquide, d'aliments froids et chauds, commandaient cette prostration. Mais que se passait-il donc ? Les voix s'amenuisaient encore, puis c'était le recueillement, un silence religieux qui alourdissait la pièce ; c'était alors une vibration faible et grêle, discontinue d'abord, et qui se faisait ensuite entendre sans interruption. Les assistants paraissaient tout émus, car leurs bouches s'ouvraient en même temps et un mot sortait de leurs lèvres, avec un accent tranquille, un peu traînant, bien affermi : « Allah[1] ! » C'était lancé d'une voix appuyée comme si une douce musique, venue de loin, les avait plongés en extase. Mais ce n'était pas si extraordinaire : ils écoutaient tout simplement le bouillonnement de l'eau s'échappant de ce fourneau où brûlaient les morceaux de charbon avec un zèle consciencieux. Celui qui s'était chargé du

1. « Dieu ! » C'est le cri spontané et collectif, par lequel les spectateurs manifestent leur émotion après l'audition d'un morceau de musique ou de chant.

thé était attentif au samovar, le surveillait avec sa pensée, ses yeux et ses oreilles. Dès qu'il percevait, au son, que l'eau bouillait, il prenait une théière de faïence, l'approchait du samovar, dont il tournait le robinet avec précaution et versait un peu de cette eau bouillante dans la théière. Il refermait le robinet et l'eau cessait de couler ; il recouvrait la théière et lui imprimait un lent mouvement de rotation pour que l'eau en réchauffât les parois. Cela fait, il se levait et en jetait le contenu. En effet, il ne faut pas que le thé soit mis au contact d'un récipient froid, faïence ou métal, sans quoi il a mauvais goût. Il patientait quelques secondes, versait de l'eau avec prudence sans emplir la théière jusqu'aux bords, attendait encore un peu, s'emparait de la boîte de thé rouge, en mettait une pincée dans la théière qu'il emplissait à fond. Enfin, avec une délicatesse infinie, il la plaçait sur le feu pendant quelques secondes. Les rites étaient accomplis. Il invitait alors ses camarades à tendre leurs verres.

Pendant ces opérations, le chœur était muet, absorbé par tous les mouvements de l'officiant qu'il surveillait, inquiet de le voir peut-être déroger aux règles. Les verres une fois remplis, les petites cuillers entraient en jeu, dansaient en rond dans les verres et tintaient d'un bruit métallique, plein de charme, en tout cas agréable à l'oreille. Les jeunes gens élevaient leurs verres à leurs lèvres, humaient longuement le liquide avec un bruit, pénible celui-là, plaquant une note discordante dans le concert des cuillers et des verres. Ils continuaient à boire ; on n'entendait qu'une seule phrase, immuable, et d'ailleurs, dès que l'un d'eux la prononçait, il était approuvé par les autres : « Voilà qui éteint le feu des fèves ! » Cette première tournée finie, les verres étaient emplis de nouveau, car on avait remis de l'eau dans le samovar, mais cette fois les jeunes gens ne s'occupaient que de leur thé, sans plus s'inquiéter de cette malheureuse eau que la chaleur du feu faisait geindre, puis chantonner plaintivement, et pleurer au moment de l'ébullition. Personne ne s'en souciait plus. Aucune émotion de ses susurrements ni de ses pleurs ! Il n'était question que de la seconde tournée de thé. La première était destinée à atténuer l'irritation causée par les fèves : la seconde était bien faite pour les intéressés eux-mêmes, pour la joie de leurs sens : le plaisir était pour leur palais, leur gosier, leur tête aussi, puisque après cette seconde tournée, ils retrouvaient leur intelligence. En tout cas l'esprit leur revenait ; c'étaient des langues qui se déliaient, des lèvres qui souriaient, des voix qui fusaient. Et la conversation ne roulait plus sur la nourriture ou la boisson ; tout cela était oublié. Ils se souvenaient d'eux-mêmes et, puisqu'ils en avaient terminé avec leur faim, ils parlaient de leurs études. Ils se remémoraient alors ce qu'avaient dit les professeurs aux leçons de l'aurore ou du matin : l'un ou l'autre suscitait leurs railleries. Ils rappelaient les objections faites par eux ou par un camarade au cheikh, celles qui avaient amené une discussion, l'un les trouvant fortes et péremptoires, un autre faibles et sans valeur. L'un jouait le rôle du cheikh visé, un autre celui de l'étudiant et un troisième servait d'arbitre à cette joute. Par instants ce dernier intervenait pour ramener un interlocuteur à la question, s'il s'en écartait ; parfois il fournissait un argument négligé ou une preuve qui avait été laissée de côté. Le préposé au thé participait à cette controverse, sans cesser pourtant de veiller à sa tâche, qu'il se gardait bien d'oublier. Il avait remis du thé et de l'eau dans la théière, les verres avaient été vidés, puis remplis. Le thé ne se terminait qu'à la troisième tournée : c'était un principe constant, il fallait avoir bu au moins trois verres et, car ce chiffre était un minimum, il n'y avait aucun inconvénient à l'augmenter.

L'enfant restait toujours accroupi dans son coin. On lui présentait son verre ; il buvait discrètement, en silence ; il observait ce qui se passait autour de lui, écoutait ce qui se disait ; il comprenait un peu, mais la plupart des réflexions lui échappaient. Il était étonné de tout, qu'il eût saisi ou non, et se demandait ardemment quand il pourrait parler comme ses aînés, discuter comme eux.

Près d'une heure passait ainsi. Tout le monde avait bu son thé, mais la table était restée en place avec le samovar au centre et les verres rangés tout autour. Midi approchait, l'assemblée devait se disperser, car chacun voulait jeter un coup d'œil som-

maire à la leçon de midi avant d'aller l'écouter. Ils l'avaient préparé ensemble dès la veille, mais une révision rapide ne ferait
pas de mal, ainsi que l'examen de tel ou tel mot obscur ou
ambigu. Sans doute, le texte était clair et le commentaire limpide.
Mais Bannan [1] rendait ardus même les passages faciles : il aurait
troublé de l'eau de source. Le Sayed Djourdjani [2], cet écrivain
d'une perspicacité si efficace, arrivait à trouver des secrets ténébreux
breux dans les textes les plus lumineux. 'Abd el Hakim [3] était
parfois compréhensible, mais il compliquait aussi les choses. Quant
au glossateur, c'était un sot qui ne savait pas ce qu'il disait. A
midi, il ne nous restait donc plus que quelques secondes pour
nous précipiter à el Azhar : les muezzins allaient faire l'appel
à la prière. Celle-ci aurait lieu pendant que nous serions en
route et, à notre arrivée, elle serait terminée et les étudiants se
seraient déjà mis en cercle autour de leur cheikh. Tant pis,
nous aurons manqué la prière en commun, nous la ferons après
le cours et nous pourrons même l'accomplir ensemble. Après
tout, il vaut peut-être mieux ne pas faire la prière avant le cours,
car l'enseignement, avec ses difficultés obscures, malaisées à résoudre, éloigne de la piété ; au contraire, après avoir assisté au
cours, et, par des discussions, nous être débarrassés des points
litigieux, nous pouvons nous consacrer à la prière, qui sera faite
en toute pureté de cœur et d'esprit.

Son frère l'appelait avec la même phrase, qui servit pendant
tant d'années : « Allons, Monseigneur ! » L'enfant se levait
encore engourdi et accompagnait le jeune cheikh en clopinant.
Celui-ci l'installait à sa place habituelle au cours de grammaire,
puis partait assister aux leçons du cheikh Salihi dans la Chapelle
des Aveugles.

La leçon de grammaire était toujours comprise sans effort,
quoique l'enfant fût agacé par l'excès des répétitions et des explications. Après le cours, les étudiants se dispersaient : l'enfant

1. Auteur moderne, qui s'est occupé de rhétorique.
2. Encyclopédiste, qui vécut dans la deuxième moitié du XIVᵉ siècle.
3. Auteur de traités de dogmatique, qui vécut à la Cour des souverains
mongols de l'Inde dans la première moitié du XVIIᵉ siècle.

restait à sa place jusqu'au retour de son frère, qui l'emmenait sans proférer une parole, sans montrer la moindre douceur. Il le guidait à la sortie, puis par la route suivie déjà le matin et à midi. Il le déposait dans son coin, sur ce vieux tapis étendu sur une natte qui s'en allait en lambeaux. C'est alors que l'enfant s'apprêtait à faire face à sa part de tourments.

V

La solitude continue était la source de cette angoisse. L'enfant était blotti dans l'angle de la pièce dès avant le milieu de l'après-midi ; son frère le quittait pour aller chez un de ses camarades dans la maison même. Le lieu des réunions changeait : les jeunes gens se groupaient chez l'un d'eux dans la matinée, chez un autre dans l'après-midi, et se retrouvaient vers la soirée dans la chambre d'un troisième.

Son frère l'abandonnait après la leçon de midi et partait pour un temps plus ou moins long ; la petite bande se délassait à plaisanter ou à conter des anecdotes sur les professeurs et les étudiants. Les clameurs et les éclats de rire résonnaient dans l'immeuble en fracas formidable et déferlaient sur l'enfant couché dans son coin : un sourire venait à ses lèvres, mais son cœur était triste parce qu'il ne pouvait pas entendre. Au moins, à midi, il profitait d'une plaisanterie ou d'une bonne histoire, surtout il s'associait à ce gros rire massif par l'esquisse d'un sourire discret. Il savait bien que ces étudiants allaient se grouper autour du thé de l'après-midi pour se reposer et pour ridiculiser leurs professeurs et leurs camarades. A ce moment de la journée, ils conversaient sagement et posément : ils repassaient leurs leçons de l'après-midi et en discutaient les points douteux. Ils prépareraient après cela le cours du soir, celui du grand imam, le cheikh

Mohammad 'Abdo [1] ; certains jours de la semaine, il expliquait le *Dalaïl el Idjaz* [2] et, à d'autres, il commentait le Coran. Pendant ce travail, ils en arriveraient à s'entretenir du maître lui-même : ils se rappelleraient ses prodigieuses qualités, exposeraient ses opinions sur ses collègues et l'idée que se faisait de lui le corps professoral, les réponses qu'il avait fournies à des questions ou à des objections. Les ripostes du cheikh 'Abdo étaient cinglantes et les malheureux indiscrets devenaient la risée de leurs camarades.

De toute la force de son être, l'enfant sentait un impérieux besoin d'être avec eux. Parfois, il avait envie d'un verre de thé, car lui aussi éprouvait le désir d'en boire matin et soir jusqu'à satiété. Mais tout cela lui était défendu. Son supplice était d'autant plus lancinant que les autres plaisantaient, discutaient, apprenaient leurs leçons, buvaient du thé, non loin de lui, et qu'il ne pouvait pas se joindre à eux — il ne pouvait pas même demander à son frère la permission d'assister à ces réunions pour profiter de joies intellectuelles, où le corps avait aussi sa part.

Il ne pouvait prendre sur lui de formuler pareille demande : au fond, ce qui lui était le plus pénible, c'était de solliciter quelque chose. Son frère lui aurait répondu gentiment ou durement, mais de toute façon la réponse lui aurait été gênante, douloureuse. Mieux valait donc se maîtriser, cacher son goût pour l'étude, son plaisir à écouter des conversations, sa passion pour le thé. Et c'est ainsi qu'il vivait solitaire et triste, perdu dans ses pensées. Y avait-il un moyen ? Son frère avait laissé la porte ouverte, le bruit des voix et des éclats de rire lui arrivait, il se rendait compte des minutes de silence et comprenait que l'homme au thé préparait des margotins pour allumer le feu. L'écho de ces voix l'emplissait à la fois de désir et d'effroi, d'espérance et

---

1. Mohammad 'Abdo, né en 1849, est le fondateur du modernisme en Égypte. Il joua un rôle considérable à el Azhar, où il entra en 1894 : il dut quitter l'Université quelques mois avant sa mort, survenue en 1905.
Dans la suite du récit, Mohammad 'Abdo sera toujours appelé « l'imam ».
2. Cet ouvrage est l'œuvre de 'Abd el Kahir Djourdjani, philologue qui vécut au XIᵉ siècle.

de désespoir, l'affectait, l'épuisait, et livrait son cœur au plus poignant chagrin. Ce qui mettait le comble à cette douloureuse torture, c'est qu'il ne pouvait pas bouger de sa retraite, ni faire les quelques pas nécessaires pour gagner la porte de la chambre. Il se serait rapproché de ces voix et aurait été à même de saisir quelques mots de la conversation, ce qui aurait pu le réjouir et le consoler. Il était comme paralysé dans sa posture. Non qu'il ignorât l'accès de la porte, car il en connaissait bien le chemin et aurait pu en franchir l'espace à petits pas, lentement, mais il aurait eu honte d'être surpris pendant ce déplacement furtif, il aurait surtout été très attristé de l'être par son frère, qui survenait de temps à autre dans la pièce chercher un livre ou un objet quelconque, prendre des biscuits pour le thé. Donc il lui aurait été pénible d'être vu par son frère dans sa marche inquiète et un peu affolée. Celui-ci l'aurait sans doute questionné : « Que désires-tu ? Où veux-tu aller ? » Il était, par conséquent, infiniment préférable de ne pas bouger, de se tenir coi, de faire taire ces brûlants regrets, d'autres encore non moins atroces, qui le ramenaient avec mélancolie à son ancien logis, à son village de la campagne.

Là-bas, lorsqu'il rentrait de l'école et qu'il avait joué suffisamment, il s'emparait d'un morceau de pain sec, plaisantait avec ses frères, racontait à sa mère une des histoires arrivées ce jour-là à l'école. Quand il en avait assez, il sortait du logis familial, fermait la porte derrière lui, gagnait les murs de la maison d'en face, les longeait en direction du sud. A un certain point, il tournait à droite et, en quelques pas, arrivait à la boutique du cheikh Mohammad 'Abd el Wahid et de son frère, le jeune Hadj Mahmoud. Assis là, il causait, badinait, écoutait ce que disaient les clients et les clientes, heureux d'entendre ces conversations naïves de la campagne, qui ont tant de charme par leur variété, leur étrangeté et leur simplicité.

Parfois, les acheteurs étaient rares. Alors l'enfant restait à bavarder avec un des deux patrons ; on lui demandait de réciter quelque chose. D'autres jours, il négligeait cette boutique ; en sortant de sa demeure, il s'asseyait sur un banc tout proche et écoutait en silence les entretiens de son père avec ses amis, qui restaient en visite depuis la prière de l'après-midi jusqu'au moment où l'appel du muezzin annonçait celle du coucher du soleil, ou même jusqu'au dîner.

Parfois encore, l'enfant ne sortait pas et restait dans la maison avec celui de ses compagnons d'école qui l'avait ramené chez lui : il le priait de lui lire un des volumes qu'il avait avec lui, tel ouvrage d'édification par exemple : il en aimait les histoires pieuses ou les récits des conquêtes de l'Islam. Cela durait jusqu'au moment où le coucher du soleil appelait son petit camarade au dîner. Là-bas, l'enfant ne soupçonnait pas la solitude, il n'était pas obligé de rester inactif, ne connaissait pas les tiraillements de la faim, ne ressentait pas les douleurs de la privation, n'avait jamais envie d'un verre de thé.

Enseveli maintenant dans sa méditation inévitable, l'enfant était vivement saisi par cette nostalgie : il ne sortait de sa torpeur qu'en entendant le muezzin de la mosquée de Baïbars appeler à la prière de l'après-midi. Pourtant, ce muezzin avait une voix qui affligeait l'oreille par ses discordances et l'enfant se souvenait encore de celui de son village, qui avait la voix la plus mélodieuse du monde et qui avait procuré à l'enfant tant de jeux et d'amusements. Combien de fois était-il monté avec lui dans le minaret et avait-il fait à sa place l'appel à la prière ou bien lancé avec lui l'invocation finale ! Ici, dans ce logement, il détestait cette voix parce qu'il ne pouvait y mêler la sienne, qu'il ignorait d'où elle provenait exactement, puisqu'il n'était jamais entré dans la mosquée de Baïbars : il ne connaissait pas les moyens d'accès à ce minaret-là, il n'en avait jamais gravi les degrés et, par conséquent, ne savait pas si l'escalier était étroit ou large, droit ou tournant, détails qui lui étaient bien familiers pour le minaret de sa mosquée de campagne.

Tout cela lui était caché et il n'avait même pas la possibilité d'avoir à ce sujet le moindre renseignement. Sa seule ressource c'était l'immobilité, cette immobilité permanente, si longue. Quelle souffrance ! L'amour passionné de la science est générateur d'alarmes bien cruelles !

Cette sorte d'ankylose était interminable ; prostré dans son coin, il devait lutter contre le sommeil qui l'envahissait ; parfois, il n'y tenait plus, s'étendait et s'assoupissait. Il avait entendu dire à sa mère que la sieste était nuisible, aussi bien au corps qu'à l'esprit, mais il lui était impossible de ne pas céder à cet engourdissement pernicieux. Il était aussitôt réveillé en sursaut, affolé, par cette voix qui résonna à son oreille pendant tant d'années : « Dors-tu, Monseigneur ? » Il était donc tiré brusquement de sa somnolence, effrayé par l'apparition de son frère, venu voir s'il avait besoin de quelque chose ou lui apportant son dîner. Ce repas, vraiment agréable, se composait d'un morceau de fromage sec ou d'un gâteau de sésame. Telle était sa nourriture pendant la semaine ; son frère plaçait le tout devant lui, et lui disait adieu pour aller à el Azhar suivre le cours de l'imam.

L'enfant mangeait avec plus ou moins l'appétit, mais il avalait tout. En présence de son frère, il avait pour règle de manger peu et celui-ci s'abstenait de toute remarque. Mais lorsqu'il était seul, il consommait tout ce qu'on lui servait, en se forçant s'il n'avait pas faim : il avait peur qu'à son retour, son frère, voyant des restes, s'imaginât qu'il était souffrant ou ennuyé. Et rien ne lui était plus pénible que d'attrister ou d'inquiéter son frère.

Il se mettait donc à table et, son repas achevé, revenait à son apathie et à son accablement, blotti dans son coin. Le jour commençait à décliner, le soleil allait se coucher, et l'enfant éprouvait une amère sensation de lassitude. Le muezzin lançait son appel pour la prière du coucher du soleil et l'enfant savait ainsi que les ombres de la nuit approchaient. Il se doutait que les ténèbres enveloppaient, il était certain que si quelqu'un d'autre s'était trouvé dans la chambre, il aurait allumé la lampe pour chasser cette obscurité envahissante. Mais il était seul et n'avait nul besoin de ses yeux pour le savoir, n'en déplaise à ceux qui voient. Ils commettent là-dessus une erreur grossière, car l'enfant faisait à ce moment-là une distinction bien tranchée entre les ténèbres et la lumière. Une lampe éclairée était pour lui une compagnie affectueuse, et il éprouvait dans l'obscurité un sentiment d'insécurité, dû peut-être à la faiblesse de sa raison encore balbutiante, ou au trouble de ses sensations. Le plus étrange, c'est que l'obscurité parvenait à son ouïe avec un son précis, continu, qui ressemblait à un bourdonnement de moustique, sous une forme plus épaisse et plus grave. Ce ronronnement lui faisait mal aux oreilles, et une insurmontable terreur pénétrait tout son être, au point qu'il se sentait obligé de changer de position : il s'asseyait à croupetons, les coudes aux genoux, cachant sa tête dans ses mains, et s'abandonnait sans forces à ce bruit qui l'environnait. Et si l'engourdissement de l'après-midi le jetait dans le sommeil, celui du soir le laissait dans un état de veille qui n'avait rien de lucide.

Il aurait fini par s'habituer au murmure de l'obscurité, à le trouver rassurant, mais d'autres bruits, les plus divers, lui procuraient de rudes frayeurs. C'est que l'immeuble appartenait au ministère des Wakfs[1], c'est assez dire qu'il était vermoulu, que sa fondation se perdait dans la nuit des temps, que les fissures de ses murailles ne se comptaient plus, toutes peuplées d'insectes et de petits animaux. A la tombée de la nuit, ces bêtes semblaient s'être donné la mission de surveiller l'enfant enfoui dans un des angles de cette chambre : elles émettaient des sons rauques, esquissaient des mouvements furtifs et lents, de quoi le faire mourir de peur. Dès que son frère rentrait, seul ou avec des camarades, et qu'il avait allumé la lampe, bruits et trottinements cessaient brusquement comme s'ils n'avaient existé qu'en rêve. C'est pour cela, et pour d'autres raisons aussi, que l'enfant n'osait pas y faire allusion. Ce qu'il redoutait par-dessus tout, c'était qu'on pût le traiter de sot, qu'on lui déniât toute intelligence ou qu'on émît un doute sur son courage. Il préférait donc se taire et cacher sa peur des insectes et autres bestioles.

Le muezzin appelait à la prière de la nuit et c'était pour l'enfant l'occasion d'un bref espoir suivi d'un long malaise. Le cours de l'imam était terminé et son frère allait rentrer sous peu, allumerait la lampe, remettrait sa serviette en place, prendrait ce dont il aurait besoin, livre ou nourriture, ou un objet

1. Ministère qui gère les biens de mainmorte, consacrés aux œuvres pieuses.

quelconque, et ainsi, un peu d'humanité traverserait cette pièce et mettrait en fuite cette implacable solitude. Mais le jeune cheikh lui lançait bientôt ce coussin pour appuyer sa tête et cette couverture pour s'envelopper. Quand il avait constaté que l'enfant s'était bien couvert et qu'il avait la tête sur l'oreiller, il éteignait la lampe et partait, après avoir fermé la porte à clef. Il croyait l'enfant enseveli dans un sommeil peuplé de beaux songes et l'abandonnait en fait à une insomnie encombrée de cauchemars.

Il revenait deux heures après, ou plus, ayant mangé, bu son thé, bavardé avec ses amis et préparé les leçons du lendemain. Un tour de clef dans la serrure annonçait son retour et la lampe s'allumait de nouveau ; son frère le supposait plongé dans le sommeil le plus paisible, alors que l'enfant ne s'était même pas assoupi, guettant ce retour avec une angoisse indicible.

Après avoir éteint la lumière, le jeune cheikh se jetait sur son lit. Sa respiration, haletante ou régulière, indiquait qu'il dormait ; l'enfant ressentait alors une impression de détente et de réconfort : ses pensées étaient celles d'un être confiant et rasséréné, plein d'une douillette béatitude. Un réveil rassurant rejoindrait cet exquis sommeil, sans liaison apparente.

VI

Mais deux bruits étranges le réveillaient en sursaut : le heurt violent d'un lourd bâton sur le plancher et une voix humaine qui, ni forte ni faible, proclamait, avec des modulations tremblotantes, la louange de Dieu, longuement. Rien de plus singulier, dans la quiétude enveloppante de la nuit, que cette voix grêle et saccadée dont les coups de bâton scandaient les accents. C'était d'abord une secousse formidable qui déchirait le calme nocturne comme un tonnerre : elle s'approchait et se répercutait dans la pièce, puis diminuait d'intensité à faire escompter sa fin, mais c'était un nouveau choc encore plus affolant. L'homme au gourdin descendait l'escalier, puis s'engageait dans la rue ; le vacarme se perdait peu à peu, puis cessait.

L'enfant avait frissonné de crainte la première fois qu'il avait entendu cette mélopée et ce martèlement. Il s'était épuisé en vain à en chercher la raison et l'origine : ce qu'il avait vu de plus net, c'est qu'il ne dormait plus et qu'il finirait sa nuit dans une insomnie anxieuse ; l'appel du muezzin vint un peu plus tard lui offrir une apaisante sérénité par cette maxime : « La prière vaut mieux que le sommeil. » L'enfant se levait tout guilleret, tandis que son frère se réveillait maussade, Il fallait se presser. En quelques minutes, ils avaient descendu l'escalier et étaient en route pour el Azhar. L'un d'eux devait assister au cours où l'on traitait des fondements de la religion ; l'autre, à celui de « hadith ».

Ce double bruit se produisait régulièrement aux deux tiers de la nuit et apeurait l'enfant, qui en ignorait la source et n'osait interroger personne sur ce point, pas plus son frère qu'un autre. Dans la nuit du jeudi, les mêmes bruits le réveillèrent et, comme d'habitude, l'appel du muezzin lui ramena la paix. Mais l'enfant ne trouva aucune joie à son réveil et son frère n'eut pas l'occasion de se lever trop vite en ronchonnant : en effet, le vendredi, il n'y avait pas de cours, ni à l'aube ni le matin. Les deux jeunes cheikhs pouvaient donc continuer à sommeiller. Mais si l'enfant avait été complètement réveillé par ce vacarme, son frère ne l'entendit pas plus ce jour-là que les précédents. L'enfant resta donc sur son lit dans une immobilité inquiète, incapable de faire un mouvement. Il aurait bien voulu éveiller son frère pour faire la prière de l'aurore ; déjà la lumière du soleil montait et ses rayons s'insinuaient faiblement dans la chambre. Soudain le concert reprit, cette fois, sous une forme atténuée et douce : le bâton frappait le sol légèrement et la voix semblait se glisser dans l'air d'une façon câline, non sans un soupçon de langueur. L'enfant était éberlué : il ne comprenait pas que ces bruits fussent violents au moment du recueillement de la nuit, lorsque, pour tous ces êtres endormis, il aurait été décent de prendre des précautions, alors que ces cris étaient discrets et assourdis en plein jour, quand, dans un monde éveillé, ils n'avaient plus d'inconvénients et pouvaient donner en pleine liberté toute leur ampleur. Pendant ce temps, l'enfant était obligé de demeurer immobile, craignant, par le moindre mouvement, d'éveiller son frère, avant que la chaleur du soleil ne vînt atteindre son front. Celui-ci se mettait sur son séant, paresseusement, changeait lentement de position pour trouver une place à l'abri du soleil et ne bougeait plus. Il s'obstinait à ne pas s'éveiller, tandis que l'enfant se sentait envahi, comme malgré lui, d'une intense tristesse. Mais voici qu'on cognait violemment à la porte et que des vociférations tumultueuses la transperçaient : « Allons, vous autres, allons, fainéants, éveillez-vous, jusqu'à quand allez-vous dormir ? J'invoque Dieu contre votre impiété, contre vos égarements. C'est du propre ! Et ce sont des étudiants qui dorment ainsi jusqu'à la fin de la matinée et n'accomplissent pas la prière à l'heure prescrite ! » Et le braillard flanquait des coups de poing dans la porte, faisait résonner le plancher de son bâton, tandis que des rires fusaient autour de lui. Au premier appel, le jeune cheikh s'était éveillé, mais s'était tenu coi, se bornant à rire en sourdine, comme si cette algarade l'amusait et qu'il eût voulu la voir se continuer plus violente. L'enfant avait reconnu la voix et le bâton : c'étaient les coupables qui, en pleine nuit, le troublaient si fort et semblaient s'être donné pour but de l'arracher. de son sommeil. Qui pouvait bien être cet homme ? Et ce bâton ? Et cet accompagnement de bruyante gaieté ? Le jeune homme s'était levé, dans un éclat de rire, et allait ouvrir la porte, qui livrait passage à cet individu : « J'invoque Dieu, hurlait-il, contre cette impiété, contre ce péché. Epargnez-nous ce malheur, mon Dieu, et protégez-nous contre le démon maudit ! Etes-vous des hommes ou des animaux, des musulmans ou des mécréants ? Vos cheikhs ne vous ont donc pas appris à distinguer le vice de la vertu ? »

Et c'était une ruée des amis du jeune homme, qui riaient à gorge déployée, dans un brouhaha indescriptible. L'enfant reconnut alors que l'homme n'était autre que l'oncle[1] Hadj 'Ali.

C'était un vieillard de soixante-dix ans bien sonnés, qui avait conservé toute sa verdeur. Il avait gardé aussi ses facultés intellectuelles, qui consistaient surtout dans une bonne dose de roublardise et d'habile finesse. Sa vigueur physique se manifestait par une carrure trapue, une agilité robuste, une solide charpente, une pétulance de gestes et une exubérance de langage qui ne connaissaient pas de trêve : il lui était impossible de s'exprimer posément, il enflait toujours la voix. L'oncle Hadj 'Ali — l'enfant le sut plus tard — était un négociant natif d'Alexandrie, où il avait passé sa jeunesse et pris son caractère énergique et sa joviale franchise. Il faisait le commerce du riz, d'où son nom complet,

---

1. Il ne s'agit pas vraiment d'un oncle : on donne ce titre aux vieillards.

l'oncle Hadj 'Ali El Razzaz[1]. Il abandonna le commerce, parce qu'il devenait vieux, à moins qu'il ne fît plus d'affaires. Il était propriétaire d'un immeuble au Caire, dont les revenus lui procuraient quelque argent, pourtant il loua une chambre dans cette maison : les deux Persans, dont il a été question plus haut, et lui étaient les seuls locataires qui ne fussent pas étudiants.

Cette pièce était située au fond de la maison, à gauche en montant ; il s'y tenait souvent, au milieu d'un groupe d'étudiants qu'il faisait rire et qui l'admiraient. Il était né entre eux et lui une solide amitié, à base d'affection désintéressée, des liens d'une réelle cordialité.

Le vieux connaissait le désir de s'instruire de ces jeunes gens, leur soif d'apprendre, leur horreur des passe-temps frivoles, et c'est pour cela qu'il les aimait. Lorsque commençait la semaine de travail, il ne s'occupait pas d'eux et ceux-ci n'allaient pas le voir : c'était comme s'il ne les connaissait pas ; il acceptait seulement, sur leurs instances, une invitation à déjeuner ou à prendre le thé. Mais le vendredi, il ne les oubliait pas et l'on peut dire qu'ils étaient inséparables. Il les guettait bien avant le lever du jour, et dès qu'il les sentait rassasiés de sommeil, il sortait de sa retraite, se rendait à la pièce voisine et en éveillait l'occupant avec cette vigueur tapageuse que nous avons dite, puis continuait sa tournée dans les autres chambres, accompagné de chacun des étudiants qu'il avait fait lever, et c'est de cette manière, en procession, qu'il arrivait à la chambre de l'enfant, entouré d'un groupe heureux et rieur. Tous accueillaient avec des explosions de joie leur jour de congé : ils souriaient à l'existence, comme la vie leur souriait.

Le vendredi, c'était le vieillard qui prenait soin de leur nourriture et se chargeait de leurs innocents plaisirs. Il faisait le menu du déjeuner et du dîner, pris dans sa propre chambre ou dans celle d'un des étudiants, leur donnait des conseils pour le préparer et du reste en surveillait la mise au point, redressant au besoin les maladresses. Il ne les quittait pas de la matinée, les

1. De *rôz* = riz.

abandonnait pour assister à la prière de midi, revenait parmi eux, pour s'absenter un instant au milieu de l'après-midi, dînait et prenait le thé avec eux, leur servait d'imam, le cas échéant, pour les prières du coucher du soleil et du soir. Il ne rentrait chez lui qu'au moment où les étudiants voulaient repasser leurs cours du lendemain.

L'oncle Hadj 'Ali était d'une piété exemplaire : dans ce domaine, il dépassait de loin les simples obligations d'un croyant. Il commençait par cette expédition effectuée à la fin de chaque dernier tiers de la nuit, lorsqu'il sortait de sa chambre, heurtant le plancher de son bâton et psalmodiant d'une intonation énergique les louanges du Seigneur. Il se rendait alors à la mosquée de Sayedna-l-Hussein, pour y lire les litanies de l'aube et réciter la prière de l'aurore. Il revenait en marmottant des invocations, frappant le sol de sa canne, et rentrait se reposer dans sa chambre. Les autres prières, il les accomplissait chez lui, laissant la porte ouverte, pour faire entendre sa voix aux locataires de la maison. Au milieu de tous ces jeunes gens, soit qu'il prît un repas, bût le thé ou passât la soirée, il était le plus compréhensif, le plus spirituel, le plus bavard, le plus moqueur ; de tous c'était lui qui poursuivait avec le plus d'âpreté les vices de l'humanité. Par exemple, la médisance était son péché mignon et il n'avait pas peur des mots. Ah ! non, les expressions les plus choquantes ne l'effrayaient pas et il n'hésitait pas à débiter à toute vitesse et sur un diapason élevé les vocables les plus orduriers et les plus triviaux, ceux qui exprimaient les sens les plus grossiers et évoquaient les scènes les plus scabreuses.

Malgré cela, les jeunes gens l'aimaient, à moins que ce ne fût précisément pour cette raison-là. Ils le quittaient le moins possible et l'on peut supposer qu'ils chérissaient sa compagnie parce qu'il les faisait sortir de leur vie quotidienne, ce qui les reposait de leurs études. Il leur faisait découvrir une sorte de distraction qu'ils n'auraient pas trouvée seuls et qu'ils auraient été incapables eux-mêmes d'inventer en présence de ce vieillard, qui déversait sur eux, sans compter, des polissonneries. En l'écoutant, ils s'esclaffaient à s'en tenir les côtes, à en être brisés, mais ils n'auraient jamais osé répéter au vieux une de ses cyniques paroles ou un de ses mots suggestifs. C'était comme s'ils avaient vu un spectacle merveilleux, dont ils n'auraient pu profiter que de loin, n'osant pas s'en approcher pour le savourer à l'aise, par conviction ou par respect humain.

Ceci ne mettait pas moins en évidence un aspect singulier de ces étudiants, dignes à la fois d'admiration et de pitié. Ils se distinguaient de leurs camarades : le fait de refréner leurs passions et leur énergique maîtrise d'eux-mêmes rendaient possible un travail assidu et leur évitaient de tomber dans les voluptés faciles, qui émoussent les volontés, brisent les énergies et gâtent les caractères. L'enfant entendait tout ceci : il comprenait et retenait, mais se demandait avec étonnement comment on pouvait concilier l'amour de l'étude, avec tout l'effort voulu, et cette propension au plaisir et ce goût des sottises, sans aucune modération ni retenue. Il se promettait bien qu'en avançant en âge, lorsqu'il mènerait l'existence de ces étudiants dont il appréciait hautement l'intelligence, il ne vivrait pas comme eux et ne perdrait pas son temps à des bagatelles. Le vendredi était donc pour ces étudiants, comme pour ce vieillard, consacré aux délices de la table. Dès le matin, ils se réunissaient autour d'un déjeuner plantureux, composé de fèves, d'œufs et de thé. Ils dédaignaient ces provisions de gâteaux secs que les mères avaient confectionnés dans la simplicité de leur cœur en y mettant la plus affectueuse tendresse. L'enfant s'est souvent rappelé la peine que prenait son père pour gagner quelque argent, afin que sa mère eût les moyens de préparer des gâteaux pour ses deux fils. Il avait mesuré le dévouement de sa mère, à cette besogne, sa joie de l'entreprendre, comme aussi sa tristesse muette, mêlée de larmes amères, lorsque avec les bagages, elle remettait ces provisions à celui qui partait prendre le train.

Combien de fois cette scène s'était présentée à l'esprit de l'enfant lorsque ces jeunes gens ingurgitaient ces gâteaux trempés dans leur thé, à la façon prônée par le vieillard, ou lorsque ces biscuits craquaient entre les dents, puis qu'une gorgée de thé venait les humecter pour les aider à glisser ! Et, pendant qu'ils riaient à qui mieux mieux des facéties bouffonnes du cheik, ils se souciaient peu des fatigues de leur père et avaient bien oublié leur mère, ses soucis et ses larmes.

Le vieillard et les étudiants réglaient le menu de leur dîner entre la deuxième et troisième tournée de thé, qu'ils prenaient chez lui après le déjeuner. Cette mise en scène démoralisait l'enfant, remplissait son âme de honte : ce souvenir ne lui revient jamais sans une certaine commisération mêlée d'étonnement. C'étaient des conciliabules à n'en plus finir, dans un sens lamentablement étriqué. Il s'agissait de deux sortes de plats qui manquaient vraiment d'originalité : des pommes de terre en ragoût avec de la viande, des tomates et des oignons ; parfois des courges remplaçaient les pommes de terre et l'on y ajoutait une poignée de pois chiches. On se mettait d'accord sur les quantités de victuailles à acheter, on en évaluait la dépense et chacun versait sa quote-part, le vieux seul exempté de toute contribution.

Lorsque la somme nécessaire était réunie, l'un des jeunes gens allait faire le marché. A son retour, un autre se chargeait du fourneau, dans lequel il allumait le feu avec du charbon de bois et, quand les braises étaient au point, il fricotait la viande et les légumes, surveillé par ses camarades, en groupe ou isolés, et aussi par le cheikh qui, de temps à autre, lançait ses observations. Lorsque les apprêts étaient achevés à son idée, le vieillard contrôlait le feu avec vigilance pour obtenir une cuisson aussi lente que possible. La bande entourait le cheikh pour plaisanter, ou bien travaillait à l'écart. Le cuisinier s'échappait par instants pour jeter un coup d'œil au plat, de crainte qu'il ne brûlât ou qu'il ne se gâtât, ou encore pour y verser quelques gouttes d'eau. A mesure que la cuisson avançait, on respirait l'odeur appétissante du fricot qui mijotait sur le feu : cet arôme était un avant-goût délicieux d'un excellent repas. Il est certain qu'ils n'étaient pas seuls à préparer de la nourriture et que, dans l'immeuble même, d'autres cuisinaient et jouissaient d'effluves semblables. Il n'est pas moins certain toutefois que, dans cette maison, d'autres étaient parfaitement incapables de confectionner des mets aussi savoureux ; que, par exemple, ces ouvriers qui logeaient à l'étage au-dessous, n'avaient pas les moyens d'offrir un plaisir culinaire de cette qualité à leur famille. Selon toute vraisemblance, ils voyaient leurs femmes devenir grincheuses à cause de cette privation. En tout cas, les déshérités, étudiants et ouvriers, devaient trouver à ces odeurs qui emplissaient la maison tous les vendredis un plaisir mêlé de rancœur. Ce charbon se consumait avec une lenteur presque étudiée, prolongeant ainsi la joie des uns et le supplice des autres : le plat n'était cuit à point qu'au moment de la prière de l'après-midi, lorsque commençait l'agonie du soleil. Les convives s'installaient autour de la table et s'apprêtaient à faire honneur au repas avec un entrain et des gestes d'un plaisant sérieux. Chacun avait envie d'en avoir sa part, et s'arrangeait pour ne pas être devancé par le voisin, ou frustré, mais à la dérobée, car on aurait eu honte de laisser voir de pareils sentiments ou de se livrer à un espionnage trop accusé. D'ailleurs le vieillard était là, et son attitude désinvolte délivrait les jeunes gens de tout souci d'intervenir, sa bonne humeur enrayait leur gourmandise secrète : il les surveillait tous et distribuait les portions avec une entière justice. Il n'aurait pas supporté un abus quelconque : il n'avait pas seulement à ce sujet l'esprit en éveil, mais ne laissait pas ignorer sa manière de voir ; il hurlait suivant son habitude, menaçant celui-ci qui essayait de faire passer son morceau de viande pour une cuillerée de pommes de terre, sommant celui-là de diminuer la dose de la louche au moment où il puisait dans la marmite, pour lui-même ou pour un camarade, qu'il s'agît de viande ou de sauce. Il vociférait contre l'un ou autre, envoyait des plaisanteries drôles, qui provoquaient une heureuse détente et faisaient rire toute l'assistance, en égratignant au minimum l'amour-propre de chacun.

Pendant cette tempête de rires, l'enfant éprouvait une gêne inquiète : son trouble intérieur égalait sa maladresse à se servir de ses mains. Il n'aurait pu convenablement se couper un morceau, plonger sa cuiller dans le plat, puis la porter à sa bouche. Il s'imaginait que tous les regards étaient fixés sur lui et que particulièrement l'œil du vieillard l'épiait en cachette. Il était presque pris de panique, sa main tremblait et des gouttes de bouillon

157

tombaient sur ses vêtements ; l'enfant le savait, il en souffrait, mais c'est alors qu'il estimait inutile de prendre des précautions, supposant, bien mieux acquérant la conviction que les convives avaient autre chose à faire qu'à s'occuper de lui. La meilleure preuve, c'est qu'ils s'apercevaient soudain de sa présence, s'affairaient auprès de lui, le pressaient de manger et approchaient de lui ce qui n'était pas à portée de sa main. Mais ces attentions intermittentes avaient pour résultat d'accroître sa confusion. Ainsi ces agapes joyeuses étaient pour lui une source de poignante tristesse, alors qu'elles auraient dû naturellement le réjouir et l'égayer. Mais bien qu'il fût sombre pendant le repas, il lui arrivait souvent, lorsque ses amis avaient pris leur thé et étaient partis travailler ou bavarder, lorsqu'il était rendu à sa solitude, de voir sa tristesse faire place à une franche gaieté : il se surprenait même à rire en se rappelant certains détails.

Les étudiants passèrent de longues années dans la compagnie de ce vieillard et, grâce à lui, l'enfant vécut dans une atmosphère riante, malgré les motifs de désappointement, de déception, de chagrin, qu'il rencontrait sur sa route.

Puis le petit groupe s'éparpilla, chacun de ces jeunes gens suivit sa voie. Ils quittèrent l'immeuble pour habiter dans des quartiers excentriques ; leurs visites au vieillard se firent plus rares, puis cessèrent ; ils firent comme s'ils l'avaient oublié et l'oublièrent tout à fait. Un beau jour quelques-uns apprirent sa mort : ils en furent affectés, pas au point d'en pleurer et aucune larme ne mouilla leur visage. Celui qui en donna la nouvelle se trouvait au chevet du moribond. Il rapporta que les dernières paroles du cheikh avaient été des souhaits en faveur du frère de l'enfant.

Que Dieu ait l'âme de l'oncle Hadj 'Ali, dont la protection fut si efficace ! Son souvenir ne fut jamais évoqué par la suite sans une profonde émotion.

VII

Nos étudiants n'avaient pas que la compagnie de ce vieillard pour profiter agréablement de la vie. Leur amusement avait une autre source, et il était économique et apaisant. Ils ne se distrayaient que pendant un temps limité et comme furtivement avec le locataire qui habitait à l'extrémité de l'immeuble dans la chambre de droite, en face du vieillard, qui logeait à gauche. C'était un homme dans la force de l'âge, entre la quarantaine et la cinquantaine, qui, depuis plus de vingt ans, était inscrit à el Azhar, sans avoir obtenu le diplôme, et qui désespérait même de le décrocher un jour. Il faut dire que ce n'était pas pour lui un but exclusif, il n'y passait pas toutes les heures de son existence ; il y travaillait sans doute, mais conjointement avec d'autres occupations courantes. Il était marié et avait des enfants, et il leur consacrait les vacances de l'été et du Ramadan, ainsi que les petits congés qui venaient interrompre de temps à autre la vie universitaire. Sa famille était installée dans un village près du Caire, ce qui réduisait pour lui la fatigue et les frais de déplacement. Comme beaucoup de ses compatriotes, il possédait un ou plusieurs lopins de terre, et son beau-père était également propriétaire de quelques champs. Pour l'époque, il n'était pas pauvre, sans être riche ; il était surtout économe à un point qui frisait l'avarice.

Il aimait moyennement la science et son zèle au travail était modéré, son assiduité aux cours médiocre et plus médiocres encore son intelligence et ses dispositions naturelles. Pourtant il se croyait très intelligent et se considérait comme une victime. Il n'avait pas à se plaindre d'avoir échoué au diplôme, ni à soupçonner un jury de partialité : depuis plus de vingt ans il était à el Azhar, il ne s'était jamais présenté à l'examen, alors qu'il aurait pu le faire au bout de douze ans. Mais il voyait el Azhar à travers un miroir opaque ou déformant.

Il avait mauvaise opinion des étudiants. Il estimait, à tort ou à raison — à tort, sans doute — que les diplômes n'étaient pas conquis au moyen de qualités de fine intelligence, pas plus que par un effort de mémoire. A ses yeux, c'était une question de chance ou de hasard, et peut-être aussi de flatterie et d'habileté à se faire bien voir des examinateurs. Il jugeait donc qu'il n'avait pas été favorisé par le sort et s'était abstenu pour des raisons mystérieuses ; d'ailleurs un examen était une source d'émotions auxquelles il valait mieux échapper.

L'azhariste commençait son année avec la volonté bien arrêtée de se préparer ; il s'entendait avec quelques camarades pour lire en commun les ouvrages du programme. Mais, au bout d'un mois ou deux, il savait déjà que la fortune lui serait contraire ; alors il en prenait à son aise, préférait paresser et négligeait ses cours pour d'autres passe-temps. Il se croyait donc de nouveau une victime de la malchance ; il n'aurait jamais cette bonne réputation et cette intelligence astucieuse que les cheikhs prennent en considération ; il ne réussirait pas comme tel de ses camarades, alors qu'en réalité il n'était pas moins intelligent que lui, ni moins capable de maîtriser les difficultés d'un travail sérieux.

Lorsqu'il s'entretenait avec un de ses jeunes condisciples, il affirmait connaître le moyen infaillible de réussir à son examen. Il avait eu souvent l'envie de l'employer mais, tout compte fait, il ne lui convenait pas de vendre une ou deux parcelles de ses propriétés pour obtenir ce succès, qui le consacrerait savant, augmenterait sa ration de pain et lui procurerait, à chaque fin de mois, un revenu de soixante-quinze piastres.

Pour toutes ces raisons, il attendait des jours meilleurs et comptait sur le sourire du destin. Cela s'était bien produit, l'année précédente, pour un de ses camarades du même village. C'était un garçon fin et intelligent, inscrit comme étudiant depuis un quart de siècle : il lui prit l'envie subite de se présenter à l'examen. Non seulement il fut reçu, mais encore il obtint la mention bien et, s'il avait entretenu de meilleurs relations avec un des membres du jury, il aurait eu la mention très bien.

Il était donc infiniment préférable d'être patient : le hasard ne manquerait pas de lui être favorable, comme à son camarade. « Mes amis, disait-il, tout est une question de veine. J'ai travaillé comme vous, j'ai peiné autant que vous. Je vous souhaite meilleure chance. Quant à moi, je n'ai pas confiance et puis je n'ai pas d'ambition. »

Les jeunes écoutaient ces déclarations et les retenaient d'autant mieux qu'ils étaient fortement impressionnés par son élocution, vraiment extraordinaire. Il articulait les mots avec une lenteur appuyée, en sourdine, sur une intonation qui tenait plus du murmure que de la voix normale, détachant chaque syllabe comme s'il eût voulu l'introduire dans l'oreille de son auditeur. Il ponctuait ses discours de facéties et de plaisanteries qu'il trouvait risibles, et d'ailleurs il s'esclaffait longuement. Les assistants n'y prenaient aucun intérêt et n'y trouvaient pas matière à rire, mais honteux de le voir se pâmer et surtout prolonger son hilarité, ils finissaient par se dérider et l'incident se terminait par un fou rire général. En effet, sa façon de rire était vraiment « risible », si l'on peut se permettre ce pléonasme. Il débutait sur un diapason aigu, s'arrêtait, reprenait un instant en silence, redevenait bruyant, et ainsi de suite, en spasmes.

Rentrés chez eux, les étudiants répétaient ses conversations, redisaient ses bons mots, imitaient son rire, et passaient ainsi une heure de bonne détente.

Un autre trait surtout les émerveillait : c'était un homme sensuel, il aimait passionnément les plaisirs, il s'y complaisait. Il aimait aussi parler de ses exploits et savourait ses descriptions, comme il jouissait des plaisirs eux-mêmes, davantage peut-être.

En actes comme en paroles, ses voluptés étaient innocentes, inconvenantes. Il lui arrivait de raconter les privautés qu'il prenait avec sa femme, non sans un luxe de détails pénibles, scandés par son rire étrange. Il racontait son contentement quand il s'asseyait au village devant un repas gras, ou au Caire devant une nourriture plus rude ; il contait cela avec minutie, au milieu de gaudrioles imprévues et de mauvais goût, avec accompagnement de ce rire haché et pourtant continu. Il entretenait son public de sa joie à explorer les rues et les ruelles du quartier, à prendre le frais dans l'immeuble tout en épiant ce qui se passait à l'étage au-dessous. Il ne pouvait rencontrer une femme, où que ce fût, sans l'examiner en détail, sans la considérer comme sa chose, sans la déshabiller en un mot. Il éprouvait à cette investigation malsaine une volupté dont il sentait bien peu le péché. Il ne donnait jamais à une femme le nom de femme, ou de dame ou de demoiselle, enfin un de ces noms par lesquels on a l'habitude de la désigner ; il disait toujours : « il y a de la cuisse ». La femme maigre ne l'intéressait pas du tout ; la vraie femme à ses yeux, c'était celle qui avait de l'embonpoint, dont la charpente semblait comme surchargée de graisse et de chair. Il la comparait tantôt à un oreiller, tantôt à un matelas.

Il citait à ce propos ce vers de Ka'b ibn Zohair décrivant sa maîtresse Sou'ad[1] :

« De face, elle paraît svelte, mais de dos, quelle majestueuse ampleurs ! Sa taille est irréprochable, ni trop petite ni trop grande. »

Il disait à ses amis : « Ne voyez-vous pas qu'il se permet de dire qu'elle est maigre de face, uniquement pour avoir l'occasion de rectifier et de donner une opinion raisonnable : c'est qu'elle était grasse, vue de dos ? » Puis il se lançait ensuite dans une foule de détails scabreux. Il débitait des obscénités, racontait d'énormes farces, lâchait puis retenait son gros rire, riait de nouveau : les étudiants étaient comme subjugués par le flux

1. Poète contemporain du Prophète, célèbre par son poème intitulé *Banat Sou'ad* : Mohammad en fut tellement enthousiasmé qu'il lui fit don de son manteau.

de ses paroles. Rien ne pouvait faire sur ces malheureux une impression plus durable que les plaisirs, chastes ou licencieux, qu'ils prenaient à ces entretiens.

L'enfant entendait cela, accroupi dans son coin, la tête basse, comme absent. Aucun mot ne lui échappait et même il distinguait le son particulier de chaque voix. « Si ces hommes, se disait-il, se rendaient compte de l'importance de ce qu'ils me livrent et m'apprennent, ils s'abstiendraient d'avoir en présence d'un jeune enfant de semblables conversations. »

L'enfant passa plusieurs années encore dans l'immeuble, après qu'il eut fait la connaissance de cet homme ; les incidents s'accumulaient sur cet individu, risibles en apparence, mais causant une triste et douloureuse impression lorsqu'on y regardait de plus près.

C'était un paysan, avec tout ce que cela comporte de précis : l'amour de la terre, la recherche de l'argent, une étrange avidité de gain dans une vente, un achat ou une location. L'argent était son unique préoccupation lorsqu'il partait pour son village, qu'il y pensait, ou qu'il rencontrait un membre de sa famille. C'était un jouisseur dans toute l'acception du terme, en ce qu'il était avide de sensations, qu'il poursuivait ces plaisirs faciles qui n'ont pas besoin d'un sens moral bien développé, d'un penchant un peu affectueux, ni d'un goût extrêmement fin. Son travail intellectuel, son attente d'un examen, étaient un de ses moyens, ou plutôt un but reposant où il se réfugiait lorsqu'il était las de courir après l'argent ou quand il était dégoûté de sa sensualité. Alors il rentrait à la maison, s'installait dans sa chambre, pensait à ses camarades, à ses professeurs, à son examen, et il entamait avec ses amis de longues palabres autour d'un repas ou d'un verre de thé. Malgré tout, il avait une foi religieuse très ardente. Il avait d'étranges crises de mysticisme qui le précipitaient par moment hors de son existence habituelle : il se livrait alors à d'ascétiques mortifications, se gourmandait avec une dure sévérité et s'imposait le châtiment de la privation et de la faim.

Un jour, à la suite d'une dispute avec son beau-père, il délaissa sa femme et résolut d'épouser une jeune fille du Caire, de s'allier avec une famille plus évoluée, plus élégante. Il divorça donc

163

et confia ses espoirs en détail à un de ses amis, lui expliquant en termes clairs et crus la différence qui existait entre les femmes de la ville et celles de la campagne. Mais un beau matin, il oublia l'argent, les femmes de la ville comme celles de la campagne, il renonça aux délices de la table et du thé, parce qu'il avait eu l'intuition de sa chance prochaine aux examens. Il devait donc les préparer, s'entraîner à cette bataille contre les professeurs. Il avait devant lui quelques mois pour effectuer une sérieuse révision. Adieu les vieux camarades, adieu les frivoles conversations ! Il se plongea dans l'étude des fondements du droit, de la rhétorique, de la grammaire, de la théologie, de ces matières enfin dont se compose le programme. Ainsi fit-il : il se présenta à l'examen et ce fut une journée dont on parla longtemps.

Il arriva devant le jury dès le matin et ne le quitta que le soir, mais la séance ressembla à une poursuite réciproque. Pour se reposer de la société des professeurs, lorsqu'il en serait excédé, il inventa un stratagème cocasse, invraisemblable. Il acheta une ou plusieurs pastèques, qu'il déposa près de la salle d'examen. Dès l'abord, il signala au jury qu'il était atteint d'incontinence d'urine et put ainsi solliciter la permission de s'absenter sous prétexte que son infirmité le talonnait. Le jury le prit en pitié et lui donna toutes les facilités. C'est ainsi qu'il se mettait à commenter sa leçon ou à répondre aux interrogations, puis interrompait soudain son exposé et demandait à sortir. Une fois dehors, il n'avait aucun besoin à satisfaire ni de soins à se donner ; il se précipitait sur ses pastèques pour se rafraîchir les idées, s'aiguiser l'esprit, retrouver son sang-froid : ce sont ses propres expressions. Il rentrait dans la salle d'examen et reprenait sa tirade au point où il l'avait abandonnée. Tel fut son manège durant presque toute la journée et le jury s'y laissa prendre. Il revint chez lui dans un état de bonheur inexprimable : il avait réussi, sans doute avec la mention passable, mais il comptait au nombre des ulémas.

L'été dispersa tout le monde. A l'automne, ses amis le rencontrèrent par hasard, car il avait déménagé. Il avait réalisé ses espoirs, s'était allié à une famille de la capitale et logeait chez elle, non loin de son ancienne demeure.

Sa flamme mystique le reprit un jour. Il décida de se retirer pendant quelque temps dans la mosquée, pour s'exciter au jeûne, à la prière et à l'amour de Dieu. Il mit son projet à exécution et vécut dans la solitude, je ne sais pas le nombre exact de journées, mais assez longtemps, car il revint de sa retraite amaigri et épuisé. A son retour, il fut blâmé par sa famille et il est probable qu'on le plaisanta sur sa virile énergie. Il n'en fallut pas davantage pour que son naturel paysan reprît le dessus et il s'abandonna à cette vie de plaisirs telle qu'on l'envisage à la campagne. Un matin, il partit pour un restaurant ou un café ; là, il avala des quantités excessives de fèves, d'huile, de pain, d'oignons, et il but du thé en quantité également excessive afin d'éteindre le feu de ce repas. Bientôt il ajouta à tous ces aliments, solides ou liquides, ces drogues que ses pareils ne nomment pas, mais désignent seulement par des sous-entendus. Lorsque tout cela s'installa, ou plutôt s'agita dans son estomac, il revint de nouveau dans sa famille. Mais cette fois il était dans un état d'exaspération indescriptible : ses comportements furent mal accueillis et causèrent un certain effroi. A la fin, il essaya de se jeter par la fenêtre ; un de ses parents réussit à retenir le forcené et, après une lutte, à l'empêcher de renouveler sa tentative. On ligota le malheureux dément, car il avait, en effet, perdu la raison. L'enfant n'a pas oublié ce cri lancé, dans la nuit après la prière du soir, qui laissa les étudiants comme hébétés ; ils étaient sur le point d'éclater en sanglots, mais ils eurent honte de montrer leur émotion.

Ce pauvre fou hurlait longuement : les ressorts de sa langue semblaient détendus ; il était en proie au plus hideux délire. Le lendemain matin, ses parents l'emmenèrent à l'hôpital où l'on soigne ses pareils. Il en sortit quelques semaines plus tard : il était méconnaissable, son chuchotement était encore plus grêle, ses mouvements étaient paisibles, il ne riait plus et il inspirait à tout le monde autant de crainte que de pitié.

Les jours ont passé, entraînant dans leur sillage mille incidents.

Les amis ont perdu de vue ce malheureux, leur existence les a dirigés dans des voies diverses et ils ont peu souvent l'occasion de le rencontrer. Ils ont fini par recevoir de lui des nouvelles de plus en plus rares. On n'en entendit plus parler jusqu'au jour où l'on apprit son décès. On consacra à sa mort la minute de tristesse convenable, sans que les larmes vinssent gonfler le bord des paupières, et c'est à peine si un visage se contracta un instant ; on accueillit l'événement avec cette pieuse phrase qui met le sceau à tous les deuils : « Nous appartenons à Dieu et c'est vers Lui que nous retournerons. »

VIII

Une autre chambre de la maison servait aussi de théâtre à des scènes de joyeuse liesse. Elle était toute proche, à gauche en montant.

Elle était occupée par un jeune homme un peu plus âgé peut-être que les autres étudiants, en tout cas plus ancien à l'Université, mais il était bien de la même génération. Il avait une voix de fausset qui provoquait le rire. Il était d'une intelligence médiocre et bien peu de connaissances arrivaient à s'incruster dans son cerveau étroit et borné ; son esprit était tellement court qu'il n'arrivait pas à démêler la moindre chose derrière les divers textes qu'il étudiait. Pourtant il était infatué de lui-même et son ambition était sans bornes : il était intimement persuadé qu'il n'était pas inférieur aux camarades avec lesquels il vivait, et il assistait à la plupart des cours.

On le voyait aux leçons de droit, de rhétorique et au cours de l'imam, mais il négligeait celui des fondements du droit, car il aurait dû se lever trop tôt. Son repos était pour lui chose sacrée qu'il surveillait parcimonieusement. Il se bornait à se documenter en compagnie de ses camarades, avec cette forme spéciale de recherches qui n'avaient aucun rapport avec les cours réguliers ni avec les ouvrages utilisés par les professeurs.

Ces jeunes gens se montraient en général très sévères sur le compte des livres en usage à el Azhar. Ils suivaient en cela l'exemple et l'opinion de l'imam. A ces cours, ou lorsqu'il recevait leurs visites, il leur indiquait des titres de livres importants de grammaire, de rhétorique, de théologie, de littérature même. Ces ouvrages étaient méprisés par les cheikhs, parce qu'ils ne leur étaient pas familiers, et leur répugnance s'accentuait du fait qu'ils avaient été indiqués par l'imam. Mais les professeurs plus compétents imitaient l'imam et conseillaient aussi d'autres ouvrages estimables qu'on ne pratiquait pas à el Azhar, tout simplement parce que les azharistes n'y auraient naturellement pas songé. Dès que les étudiants entendaient citer un titre, ils se hâtaient de se procurer le volume, s'ils en avaient les moyens : Dieu sait quelles dures économies, quelles privations pénibles cela pouvait représenter souvent ! Mais cette dépense leur était parfois interdite et ils empruntaient le livre à la bibliothèque de l'Université, le feuilletaient en hâte, se mettaient d'accord pour le dépouiller en commun et cette collaboration les aidait à le comprendre.

Ils travaillaient de cette manière par sincère affection pour l'imam et aussi par goût prononcé pour une documentation fructueuse. Ils joignaient à ces sentiments affectueux une sorte d'orgueil juvénile : ils étaient fiers d'être les élèves de l'imam, du cheikh Bekhit, du cheikh Abou Khatoua, du cheikh Radi. Ils parlaient de ces maîtres avec une emphase enthousiaste et se vantaient d'en être les étudiants préférés. Ils ne se contentaient pas d'une grande assiduité à leurs cours, mais rendaient visite à ces professeurs à leur domicile. Ils collaboraient à quelques recherches ou obtenaient d'eux des leçons particulières, par exemple, le jeudi après la prière de midi ou celle du soir. Ces étudiants aimaient à faire savoir tout cela à leurs camarades, ils étaient fiers qu'on parlât des ouvrages qu'ils lisaient dans telle ou telle discipline, et bénéficiaient ainsi d'une sorte d'auréole parmi les autres : on disait d'eux qu'ils étaient les élèves les plus distingués, dignes du plus brillant avenir. Et, bien entendu, les élèves moyens s'efforçaient d'obtenir des avantages en frayant avec eux : c'était déjà quelque chose d'être les amis intimes des meilleurs. C'était, en outre, un excellent moyen d'arriver à avoir des relations avec les plus grands professeurs, avec les maîtres authentiquement réputés. Notre ami, étudiant moyen, s'était agrégé à ces étudiants distingués, pour qu'on dise qu'il en était, et afin de pouvoir se joindre à eux lorsqu'ils rendaient visite à l'imam ou au cheikh Bekhit.

L'orgueil de la jeunesse incitait le petit groupe à se prévaloir de cette espèce de privilège ; ils acceptaient ainsi assez facilement l'introduction chez eux de ces parasites de la science que sont les étudiants médiocres et même moyens. Mais lorsqu'ils étaient entre eux et qu'ils énuméraient les sottises stupides et grossières de ces camarades d'occasion, ils riaient à s'en décrocher la mâchoire.

Selon toute vraisemblance, cet individu fit leur connaissance à l'un des cours, il se mêla à eux et ne les quitta plus. Il leur rendit visite dans leur maison, qui lui plut, si bien qu'il résolut de s'installer près d'eux dans l'immeuble même et finalement y loua une chambre. Il faisait ainsi partie de la bande, qu'il accompagnait aux cours ; il prenait le thé avec elle, visitait en sa compagnie les professeurs, profitait de sa bonne réputation, mais il ne lui fut jamais départi d'égaler le savoir et l'intelligence de ses camarades, pas plus qu'il ne lui arriva d'expliquer quelque chose clairement.

Il semble qu'il avait plus de ressources que ses camarades, possédait un peu plus d'argent, ou plutôt, grâce aux privations qu'il s'imposait quand il était seul, il pouvait devant eux paraître riche et dépenser largement. Lorsqu'il avait eu vent que l'un d'eux était un peu gêné pour l'achat d'un livre, le remboursement d'une dette criarde, ou tout autre besoin d'argent, il lui ouvrait sa bourse avec libéralité, en bon camarade. Ses amis reconnaissaient cette gentillesse et lui en savaient gré, pourtant ils ne pouvaient pas supporter sa bêtise et il leur arrivait de s'en moquer sans vergogne devant lui ; ils répliquaient d'une façon grossière à ses bévues, lui faisant sentir leur cruel dédain. Quant à lui, il acceptait tout cela d'un air satisfait et souriant : je crois bien qu'aucun d'eux n'eut l'occasion de voir jamais sur son visage un seul signe de colère, et pourtant ils l'accablaient des sarcasmes les plus méprisants. Le comble, c'était quand ils le prenaient à partie sur ses connaissances en prosodie, ou plutôt sur son ignorance. Lorsqu'il lisait avec eux un ouvrage de grammaire, il était presque dans l'incapacité de fournir un exemple — et Dieu sait si les exemples abondent dans les grammaires! — et quand il en citait un et qu'il était le premier à scander le vers, il le classait toujours au même mètre, car c'était le seul dont il avait entendu parler : pourtant une bonne scansion en aurait souvent fait choisir un autre.

Le plus drôle, ce n'était pas sa réponse rapide et définitive ; mais il décomposait les pieds à sa façon et, quels qu'ils fussent, il essayait de justifier sa solution. En fait la leçon était interrompue par un fou rire interminable ; la scène était tellement fréquente que lui-même poussait et enhardissait ses camarades. Chaque fois que se présentait un vers, ils avouaient leur impuissance à le scander afin qu'il en devinât le mètre, et la réponse était uniforme, puisqu'il n'en connaissait qu'un seul. Mais ce n'était pas fini : ils affirmaient ne pas pouvoir en décomposer les pieds, afin de l'exciter encore et de le ramener à son fameux mètre. C'est là que les tempêtes de rire reprenaient et que les plaisanteries faisaient rage, et il accueillait le tout avec son sourire béat, sans jamais montrer le moindre signe de dépit ou d'irritation.

Ce jeune homme vécut avec ses amis durant de longues années sans que rien vînt affaiblir l'harmonie de leurs rapports. En fin de compte, il s'aperçut qu'il n'était pas de leur milieu et qu'il n'était pas de taille à se mesurer avec eux. Il délaissa donc peu à peu les cours, inventant les excuses les plus variées, et ne travailla plus en leur compagnie. Il se contenta de continuer à les fréquenter, en partageant leurs repas ou en prenant le thé avec eux de temps en temps.

L'enfant avança en âge et son instruction progressa. Ce jeune homme lui témoigna de la bonté et une certaine estime, et se proposa pour lire avec lui quelques ouvrages. Il préférait en effet à la société de ses émules celle de ce jeune débutant. L'enfant étudia donc avec lui des livres de « hadith », de logique, de

170

théologie, mais sans aucun profit. Comme il était peu disposé à rire de lui ou à le tourner en ridicule, qu'il était aussi peu capable que désireux de s'en moquer, l'enfant préféra s'en débarrasser et travailler seul.

Ainsi cet homme abandonnait la science, ou plutôt la science ne voulait pas de lui. Mais il restait inscrit à l'Université, mêlé socialement à ses étudiants et vivant comme eux. Le niveau de leur existence s'élevait peu à peu, grâce à leur intelligence, à leur zèle, à leur acquit, à la fierté qu'ils causaient à l'imam et qui les rapprochait de lui. De même ils se liaient avec d'autres étudiants d'el Azhar qui appartenaient à des familles plus fortunées, et de leurs visites réciproques une intimité naissait. Cet individu rendait aussi des visites et en recevait, et de même le niveau de sa vie sociale montait. Mais eux ne sentaient pas cette ascension ou la percevaient à peine, en tout cas, ils n'y faisaient jamais allusion dans leurs conversations, et ne se vantaient pas de visites à telles familles distinguées, ou de leurs relations avec des camarades connus. Cela paraissait naturel, normal, mais leur ami y trouvait sa véritable gloire et y puisait son bonheur : son orgueil était satisfait, sans compter qu'il en tirait parfois des profits matériels. En tout cas, il le racontait à qui voulait l'entendre.

Les jours passèrent et les étudiants se dispersèrent dans des directions multiples. Mais cet individu ne les lâcha pas et ne se laissa pas oublier. Il n'avait pas pu mener leur train pour achever ses études, soit, mais il les suivrait partout ailleurs pour avoir un but dans l'existence. Ils ne lui rendaient pas visite, eh bien ! c'est lui qui irait les voir, qui les rencontrerait chez tel ou tel de leurs amis, gens riches ou considérés.

C'est alors que l'imam dut abandonner el Azhar à la suite d'une persécution politique. Or, à ce moment, notre personnage avait des relations aussi bien avec le parti de l'imam qu'avec le clan opposé. En effet, l'introduction des luttes politiques avait mis el Azhar en ébullition et avait coupé en deux les milieux universitaires. L'individu se mêlait aux plus exaltés pour donner des coups, mais il avait un pied dans le camp adverse, auquel il livrait les secrets de ses ennemis. Le pot aux roses fut découvert un jour, — et quel jour ! — lorsqu'on apprit que l'homme était en rapports avec la police. Ce fut une rupture brutale entre ses compagnons et lui, et les maisons qui l'avaient accueilli lui furent fermées. Il n'eut d'autre ressource que de se tapir dans sa chambre, ayant vu disparaître tous ses amis : ceux-ci n'y perdirent rien. Il avait été trop ambitieux en recherchant le diplôme ; il devrait achever sa piteuse existence dans l'isolement et la médiocrité, supportant mal sa déchéance, et gagnant péniblement de quoi vivre.

Puis on apprit qu'il était mort. Etait-ce de maladie ? de chagrin ? de privations ? Nul ne le sut, mais la nouvelle ne causa ni regret ni tristesse. On se borna à réciter la pieuse formule qui accompagne toute annonce de mort, même la plus indifférente : « Nous appartenons à Dieu et c'est vers Lui que nous retournerons. »

IX

L'immeuble était presque vide lorsque l'enfant y arriva pour la première fois : c'était après le congé de Ramadan et les locataires n'étaient pas encore rentrés. De cette façon, le petit apprit que les étudiants aimaient bien retarder leur retour au Caire, et surtout à la suite de ce congé. C'est à cette époque que commence l'année universitaire. C'était comme si étudiants et ulémas éprouvaient une dolente mélancolie à quitter leur famille et leur petite province ; aussi prolongeaient-ils leurs vacances d'un jour ou deux, ou même davantage ; certains s'octroyaient une bonne semaine. Cela n'avait alors que peu d'importance, car el Azhar en était à ce stade béni où l'on n'exigeait pas encore un décompte minutieux des journées de travail et d'absence, aussi bien pour les étudiants que pour les professeurs. Aucun règlement n'exigeait alors des maîtres et des élèves cette pénible assiduité à toutes les leçons quotidiennes. La vie y était douce et facile. Le rectorat fixait le jour de la rentrée, mais les professeurs étaient libres de commencer à leur convenance. De leur côté, les étudiants avaient la facilité de venir aux cours à leur guise, quand ils pouvaient.

La règle était donc souple et simple. Elle reposait beaucoup plus sur la bonne volonté de chacun que sur une exactitude prévue par une loi immuable. Il était plus commode ainsi de faire la différence entre les étudiants zélés et laborieux et les élèves paresseux ou négligents, et il valait mieux, pensait-on, travailler par amour de la science que par obéissance aux ordres ou par crainte des punitions.

Professeurs et étudiants profitaient d'ailleurs d'une façon raisonnable de ce régime de liberté et de tolérance. On laissait à tous la libre disposition des deux premières semaines, qui servaient à d'amicales prises de contact. Les étudiants étaient venus de leur localité en prenant leur temps. A leur arrivée, ils liaient connaissance, ce qui provoquait des sympathies réciproques et, sans se presser, ils commençaient leurs études. De même, les professeurs étaient partis de chez eux avec un léger retard ; dès leur retour, ils arrangeaient leur appartement pour un long séjour, se rendaient des visites de politesse ou d'amitié et inauguraient leurs cours sans hâte ni contrainte. Il en était d'ailleurs qui préféraient leur travail à leur famille et à leur province. Certains professeurs restaient au Caire pendant les vacances, donnant des leçons dans leur propre maison ou à el Azhar, ou encore dans une mosquée ; de même, certains étudiants revenaient au plus vite dans la capitale, dès que l'occasion se présentait, ou que les circonstances le permettaient, pour prendre des leçons particulières avant de suivre les cours publics.

Pour ces raisons, l'immeuble était presque vide lorsque l'enfant et son frère vinrent au Caire : on n'y trouvait que l'oncle Hadj 'Ali, deux camarades du jeune cheikh et les deux Persans. A peine l'enfant installé dans la maison, jour par jour, les locataires arrivèrent isolément ou en bande, matin et soir. L'immeuble s'emplissait enfin de mouvement et de fièvre, des voix partaient de droite et de gauche : c'était une population grouillante et tumultueuse. L'immeuble était vraiment plein à craquer. Les chambres étaient surchargées d'étudiants d'une façon extraordinaire : dans l'une d'elles n'y en avait-il pas vingt ?

Comment pouvaient-ils s'asseoir ? Comment travaillaient-ils ? Comment dormaient-ils ? Autant de questions que se posait l'enfant et qui restaient sans réponse. Ce qu'il savait, c'est qu'une chambre ne se louait pas plus de vingt-cinq piastres par mois, quelquefois vingt : on voit donc qu'un étudiant pouvait ne dépenser qu'une piastre de loyer par mois environ.

Ce détail dépeint la situation de cette multitude de pauvres garçons de la campagne qui viennent au Caire pour apprendre la théologie. Ils acquièrent de leur mieux cette instruction religieuse, mais y gagnent aussi une foule de maladies du corps, de l'esprit et du cœur. La chambre contiguë à celle de l'enfant, à droite, resta vide durant la première semaine : de ce côté, l'enfant ne perçut aucun bruit, aucun mouvement. Il en fut de même au cours de la semaine suivante : la chambre était toujours silencieuse. Les étudiants se demandèrent alors ce qu'avait pu devenir le cheikh qui y logeait avant le Ramadan. Peut-être a-t-il déménagé, disait l'un. Un jeudi, pendant la nuit, l'enfant fut éveillé par la voix de l'oncle Hadj 'Ali, qui déchirait le calme nocturne, et par le bruit de son gourdin sur le plancher. L'enfant suivit le train habituel de ses méditations : il attendit l'appel du muezzin, il fit avec lui cet appel, la voix s'éteignit et l'enfant accompagna par la pensée les fidèles qui priaient à la mosquée, ceux qui arrivaient avec une mâle énergie, qu'une lourde apathie n'accablait pas. Mais voici qu'une voix singulière, d'un timbre éclatant, perçait la muraille, dans le dos de l'enfant, l'assourdissait et le faisait frissonner de la tête aux pieds. L'enfant a conservé très vivace l'écho de cette voix, dont le souvenir provoque toujours chez lui un rire intérieur, même si ses lèvres ne font pas l'effort de sourire. C'était une voix invraisemblable : évidemment, elle terrorisa l'enfant au premier abord, puis elle amena des éclats de rire incoercibles, malgré sa peur de réveiller son frère. « Al... al... al... Allahou, Allahou, Allahou ak... Al... Al... Allahou ak... Allahou ak... Allahou akbar [1]. »

Voilà ce qu'entendit l'enfant : les répétitions du début lui parurent étranges, mais il reconnut la fin. La voix ne s'interrompit pas après avoir achevé la pieuse formule, mais la reprit plusieurs fois avant d'en fournir l'aspect correct. Chaque lettre parvint à prendre sa place normale dans la bouche du chanteur,

---

1. « Dieu est Grand », formule par laquelle débute la prière.

dans l'air, dans l'oreille de l'enfant, puis dans tout son être. La voix continua de l'autre côté du mur, récitant la première surate du Coran : c'était donc, remarqua l'enfant, la voix d'un homme qui prie. Effectivement, la psalmodie se prolongea mais buta contre l'aspirée de la dernière syllabe et ne put aller plus avant. On entendit alors, comme au début : « Al... Al... Allahou ak... Al... Al... » C'est à ce moment que l'enfant ne put retenir son hilarité, dont les éclats bruyants et continus réveillèrent son frère en sursaut. Il ne put même pas répondre à la question de son frère et d'ailleurs celui-ci entendait aussi bien que lui et n'avait pas besoin de réponse ; lui-même contenait mal son rire. « Fais attention, dit-il tout bas, notre voisin est le cheikh un tel. Il vient de rentrer au Caire et fait sa prière du matin : il est de rite chaf'ite. »

Le jeune cheikh reprit son silence paisible auquel l'incitait son envie de dormir. L'enfant réussit à se maîtriser. Il suivit la voix à travers le mur jusqu'à la fin de la prière, terminée après un effort surhumain. L'enfant restait confondu de ce mystère : pourquoi ce chaf'ite s'imposait-il cette peine inouïe ? Il n'était venu à bout de sa prière qu'au prix de difficultés presque insurmontables. Au matin, n'y pouvant plus tenir, l'enfant s'enhardit à questionner son frère. Il apprit que ce cheikh était atteint de la maladie du scrupule : il voulait être certain de son intention de prier, assuré de consacrer à Dieu son cœur, son âme et son esprit pendant toute la durée de sa prière. « Lorsque tu entends qu'il hésite, ajouta son frère, ou qu'il recommence, interrompt sa prière pour la reprendre au début, sache qu'il a pressenti une distraction et s'efforce de la chasser pour se pénétrer uniquement de Dieu. »

Ce cheikh était un homme extrêmement paisible : c'est à peine s'il parlait ou s'il faisait un geste en dehors de la pièce de l'aurore. Bien des jours s'écoulèrent avant que l'enfant pût entendre cette voix sans rire. Au fond, il prit en pitié le pauvre homme, victime de ce tentateur insaisissable, de ce démon, homme ou génie, qui insuffle l'obsession dans le cœur des humains.

Après de longues années, en dehors du souvenir de cette

176

étrange modulation, l'enfant retint encore deux traits relatifs à cet homme : l'un le concernait ; on lui raconta l'autre. Le premier incident se produisit entre le cheikh et l'enfant. Celui-ci avait grandi, il suivait les cours depuis quelque temps déjà et commençait l'étude de la rhétorique. A l'une de ses conférences, ce cheikh eut à expliquer la phrase célèbre du *Talkhis*[1] : « Chaque mot est fonction de son voisin. » Que n'a-t-on pas écrit sur cette phrase dans les résumés, les additions plus ou moins longues, les commentaires, les gloses marginales, les sous-commentaires ! et pourtant c'est une vérité d'une limpidité éclatante, qui ne comporte ni obscurité ni amphibologie. Comme tous ses confrères, le cheikh se lança dans un commentaire de cette phrase, éprouvant le besoin de citer ce que les glossateurs avaient écrit à ce sujet. Il y dépensa un tel effort qu'il en était enroué, épuisé, et que la sueur coulait de son front. La foi dans la science, on le voit, est un très lourd fardeau, réservé aux forts, et bien peu d'hommes en ont la capacité physique.

Le jeune homme entama une discussion avec le cheikh, selon l'habitude qu'il avait prise avec ses autres professeurs. La réponse le suffoqua, lui ferma la bouche et, en tout cas, le remplit, en un clin d'œil, de colère, de dépit et de confusion. « Laisse tout cela, lui dit-il, car tu ne connais pas bien la question. Seules, les écorces que tu recevras à la fin de la matinée te sont familières ; quant à la pulpe, tu n'es pas fait pour elle et elle n'est pas faite pour toi. » Là-dessus, le cheikh de rire et les étudiants de surenchérir. Le jeune homme eut honte de faire un esclandre en quittant le cours avant la fin ; il rongea son frein en silence et partit avec un camarade. Les *écorces* auxquelles il avait été fait allusion, c'étaient les leçons de littérature, où l'on étudiait notamment le *Kamil* de Moubarred[2]. Depuis ce jour, le cheikh

---

1. Le *Talkhis el miftah* est le commentaire dû à la plume de Kazouini, mort en 1338, d'un ouvrage de philologie, le *Miftah el 'ouloum* de Sakkaki, écrivain du XIIe siècle.
2. Moubarred, philologue du IXe siècle. Son ouvrage principal, le *Kamil*, est conçu sous une forme qui devait lui assurer un succès sur lequel l'auteur

baissa dans l'estime du jeune homme, qui le détesta après l'avoir aimé et considéré. Il devint l'objet fréquent de ses railleries avec ses camarades : la fin de la matinée fut dénommée « avant-les-écorces », alors que l'après-midi devenait « après-les-écorces ». La seconde histoire permit simplement à notre ami une plaisanterie supplémentaire sur son compte avec ses camarades, et lui fournit l'occasion de faire une citation poétique. C'est un événement banal, très naturel, mais qu'y a-t-il de plus simple que le rire de la jeunesse ?

Le cheikh avait un fils qui ne brillait pas par sa finesse : rien n'indiquait, certes, qu'il eût été mis au monde pour devenir un savant, et pourtant il travaillait dans ce but. Il partageait la chambre de son père, calme comme lui, silencieux, de bon voisinage. Un jour, ou une nuit, celui-ci reçut la visite de quelques amis, et il pria son fils de préparer le café, ce qui fut fait en un instant. Les cheikhs s'emparèrent de leurs tasses avec leur gloutonnerie habituelle : ils burent avec gourmandise, ou plutôt lampèrent une bonne gorgée avec ce bruit prolongé, si caractéristique. Mais le liquide parvint à peine dans leur palais qu'il fut rejeté brutalement par leur gosier : ils toussèrent, furent pris de quintes, tout contorsionnés, vivement désireux d'épargner à leur gorge ce lamentable désastre. Le café et leur salive coulaient sur leur barbe, sur leur gilet ; ils toussaient toujours, très incommodés. Ce n'était pas du café qu'ils avaient bu, mais une infusion de tabac à priser : le gamin s'était trompé et avait confondu le pot à tabac avec la boîte à café !

L'incident du cours de rhétorique eut des conséquences. Le jeune homme quitta ce maître pour un autre, un voisin également, dont la chambre était contiguë à celle de cheikh scrupuleux. Il était chafite comme lui, mais n'était pas sujet à des obsessions. C'était un homme d'une douceur infinie, d'une austère gravité, qui ne parlait jamais ; c'était en outre un cœur exquis.

---

ne comptait peut-être pas. Le travail grammatical qui en est le but est sans doute magistral, mais les citations qui lui servent de base sont d'une variété et d'un éclectisme qui font honneur au talent consciencieux de Moubarred.

L'enfant n'avait entendu jusque-là le son de sa voix qu'au moment ou il répondait à son salut ou à celui d'un de ses amis. Ayant décidé de quitter le premier cheikh, le jeune homme s'en alla dès le lendemain suivre les leçons du second, qui se tenaient dans la salle à coupole de la mosquée de Mohammad Bey Aboul Dhahab. L'enfant connaissait bien cette mosquée : il y avait assisté aux cours de grammaire, de logique, dans les différents coins de l'édifice. Nous parlerons plus tard de quelques incidents qui s'y produisirent.

Au sortir du cours des *écorces,* dans l'après-midi, le jeune homme partit, grimpa les escaliers qui lui étaient familiers ; il enleva ses souliers et chemina dans l'étroit espace laissé libre entre deux groupes de conférences, qu'il connaissait depuis longtemps. Il emjamba le seuil de la salle et prit place dans le cercle des auditeurs. Peu de temps après, le cheikh arriva, avec son calme habituel et commença sa leçon. Après avoir loué Dieu, sollicité les bénédictions divines en faveur du Prophète, il donna lecture d'un texte concernant les inconvénients et les avantages de l'indétermination du sujet. Il arriva à une citation faite par l'auteur, empruntée au Coran : « Une marque de satisfaction, venant de Dieu, c'est ce qu'il y a de plus grand. » D'accord avec l'auteur, le commentateur, le glossateur marginal, le sous-glossateur, il critiqua l'indétermination du groupe « une marque de satisfaction » en des termes qui déplurent au jeune homme et qu'il trouva peu convaincants. Il ne put en entendre davantage et interrompit le professeur, mais il avait à peine ouvert la bouche que le cheikh lui coupait la parole, et, d'une voix paisible et tranquille : « Tais-toi, mon enfant, lui dit-il. Que Dieu t'ouvre les yeux et te pardonne, mais qu'Il nous dispense de ta malfaisance et de celle de tes pareils ! Veuille ne pas attirer sur nous la colère de Dieu et cesse d'assister à cette conférence, dont tu gâtes l'exposé. Retourne d'où tu viens, à ces écorces de la fin de la matinée, aussi fausses que trompeuses. »

Ce fut un bel éclat de rire. Le jeune homme baissa la tête, plein de confusion et de rage contenue. Et le cheikh continua sa lecture et son commentaire du même ton calme et posé, avec le même aplomb. A la fin du cours, le jeune homme partit avec un sentiment de révolte mêlé de tristesse : il était mis à la porte des cours de rhétorique. Durant tout le reste de l'année, après le cours des *écorces,* à midi, il s'en allait à la bibliothèque de la place Bab el Khalk où il restait jusqu'à la fermeture, un peu avant le coucher du soleil.

L'accord des deux maîtres pour prendre la défense de leur science contre le jeune homme était-il dû au hasard ? Etait-ce au contraire une entente concertée ? Le jeune homme ne le sut jamais. D'ailleurs la mention de ces deux anecdotes est en avance sur les événements. C'est une digression, et le mieux est de revenir à l'ensemble, à ses locataires, à ce qui s'y passe lorsque l'étudiant y arrive pour la première fois.

X

A l'angle droit de la maison, une chambre servait de logis à une famille, qui était montée là on ne sait comment, et l'enfant n'eut aucun renseignement sur son installation. Elle était entourée d'étudiants et, en vérité, elle aurait mieux fait de vivre à l'étage au-dessous, avec les petits vendeurs et les ouvriers. Mais elle était grimpée dans le temple de la science, au milieu des étudiants et des professeurs, elle y était restée : elle ne faisait pas de mal et n'avait pas à se plaindre de ses voisins ; personne n'avait avec elle de rapports d'amitié ; mieux, personne ne la connaissait et elle ne cherchait pas de relations.

Elle était aussi extraordinaire dans cet immeuble que sa présence au Caire était invraisemblable. Son langage indiquait qu'elle était tombée de Haute-Egypte, et encore de l'extrême sud. C'était une raison plausible pour qu'elle fût allée jusqu'au second, et ne se fût pas arrêtée au premier, car tous les locataires du second étaient étrangers : un professeur d'Alexandrie, deux Persans, divers étudiants et maîtres qui venaient de différentes régions de l'Egypte. Cette famille ne se trouvait donc pas dépaysée dans ce milieu provincial. Au contraire, tous ceux qui logeaient au premier, ouvriers ou revendeurs, étaient originaires du Caire, ou tout au moins y étaient installés depuis longtemps, si bien qu'ils se considéraient comme Cairotes et avaient adopté la manière d'être et de parler des citadins.

Cette famille se composait de deux personnes : une femme âgée, qui pouvait bien avoir dépassé soixante ans, et il paraissait difficile, impossible même, qu'elle pût s'assimiler la langue et les coutumes du Caire. Elle avait un fils, âgé d'un peu plus de vingt ans, peut-être près de la trentaine : celui-ci pourrait, avec le temps, se plier au parler et aux usages de la capitale. La mère ne faisait rien, comme toutes ses pareilles de Haute-Egypte, qui choisissent pour loger en ville une chambre analogue à celles de cet immeuble.

Elle ne faisait rien, entendons-nous, pour gagner sa vie. Le travail était justement réparti entre elle et son fils : ce dernier tournait dans la rue toute la journée et rapportait la nourriture à la nuit ; la mère faisait le ménage et la cuisine.

Le fils, marchand ambulant, fabriquait ce qu'il vendait. Dès l'aube, il se mettait au travail. Vers le milieu du jour, il emportait ce qu'il avait fait et parcourait les rues, offrant sa marchandise en chantant. Il partait au petit bonheur, sans choisir son quartier ni son itinéraire. Quelquefois il allait très loin ; d'autres jours, il ne faisait qu'une courte absence ; en tout cas, il ne revenait jamais avant d'avoir tout écoulé. En hiver, il vendait une confiserie qu'on appelle « fil de la vierge [1] » ; pendant l'été, des glaces qu'il nommait tantôt « gelati », tantôt « dondourma [2] ».

Cet homme confectionnait ses friandises tout en lançant des chansons joyeuses, mais peut-être se forçait-il en chantant d'une façon aussi exubérante. Il prenait le tout, et traversait le couloir devant nos chambres, l'air digne, sans proférer une parole, marchant sans se presser. Il descendait l'escalier et arrivait dans la rue : alors il faisait entendre, à pleine voix, une chanson harmonieuse, par laquelle il vantait ses sucreries et invitait les jeunes filles et les femmes à lui en acheter. On aurait dit que le chant du matin était une récréation personnelle qu'il s'interdisait au moment où il passait près du logement des savants et des étudiants, retraites

---

1. Sucre effilé.
2. *Dondourma* est l'équivalent turc de l'italien *gelati*, « glaces ».

de la gravité et de l'effort, puis qu'une fois dehors il usait du droit qu'ont, en fait, tous les vendeurs ambulants de psalmodier les vertus de leur marchandise pour attirer la clientèle. Il devait d'ailleurs s'imaginer qu'il était inutile d'en prôner les mérites en passant devant ces chambres : ces travailleurs intellectuels n'avaient, à ses yeux, aucun goût spécial pour les douceurs ; c'était à la science qu'ils avaient voué une énergie exclusive. Selon toute apparence, cette appréciation était fausse, car dans l'immeuble, certains aimaient sans aucun doute ses chansons et auraient bien voulu de ses « fils de la vierge » ou de ses « dondourma » ; ils auraient certainement désiré l'arrêter et être les premiers à l'étrenner, s'ils l'avaient pu. Pourtant, ils ne l'ont jamais fait, par respect humain ou parce que l'argent leur faisait défaut.

Un beau jour, le chant de l'homme cessa et on n'entendit pas le bruit de ses plats. D'autres chants, d'autres bruits remplacèrent les siens : des femmes arrivaient en foule dans sa chambre, criant et riant à qui mieux mieux ; puis ce furent les hululements habituels, accompagnés de chants et de battements de tambourins. Ce vacarme fut éminemment désagréable aux ulémas et aux étudiants, mais l'enfant en fut très ému et sentit son âme inondée d'une radieuse allégresse.

Ces tambourins lui rappelèrent la campagne, ainsi que ces cris stridents, ces chants qu'il aimait tant et qui excitaient sa gaieté. Bien que la différence fût profonde, son plaisir n'était pas moindre que celui qu'il éprouvait à entendre ses cheikhs psalmodier leur science à leurs cours.

A ces explosions féminines se mêlèrent d'autres voix pendant une partie de la journée. Celles des portefaix qui apportaient des meubles dans la chambre ; ils encombraient escalier et couloirs, criant, s'insultant, s'encourageant, ou lançant des plaisanteries. Les femmes les accueillaient, recevaient les meubles, au son des tambourins, en chantant et en poussant leurs hululements. A certains moments, une femme de l'étage inférieur manifestait bruyamment sa gaieté, parce qu'elle se souvenait probablement du jour de ses noces, ou envisageait par avance celles de son fils ou de sa fille, une de ces fêtes qu'on ne voit pas deux fois. Et à l'insu des mariés avec lesquels elle n'avait aucune relation, elle se mêlait au concert. Mais la joie est aussi communicative que la tristesse et, chez les Egyptiens, aucune contagion n'est aussi brusque.

Le grand jour, un jeudi, arriva. Professeurs et étudiants avaient beaucoup souffert de ce désordre et les plus travailleurs avaient quitté leur chambre, avaient même fui la maison, cherchant la tranquillité chez un de leurs camarades ou dans les mosquées. Ce fameux jeudi, le tintamarre dépassa vraiment la mesure, débordant de l'immeuble dans la rue. Une tente avait été dressée et des musiciens se firent entendre dès l'après-midi : des invités arrivèrent tout joyeux, mangèrent, se firent des compliments et écoutèrent les chants. L'enfant ne bougea pas de la fenêtre pour ne pas perdre un détail de la fête. Ah ! il avait bien oublié la science et les savants, el Azhar et ses élèves ! Il n'avait même pas songé à manger ni à prendre son thé, fasciné par cette musique qu'il entendait au Caire pour la première fois, envoûté par ces divers chants populaires au crépuscule et les mélodies du chanteur professionnel à la tombée de la nuit.

Son frère et ses camarades avaient ce jour-là quitté la maison de façon peu élégante. Quant à lui il ne changea pas de place jusqu'à la nuit. L'oncle Hadj 'Ali faillit sortir de sa chambre pour faire jaillir sa voix et frapper le plancher de son bâton : il ne le fit pas, se rendant probablement compte que personne n'entendrait ni sa voix ni son martèlement. Ç'aurait été bien peu de chose auprès de ce brouhaha infernal qui faisait fuir le sommeil dans tout le quartier. Ce fut soudain un cri rauque, prolongé, qui se répercuta, entouré d'un tourbillon frénétique de hululements, si l'on peut se permettre cette métaphore. C'était en effet une véritable ronde que cette joie expansive menait autour de cette brutale souffrance : le mariage était consommé. Et la nuit pesante, solennelle et grave, allait écraser sous sa grande main d'ombre les choses et les lieux. Déjà les lampions étaient éteints, les voix s'étaient tues et ce compagnon quotidien, le sommeil, s'insinuait comme un voleur pour serrer dans ses bras tous les habitants du quartier. Tous, non. L'enfant n'avait pas bougé de sa fenêtre, rêvant toujours à cette plainte

184

douloureuse, qui retentissait au loin et qu'encerclait une ronde de la gaieté la plus exubérante et la plus folle. L'enfant fut rappelé à la réalité par une voix toute proche, qui lui apprenait que la nuit s'achevait et que la prière valait mieux que le sommeil. Oui, la prière est préférable au sommeil. Mais cette nuit, l'enfant n'avait pas dormi ; malgré tout, il se leva, fit ses ablutions de façon à être prêt à prier lorsque le muezzin aurait terminé son appel. Puis il s'emmitoufla dans sa couverture, s'étendit sur son vieux tapis et se perdit tout entier : sa personnalité même avait disparu. L'oncle Hadj 'Ali le réveilla quand le soleil fut au zénith, à grands coups de gourdin dans la porte, avec son cri invariable : « Eh ! là, vous autres ! »

Il manquerait quelque chose à la description de la bâtisse et à
la peinture du milieu où vécut l'enfant, si l'on omettait de parler
de deux autres sortes de personnages : les uns résidaient dans la
maison, mais y semblaient tout à fait étrangers ; les autres n'y
faisaient que de très courtes apparitions, mais on pouvait les
considérer comme des locataires permanents. Parmi les premiers,
il y avait ce cheikh âgé de plus de cinquante ans, qui avait fait
preuve d'une application soutenue pour entrer dans le corps des
ulémas, qui s'était présenté à l'examen avec ses maigres moyens,
et n'y avait gagné que très peu de connaissances. Il n'avait jamais
pu décrocher le diplôme et finit par désespérer d'en savoir davantage. L'homme habitait l'immeuble, c'était incontestable, mais
son esprit était ailleurs. Ce raté avait eu honte de retourner dans
son pays muni de son échec. Il était resté au Caire, à l'endroit
même où il avait accompli ce gigantesque effort. Il dirigeait de
loin la vie de sa famille à la campagne, y partant tous les jeudis
soir pour réintégrer son logis tous les samedis matin. Il avait une
certaine aisance et même ne manquait pas de fortune ; il menait
parmi ces étudiants l'existence fastueuse telle que l'envisagent les
riches campagnards. Il avait meublé sa chambre élégamment et
s'y tenait presque toute la journée, ne sortant pour ainsi dire
jamais, laissant croire qu'il lisait et étudiait. Mais, sachant par cœur

tous les livres qu'il avait approfondis, il estimait inutile d'assister aux cours. S'il avait eu la moindre chance, s'il avait été favorisé par le destin, il serait cheikh et c'est lui qui ferait des conférences auxquelles les élèves viendraient en foule. D'ailleurs, tous ces professeurs étaient d'anciens camarades et c'est en leur compagnie qu'il avait écouté les leçons du cheikh Ambabi, avait souvent rendu visite au cheikh Achmouni. La chance leur avait été fidèle à son détriment : ils étaient devenus des maîtres, tandis que lui, pauvre malheureux, se trouvait dans une situation hybride, ni maître ni étudiant. Cet homme avait acquis toutes les qualités qui conviennent à un professeur : c'est ainsi qu'il ne frayait pas avec ses jeunes amis, pas plus pour aller à l'Université que pour étudier un ouvrage. Il daignait les recevoir de temps à autre, le prenant de très haut avec eux, affectant des airs condescendants, et échangeait des invitations à un repas ou à une tasse de thé. Quand il ouvrait la bouche, c'était pour s'exprimer sur un ton dégagé et suffisant, avec une emphase prononcée. Il ne les entretenait jamais de science ; il s'attaquait aux savants, dénigrant la plupart d'entre eux, réservant ses louanges à une petite minorité, plein de faconde pour les défauts, réticent sur les qualités. Le cheikh parlait aussi d'argent, de la conduite de sa vie, de sa situation dans son village, de sa célébrité dans son canton, de sa renommée dans sa province, de ses frères qui s'occupaient d'agriculture, du plus jeune, garçon distingué s'il en fût, aussi intelligent que malchanceux, car il n'avait pas encore obtenu son certificat d'études et il allait sur ses vingt ans. Et l'homme insistait sur ce dernier : ce n'était pas qu'il fût négligent ou nonchalant, mais il avait une malchance inexorable. La famille avait décidé de tenir tête à ce mauvais sort et le cheikh s'y était de son côté résolument attaché. Oui, ce jeune homme sortirait de cette obscurité pour se pousser dans le monde et acquérir une grande renommée. Le cheikh avait décidé de le faire entrer à l'Ecole Militaire, d'en faire un officier plein de courage, dont les épaules s'orneraient non d'une étoile, mais de deux étoiles, de toutes les étoiles.

Cependant la destinée fut plus forte : le jeune homme ne fut pas admis à l'Ecole parce que sa préparation fut jugée insuffisante.

Le cheikh pesta une fois de plus contre la malignité du sort. Il en parlait tout le temps, en phrases hachées par les bouffées qu'il tirait de son narghileh. Le cafetier lui en envoyait un le matin, le soir et à la tombée de la nuit, mais il le préparait parfois lui-même ou le faisait préparer par son petit domestique ; les étudiants s'y époumonaient à leur tour. Sa richesse faisait sur eux une impression étonnante, qui s'ajoutait à leur dédain pour son ignorance et à leur mépris de sa paresse.

L'enfant se rappelle qu'un jour ce richard décida de se débarrasser d'une partie de son mobilier pour acheter des meubles plus beaux et plus chers. Il fit des offres à ces étudiants qui s'abstinrent. Le frère de l'enfant se laissa tenter et acheta un bahut, se composant de deux éléments encastrés l'un dans l'autre. Le bas avait deux portes solides et se divisait en deux étages : dans la partie supérieure, le jeune cheikh rangea ses effets et il destina le dessous aux livres brochés qu'il désirait ne pas mettre en évidence. Dans un coin, il plaça la provision de gâteaux. Deux tiroirs étaient ménagés dans le bas : son frère y mit ses notes d'étude et l'argent qu'il recevait au commencement du mois ; il le plaçait dans l'un d'eux et prenait chaque jour ce dont il avait besoin ; la clef était toujours dans sa poche. En haut, il y avait deux portes vitrées : on y rangea les livres reliés, agréables à voir. L'autre voulait très cher de cette armoire, plus d'une livre, car elle était en bois de noisetier. Elle fut vendue au prix demandé. Il est certain que cette acquisition pesa lourdement sur la vie du jeune homme et de son frère. Il fut nécessaire de payer à tempérament, ce qui greva la maigre mensualité envoyée du village. Il parut ensuite normal d'acquérir des livres, de les relier, de faire graver au dos le nom du jeune cheikh avec de fines décorations qu'on pourrait admirer à travers la vitrine. Toutes ces dépenses furent prises sur l'argent du mois et amenèrent à réduire un train de vie déjà bien modeste. La mensualité devint trop faible pour supporter ces charges et il fallut emprunter ; alors le tiroir ne contenait que bien peu d'argent et le père reçut des demandes suppliantes d'augmenter ses envois mensuels ou d'y ajouter quelque petite somme de temps à autre.

Pourtant l'achat de cette armoire procura à l'enfant de bonnes heures et lui donna de nombreux motifs de joie. Son frère possédait un grand coffre, profond, que l'enfant avait connu autrefois lorsque sa mère y rangeait ses propres effets, particulièrement ses robes les plus riches. Cette caisse avait un couvercle légèrement bombé. Lorsque l'enfant l'ouvrait, elle lui semblait d'une profondeur immense. Il découvrait deux tiroirs dans lesquels sa mère serrait ses bijoux, lorsqu'elle en avait. Un beau jour, cette caisse disparut de sa place et l'enfant ne la trouva plus. C'était près d'elle qu'il jouait souvent avec ses sœurs, sur elle qu'il aimait s'asseoir les jambes croisées, pendant que ses sœurs s'installaient par terre en face de lui. Que d'histoires ils se sont racontées là !

L'enfant n'avait plus trouvé la caisse parce qu'on l'avait portée au Nil, sur un bateau en partance pour le Caire : on l'envoyait au jeune cheikh pour qu'il pût y ranger ses effets et ses livres, car il ne disposait d'aucun meuble. L'enfant la regretta amèrement. Il fut forcé de se mettre à la place qu'elle occupait pour bavarder avec ses sœurs. Lorsqu'il arriva au Caire, il eut le vif désir de toucher ce coffre, de s'asseoir dessus, de caresser de la main son bois lisse, mais il était déposé loin de l'endroit où il se tenait habituellement, mis dans une des encoignures de la chambre, où l'enfant ne pouvait aller commodément. Quand l'armoire fut là et que les effets et les livres y furent rangés, la caisse perdit de son importance et fut reléguée dans un coin perdu du vestibule, à gauche en entrant. On dit à l'enfant d'y placer ses effets et les livres qu'il achèterait. Dès lors, il quittait souvent sa place pendant la journée. Il avait sans doute honte de s'asseoir sur la caisse : il craignait qu'on ne se moquât de lui, mais il s'installait tout près, sur le seuil de la porte le dos appuyé au mur, la main sur cette caisse, guettant l'occasion de se jucher dessus et de la caresser. Parfois il soulevait le couvercle, fouillait dans un tiroir, puis dans l'autre, sans y rien trouver d'ailleurs. Il se penchait pour attraper ses effets dans le fond, il les maniait, heureux de posséder quelque chose. C'était pour lui une sorte de refuge secret où personne d'autre ne pénétrait. Les jours passèrent et la caisse s'emplit de livres.

Un autre personnage vivait dans l'immeuble comme un étranger et pourtant fréquentait les étudiants, et une amitié sincère naquit même entre eux et lui. C'était un homme d'une très haute taille, d'une myopie invraisemblable. Suivant depuis longtemps les cours d'el Azhar, c'était un vieux locataire de la maison. Il s'était donné beaucoup de peine pour apprendre et la science avait mis autant de zèle à le fuir. Il n'était donc pas un étranger seulement pour les étudiants, mais aussi pour les livres de sa bibliothèque. Il avait été assidu aux cours, avait écouté de nombreux professeurs et, désespéré, s'était retiré dans sa chambre d'où il ne sortait que pour aller dans telle ou telle pièce de la maison, bavarder avec un ami. Comme ses camarades avaient souvent besoin de travailler ou d'aller au cours, il finit par cesser ses visites. Il avait bon cœur, était plein d'indulgence, sa conversation était agréable, c'était un ami sûr, très serviable, même en matière d'argent, et il attendait patiemment lorsque le remboursement était difficile.

Les étudiants avaient beaucoup d'affection pour lui et le portaient aux nues. Ils allaient le voir souvent, ils aimaient sa société et avaient du plaisir à s'entretenir avec lui. Il ne put jamais se décider à quitter le Caire, ni à abandonner cette maison, bien qu'il eût perdu tout espoir de savoir quoi que ce soit et de gagner un diplôme. Il resta donc dans la capitale, à sa convenance, ou plutôt se laissant vivre, ni étudiant ni paysan, quelque chose d'intermédiaire. Ses parents, les habitants de son village, venaient le voir souvent et lui offraient ces bonnes choses de la campagne, qu'il se hâtait de manger en compagnie de ses amis, ou bien d'apporter dans leurs chambres. Ces étudiants, tant qu'ils logèrent dans cet immeuble, ne s'exprimèrent sur son compte qu'en termes affectueux et flatteurs, et ils continuèrent après qu'ils furent partis et se furent dispersés.

Un autre individu était présent dans la maison, sans loger dans une chambre, ni même dans un endroit déterminé. Il n'était pas facile de le rencontrer et, à plus forte raison, de communiquer avec lui. Pourtant on parlait de lui de temps en temps à la dérobée, à voix basse, non sans un sourire rapidement réprimé, après quoi on prenait une attitude réservée et décente.

Ce personnage rendait des visites et n'en recevait point. Il n'était jamais seul ; il ne se présentait pas durant la journée, ni au début de la nuit, ni au réveil ; on ne sentait sa présence qu'au plus fort de la nuit, au moment du profond sommeil.

Sa visite commençait bien, mais avait des conséquences désagréables par les sacrifices qu'elle imposait. Elle pouvait n'être que déprimante, en tout cas, elle nuisait aux études et était toujours préjudiciable à la santé : elle prédisposait à des maladies, la plupart du temps à un mauvais rhume, principalement pendant l'hiver.

Ce fantôme portait communément le surnom d'Abou Tartour. Ce ne pouvait être, en effet, que le diable pour venir ainsi, en pleine nuit, pendant le sommeil, rendre visite à un de ces étudiants. L'intéressé se réveillait complètement effrayé, oppressé, démoralisé par le sentiment d'un péché grave ; il guettait l'approche de l'aurore, puis sautait d'un bond hors du lit pour se purifier par des ablutions avant le premier cours. Pendant l'été la chose était facile : qu'y avait-il de plus commode, de plus agréable aussi pour un jeune homme, que de se plonger dans un bassin d'eau froide, à la mosquée, ou de se verser sur le corps une certaine quantité d'eau froide, pour accomplir l'ablution totale, selon les préceptes établis par les traités de droit ? Mais quel supplice pénible, lorsque Abou Tartour troublait le sommeil des nuits d'hiver ! L'intéressé n'avait pas le temps de faire chauffer de l'eau, et parfois ne possédait pas une piastre pour aller dans un établissement de bains. Ainsi Abou Tartour ne se contentait pas de gaspiller le temps de ces jeunes gens il les forçait aussi à dépenser de l'argent.

Il fallait partir à el Azhar pour assister aux cours et il était indispensable de s'y présenter en état de pureté physique et morale. Il n'y avait plus d'autre ressource que de prendre en hâte un tub glacé avant de sortir, mais il était préférable de se jeter dans un des bassins d'ablutions d'une mosquée : au moins si on tremblait de froid, cela ne coûtait rien. En effet, à la maison, il fallait acheter l'eau ; et on l'utilisait avec parcimonie pour boire, ou pour un besoin impérieux dont l'urgence était soumise à un contrôle sévère.

Abou Tartour était d'une suprême habileté pour s'imposer à ces jeunes gens. Il semblait s'être embusqué dans un coin en haut de l'escalier, pour ne pas les entendre apprendre leurs leçons ou étudier dans leurs livres. Dès qu'ils avaient fini et qu'ils se rendaient auprès de ce cheikh qui logeait tout en haut de l'immeuble à gauche, ou chez ce vieillard qui habitait en face à droite, Abou Tartour bondissait avec eux, sans être vu, ni entendu, sans même qu'on soupçonnât sa présence. Il s'évanouissait, et, par une sorte de métamorphose, prenait la forme du cheikh ou du vieillard : c'étaient leur propos et leur timbre de voix qui insufflaient des tentations et les mauvaises pensées qui éloignent de l'étude. Lorsqu'ils quittaient le cheikh ou le vieillard et qu'ils retournaient se coucher, Abou Tartour avait déjà choisi sa proie et lui faisait cette atroce visite, si coupable.

Parfois Abou Tartour, toujours dissimulé dans son coin, en haut de l'escalier, guettait la jeune fille qui montait du premier au second pour rapporter le linge propre de ces jeunes gens ou bien prendre leur linge sale. Il surgissait comme par hasard, et accompagnait la jeune fille sans qu'on pût le voir ni l'entendre, ni déceler sa présence. A peine entrait-elle chez l'étudiant qu'il lui donnait l'idée d'une œillade à lancer, d'un mot à prononcer, mettait un sourire sur ses lèvres, ou la poussait à esquisser un geste.

Lorsque la jeune fille s'en allait, Abou Tartour disparaissait avec elle, sans être vu, ni entendu, ni soupçonné. Mais il avait fasciné la victime et pourrait, durant la nuit, venir tourmenter son sommeil. Parfois Abou Tartour déployait une singulière astuce, avec un luxe inouï de ruses : il ne s'imposait pas de grimper jusqu'en haut de l'escalier, mais se contentait de se tapir à l'étage inférieur, se mêlant à ces femmes qui se disputaient, riaient bruyamment, ou parlaient fort, et formaient en tout cas un concert des plus variés. Abou Tartour avait l'art d'imiter une des intonations, ou un des bruits, si bien qu'on pouvait hésiter sur leur véritable attribution, féminine ou démoniaque. Quoi qu'il en soit, il atteignait à son gré un jeune homme, à l'étage au-dessus, et ne le quittait pas avant de lui avoir soufflé des idées pernicieuses, qui auraient des répercussions au milieu de la nuit, lorsque tout le monde serait plongé dans le sommeil.

Ainsi l'existence des étudiants, dans cette maison comme à el Azhar, n'était pas toujours pure ; ils ne s'occupaient pas que de science. Il en était de même pour l'enfant. Abou Tartour était là pour se joindre à eux et tourmenter leur vie par cette succession de détentes et de dégoûts. Dans les entretiens qu'il entendait, l'enfant trouvait matière à méditer.

XII

Voilà la demeure où s'installa l'enfant, l'ambiance dans laquelle il vécut. On imagine aisément que son expérience des choses de la vie et son étude des caractères, pris sur le vif, ne furent pas moins profitables que ses progrès à el Azhar en droit, grammaire, logique et théologie.

Deux ou trois jours après son arrivée, son frère le confia à un nouveau diplômé, qui devait commencer ses leçons et allait être, pour la première fois de sa vie, tel un maître chevronné, entouré de jeunes élèves. Il avait près de quarante ans, était renommé pour sa compétence et son intelligence. Il avait tenté la fortune et avait gagné, oh! non par une victoire éclatante, proportionnée à ses mérites : il avait obtenu la mention bien, ce qui était un beau succès, mais il avait manqué la mention très bien, ce qui fut considéré comme une injustice. Il n'avait que l'intelligence de l'érudit, il était incapable de donner vie à ce qu'il avait assimilé. Il était connu parmi ses amis, étudiants comme professeurs, pour aimer surtout les plaisirs matériels, pour s'y adonner tout entier, en suivant aveuglément ses instincts, car ce n'était pas un être vicieux. C'était un gros mangeur, célèbre par les quantités de viande qu'il avalait ; il ne cessait de manger avec excès et, pas un seul jour, il ne diminua sa dose prodigieuse : il tendait même à se dépasser.

Ajoutez qu'il avait une voix extraordinaire : elle était chevrotante, et il avait beau essayer de séparer chacune des syllabes, elles s'obstinaient à chevaucher l'une sur l'autre, bien qu'il ouvrît la bouche plus que de raison. Personne ne pouvait l'écouter sans rire et, par une sorte de mimétisme, son interlocuteur arrivait à singer sa voix mourante et parlait en ouvrant largement les lèvres.

A peine eut-il obtenu le diplôme qu'il se procura les insignes du professorat et qu'il revêtit au plus vite la pelisse des ulémas. Or, suivant l'usage, les professeurs patientaient quelque temps avant de prendre ces insignes : ils attendaient d'avoir acquis une certaine réputation et ne voulaient pas s'en parer avant que leur situation matérielle ne se fût un peu améliorée.

Il endossa donc au plus tôt la pelisse, ce qui excita les sarcasmes des élèves et de ses anciens maîtres. Ils le raillèrent et se moquèrent de lui, d'autant plus que, malgré cela, il continuait à n'être qu'un va-nu-pieds, si l'on peut se servir de cette expression. Par exemple, il ne mettait pas de chaussettes, soit qu'il n'eût pas les moyens d'en acheter, soit qu'il préférât s'en passer. Lorsqu'il marchait dans la rue, il alourdissait son pas, cheminait lentement, avec l'air solennel qui doit convenir à un savant surchargé de science. Mais, le seuil d'el Azhar franchi, il abandonnait toute gravité, tout geste étudié, et s'avançait alors en trottinant.

L'enfant le distinguait à son allure avant même que d'entendre sa voix. Dès son premier cours, il arriva selon son habitude en glissant ; or, il buta sur l'enfant, faillit tomber et ses pieds nus frôlèrent la main de ce dernier, qui tressaillit au contact de cette peau rugueuse et toute fendillée. Il parvint à rétablir son équilibre et voilà comment il appuya son dos pour la première fois à la colonne ; réalisant le rêve de toute sa vie d'étudiant.

Au fond il était semblable à tous ses collègues de cette époquelà. Il connaissait parfaitement les sciences d'el Azhar et se montrait un adversaire fanatique des anciennes méthodes d'enseignement. Il avait été impressionné par les réformes que préconisait l'imam, mais superficiellement : il n'était pas plus sincèrement réformateur que conservateur ; entre les deux il tenait un juste milieu. C'était suffisant pour se voir concéder quelque valeur et être considéré par le corps professoral avec une bienveillante considération. Il avait à peine commencé sa première leçon qu'il déclarait à ses élèves qu'il n'étudierait pas l'ouvrage intitulé *Marakil falah 'ala nour el idah* [1], selon la coutume des professeurs avec les débutants, mais qu'il leur enseignerait le droit et leur donnerait un cours personnel qui vaudrait bien l'ouvrage en question. C'était à eux d'écouter, de s'inspirer de ses explications et de prendre des notes. Puis il commença sa leçon, en tous points excellente. Il agit de même pour la grammaire, en délaissant le commentaire de Kafraoui, ne leur enseigna pas les neuf manières de réciter *Bsimil lahi-l Rahmanil Rahimi* [2], avec toutes les désinences casuelles. Il leur fournit une solide préparation grammaticale, leur définit exactement le mot et la proposition, le nom, le verbe et la particule. Son cours était très facile et éminemment profitable.

A l'heure du thé, l'après-midi, l'enfant fut questionné par son frère et ses camarades, et, quand il répéta ce qu'il avait entendu aux cours de droit et de grammaire, tous furent satisfaits des procédés du nouveau professeur et approuvèrent ses méthodes d'enseignement. L'enfant se contenta d'assister à ces deux cours durant quelques jours, qu'il n'a pas comptés. Il se demandait à quelle date il serait régulièrement inscrit à l'Université. Il n'était qu'un enfant, se bornant à suivre ces deux leçons, d'une façon studieuse et consciencieuse. Il était bien présent au cours de « hadith » après la prière de l'aube, mais c'était seulement pour attendre son frère, lui laisser le temps d'achever sa leçon sur les fondements du droit : c'était alors l'heure du cours.

Enfin le jour mémorable arriva : après la leçon de droit, l'enfant fut prévenu qu'il aurait à se présenter à l'épreuve de récitation du Coran, qui sert d'examen d'entrée. Il n'en avait pas été averti à l'avance et ne s'y était pas préparé. Sans quoi il aurait effectué une ou deux répétitions : or il n'avait même pas songé à réciter le Coran depuis son arrivée au Caire. On juge de son émoi lorsqu'il apprit qu'il serait interrogé une heure plus tard. Il partit au plus vite pour la chapelle des Aveugles où l'examen avait lieu, très peu

1. Œuvre d'un juriste hanéfite, professeur à el Azhar au XVIIe siècle.
2. « Au nom de Dieu Clément, Miséricordieux. »

rassuré, très inquiet même. Au moment où il s'approcha du jury, la peur le quitta. Il s'assit, attendant patiemment la fin de l'interrogatoire du candidat qui le précédait, quand soudain il ressentit une amère douleur et comme une brûlure qu'il n'a jamais oubliée. Un des deux examinateurs venait de l'appeler par cette phrase qui retentit péniblement dans son oreille et dans son cœur : « A ton tour, aveugle ! »

Il n'aurait jamais pu imaginer que cette apostrophe lui fût adressée, si son frère ne l'avait pris par le bras pour l'amener devant le jury, d'une façon un peu brusque et sans dire un mot. Il était habitué à l'affection attentionnée de sa famille qui s'efforçait d'éviter de faire allusion devant lui à cette infirmité. Il appréciait cette délicatesse à sa valeur, bien qu'il n'oubliât pas sa situation, qu'il y pensât même constamment. Malgré tout, il prit place devant le jury. On lui demanda de réciter la surate de la « Caverne », et il avait à peine commencé qu'on le priait de passer à celle de l' « Araignée » et, après quelques versets, il fut interrompu par un des examinateurs : « C'est bien, aveugle, tu es reçu ! »

L'enfant fut scandalisé de cet examen qui ne signifiait absolument rien et ne témoignait nullement de la qualité d'une récitation. Il s'attendait au moins à devoir réciter un morceau aussi long que ceux qu'exigeait son père. Enfin il partit, content de son succès, furieux contre les examinateurs, dont il méprisait la façon d'interroger. Avant de sortir de la chapelle des Aveugles, son frère le conduisit à l'écart et un des domestiques entoura son poignet droit d'une ficelle dont on plomba les extrémités. « C'est fini, lui dit cet homme, mes félicitations ! »

L'enfant ne comprenait pas le sens de ce curieux bracelet, son frère lui apprit qu'il devait le porter une semaine entière, jusqu'à la visite médicale : on examinerait son état de santé, on évaluerait son âge et il serait vacciné contre la petite vérole.

Mais il restait émerveillé de ce nouveau bracelet : c'était bien naturel, puisqu'il était le symbole de la réussite à l'examen d'entrée. Il avait donc franchi la première étape. Négligeant son bracelet, il ne pensa plus qu'à la façon brutale dont son examen avait commencé et fini. Les jours de la semaine suivante s'écoulèrent avec le programme habituel : réveil par la voix de l'oncle Hadj 'Ali ; départ pour el Azhar à l'aube ; retour après la leçon de midi ; nouveau départ pour l'Université à midi ; retour après la leçon de grammaire ; séjour dans la chambre et sommeil. Puis, le lendemain, réveil au moment où le muezzin proclamait que la prière valait mieux que le sommeil. Le jour de la visite médicale arriva et l'enfant s'y présenta avec une certaine appréhension : il craignait tant que le médecin ne l'appelât comme les examinateurs !

Mais celui-ci ne le convoqua pas : il ne convoquait personne. Son frère l'emmena chez le docteur, qui lui fit au bras les incisions voulues : « Tu as quinze ans », dit-il. C'était fini : l'enfant était étudiant régulièrement inscrit à el Azhar. Il n'avait pourtant pas atteint l'âge indiqué par le médecin, requis pour la validité de l'inscription ; il n'avait que treize ans. Quoi qu'il en soit, le bracelet n'était plus à son poignet. Il rentra chez lui, avec de sérieux doutes sur la bonne foi des examinateurs et la sincérité du médecin. Il ne savait s'il devait en rire ou en pleurer.

XIII

Cette existence était pénible pour lui autant que pour son frère. L'enfant estimait qu'il faisait très peu de progrès, et il avait le vif désir d'assister à plus de conférences, d'entamer des matières nouvelles. Sa solitude dans la chambre, après le cours de grammaire, lui pesait au-delà de toute expression. Il rêvait d'une activité plus substantielle, il aurait aimé avoir un ami à qui parler. Son frère trouvait insupportable d'être astreint, matin et soir, à accompagner l'enfant entre sa maison et el Azhar ; il était également ennuyé de le laisser seul la plupart du temps, mais il ne pouvait faire autrement, car il ne lui était pas possible — et cela aurait même nui à sa vie, — d'abandonner ses camarades, de délaisser ses cours, pour tenir tout le temps compagnie à l'enfant.

Celui-ci ne s'en ouvrit jamais à personne et ne reçut de son frère aucune confidence, mais il est vraisemblable que ce dernier dut en parler à ses amis. Ce malentendu parvint à son point culminant et se dissipa brutalement en une seule nuit, sans que l'enfant ni son frère aient eu l'occasion de s'en entretenir.

Le petit groupe fut convié une fois à passer la soirée chez un ami syrien qui ne logeait pas dans la ruelle, qui n'habitait même pas le quartier. L'invitation fut acceptée. La journée se passa comme à l'ordinaire. Les étudiants se rendirent au cours de l'imam et rentrèrent après la prière du soir pour déposer chez eux serviettes et notes.

Le jeune cheikh disposa tout pour le coucher de son frère, comme d'habitude, et partit, comme tous les soirs, après avoir éteint la lampe. Il avait à peine franchi le seuil que l'enfant ressentit un immense chagrin, mais il réprima de son mieux les sanglots qui l'étouffaient ; il eut l'impression que son frère avait entendu, pourtant celui-ci ne changea pas d'avis et ne se détourna pas de son projet ; il ferma la porte et s'en alla. L'enfant laissa d'abord couler ses larmes et finit par retrouver peu à peu son équilibre. Il se remémora son histoire de chaque nuit, où il ne pouvait commencer à dormir avant le retour de son frère. Le lendemain matin, celui-ci rentra après les cours de droit, ayant déjeuné de pâtisseries qu'il avait achetées en chemin, au retour de sa soirée. L'enfant et son frère se comprirent sans mot dire.

Quelques jours plus tard, le jeune cheikh reçut une lettre par les soins d'el Hadj Firouz. Après l'avoir lue, il dit à son frère, sur un ton d'affectueuse tendresse, en lui mettant la main sur l'épaule : « A partir de demain tu ne seras plus seul dans ta chambre, ton cousin arrive ici pour faire ses études. Cela te fera une société agréable. »

XIV

Ce cousin était un compagnon d'enfance et un ami très cher.
Il venait souvent du fond de sa province pour passer avec l'enfant un ou plusieurs mois ; ils allaient ensemble jouer à l'école,
prier à la mosquée, et un peu avant le coucher du soleil, rentraient à la maison lire des volumes d'histoires et de contes, ou
bien encore ils inventaient toutes sortes d'amusements, ou partaient se promener sous les mûriers qui bordent le canal Ibrahimiyya. Ils avaient échafaudé beaucoup de projets, caressé de nombreux rêves. Ils s'étaient juré de partir ensemble au Caire pour
étudier à el Azhar.

Pendant combien d'années son cousin était-il venu au village à
la fin de l'été, muni d'un peu d'argent et des quelques provisions
que sa mère lui avait données, pensant qu'il irait au Caire avec
l'enfant, en quête de la science ! Tous les deux attendaient ce
départ, d'abord patiemment, puis avec colère, enfin dans les larmes. Mais la famille — le jeune cheikh surtout — avait estimé
que le temps n'était pas encore venu pour l'enfant de partir vers
la grande ville. Les deux cousins s'étaient séparés, et l'ami était
retourné chez sa mère, sombre et découragé.

La nouvelle de l'arrivée de son cousin fit à l'enfant un immense
plaisir. A cela rien d'étonnant, et l'on ne trouvera pas extraordinaire non plus qu'il ait passé une soirée joyeuse, ne pensant qu'au

lendemain. La nuit était venue, plongeant la chambre dans l'obscurité, mais cette fois les ténèbres furent comme muettes ; il est vraisemblable pourtant que les petites bêtes familières de la pièce se livrèrent à leurs entreprises favorites, mais l'enfant ne discerna aucun bruit, ne perçut aucun grouillement.

Sans doute, il ne dormit pas de la nuit, mais ce fut une insomnie pleine de douceur, sauf qu'il voyait les heures s'égrener trop lentement et attendait le matin avec impatience. Il partit au cours de « hadith » ; il entendit matériellement les modulations du cheikh, faisant une distinction entre le texte même de la tradition et la série des noms de ceux qui l'avaient transmise, mais son oreille était distraite et il ne comprenait pas. Il assista ensuite au cours de droit et, s'il fut attentif, c'est qu'il ne put faire autrement : son frère l'avait recommandé au professeur et ce dernier l'interrogeait, le faisait discuter, le forçant ainsi à écouter et à réfléchir. L'enfant revint dans sa chambre à la fin de la matinée et son temps se passa à la fois dans le calme et l'agitation. En apparence il était impassible, car ce qu'il abhorrait le plus au monde, c'était de montrer à son frère ou à ses camarades qu'il avait un ennui, si mince fût-il, mais son esprit était obsédé par cette longue attente de l'après-midi, il aurait voulu voir les minutes s'écouler rapidement et hâter ainsi l'entrée du train en gare du Caire.

Enfin le muezzin fit l'appel à la prière de l'après-midi. L'enfant n'était plus séparé de son cousin que par le peu de temps nécessaire à un fiacre pour venir de la gare au quartier, en passant par Bab el Bahr, Bab el Cha'riyya, jusqu'à ce portail près duquel il serait forcé de tourner pour se frayer un chemin entre la fumée du café et le glouglou du narghileh. Lorsque ces pas familiers résonneraient dans l'immeuble, l'enfant n'hésiterait pas à les reconnaître.

Voici le cousin qui arrive et le salue en riant, et ils s'embrassent avec de bruyants transports de joie ; voici le cocher qui apporte les cadeaux et les provisions que sa famille envoie aux étudiants. Cette soirée, c'est certain, sera exubérante, les amis s'associeront tous au bonheur de l'enfant et ne les laisseront tous deux à leur intimité qu'au moment où ils devront aller au cours de l'imam.

Il n'est pas moins certain que l'existence de l'enfant changea du tout au tout depuis cette date. Il ne fut plus en proie à la solitude, au point qu'il lui arriva de la désirer et il progressa dans son travail jusqu'à l'épuisement.

XV

Le changement le plus concret fut l'abandon du coin de la chambre, du vieux tapis recouvrant la natte déchiquetée ; il ne s'y tint plus guère qu'au déjeuner et au dîner, ou pour se coucher lorsque venait la nuit. Il passait la plus grande partie de sa journée à el Azhar ou dans les mosquées avoisinantes pour suivre les différents cours. Lorsqu'il revenait de ses leçons, il n'entrait dans sa chambre que pour y déposer ses papiers. Puis il ressortait et s'asseyait avec son ami sur un tapis de feutre étalé devant la porte, usurpant une bonne largeur du corridor, ne laissant aux passants que la place de leurs pieds, ou même d'un seul.

Les deux enfants bavardaient un peu, lisaient beaucoup. Ils s'amusaient parfois des incidents de l'étage au-dessous, prêtant l'oreille aux conversations ; l'un écoutait, l'autre observait et expliquait au premier ce qu'il ne pouvait voir.

L'enfant arriva ainsi à mieux connaître l'immeuble. Il en sut plus long sur les habitudes des locataires, s'intéressa davantage à leurs entretiens. Après avoir mené une existence un peu étouffée, sa vie s'aérait. Mais la part la plus profitable, la plus fructueuse de sa nouvelle vie, depuis l'arrivée de son ami, ne se déroula pas dans sa chambre ni dans l'immeuble, mais à el Azhar même. L'enfant délaissa la leçon de l'aube et attendit chez lui l'heure du cours de droit. Il écoutait chaque matin, en compagnie de son ami, la prière de ce cheikh obsédé, dont il ne jouissait auparavant que le vendredi.

A l'heure voulue, il partait avec son ami pour l'Université, par la route qu'il suivait avec son frère, mais tous deux discutaient ferme en marchant, ou échangeaient des plaisanteries. Quelquefois ils ne prenaient pas cette rue infecte où pullulaient les chauves-souris, mais empruntaient la rue du Khan Dja'far, propre celle-là ; en tout cas, ils aboutissaient toujours à la rue de Sayedna-l-Hussein. Il est curieux de constater que depuis la venue de son ami, l'enfant ne passa jamais près de la mosquée de Sayedna-l-Hussein, à plus forte raison n'y pénétra-t-il jamais, sans réciter la « fâtiha » : il fut initié à cette pieuse coutume par son ami et il s'y conforma. Les années sont venues, modifiant plusieurs fois son genre de vie ; pourtant il n'a jamais longé le mur de ce sanctuaire sans réciter mentalement la surate qui ouvre le Coran.

Le frère de l'enfant réservait à ce dernier une somme excessivement modique pour son déjeuner et celui de son cousin, à condition qu'ils voulussent bien se charger de rapporter, de la section des Hanéfites, la ration, qui était de quatre pains : ils en mangeaient deux au déjeuner et en gardaient deux pour le soir. Malgré cette somme, ridiculement exiguë, qui ne dépassa jamais une piastre par jour, ils apprirent à imaginer des combinaisons économiques afin de s'offrir les plats et les boissons agréables qu'ils convoitaient. Il leur est arrivé de sortir de très bonne heure, en même temps que les oiseaux de l'aube. La porte était encore fermée, ils passaient par l'étroite ouverture du milieu, ils s'arrêtaient, dans leur parcours, chez le marchand de « balila[1] » et chacun en prenait un bol : ils l'adoraient parce qu'ils en avaient beaucoup mangé à la campagne et parce qu'on y mettait une bonne quantité de sucre, qui se mélangeait aux grains et fondait dans l'eau très chaude. Il suffisait d'y tremper les lèvres pour chasser les derniers restes de sommeil, donner au corps de l'énergie et répandre dans le palais et dans les veines une chaleur dont ils

---

1. Grains de maïs ou de blé bouillis. Plat très sucré, auquel on ajoute parfois du lait ou du beurre.

appréciaient la vivacité ; ils étaient prêts pour assister au cours de droit, écouter convenablement les paroles du professeur et, l'estomac bien rempli, nourrir leur cervelle.

Et qui donc les aurait empêchés, en passant dans la rue de Sayedna-l-Hussein, de s'arrêter chez le marchand de leur choix ? Ils s'installaient sur une banquette de bois, étroite, sur laquelle était étalée quelquefois une petite natte ; mais la plupart du temps, elle était nue. Ils la trouvaient moelleuse, car en s'y asseyant ils vivaient dans une attente gourmande dont ils savouraient étrangement le plaisir, avant de goûter aux figues servies dans de petits bols où elles avaient macéré : ils les avalaient, buvaient l'eau et grignotaient ensuite sans hâte les raisins secs qui se trouvaient au fond. Ils étaient aussi complètement libres, durant l'après-midi, de dépenser le prix de leur dîner, en faisant une halte chez le vendeur de « harissa [1] » et de « basboussa », et de s'offrir la joie innocente de déguster une pâtisserie. Cela ne troublait pas leur appétit pour le dîner.

Le déjeuner était vraiment sommaire : une visite chez un marchand de fèves bouillies, deux portions et deux pains, cela revenait à deux millièmes et demi ; pour un autre demi-millième ils achetaient une ou deux branches de poireau. Le patron leur présentait un grand bol de bouillon, dans lequel nageaient des fèves, il versait sur le tout un peu d'huile ; ils y trempaient leur pain et attrapaient des fèves au petit bonheur ; de la main gauche ils portaient les poireaux à leur bouche. Quand ils avaient terminé pain et poireaux, ils avaient assouvi leur faim. Mais il restait encore du bouillon et l'enfant avait un peu honte d'achever le bol que son cousin lui tendait en riant ; finalement, celui-ci avalait le reste et rendait le bol tout net au marchand.

Ainsi ils avaient déjeuné pour trois millièmes. Le reste avait été du superflu. Il s'agissait maintenant d'aller à el Azhar pour nourrir leur esprit. L'enfant avait le plus vif désir de ne pas manquer le cours de ce cheikh, mi-réformateur, mi-conservateur, qui enseignait le droit et la grammaire ; d'abord pour obéir à son frère

1. Gâteau sucré, au beurre et à la farine.

et ensuite par pure satisfaction personnelle. Mais il était aussi tiraillé par l'envie d'entendre un autre maître et de goûter à d'autres disciplines. Il y était poussé sans peine par la valeur même des leçons qui se donnaient à la fin de la matinée, après le déjeuner des étudiants. Les deux amis résolurent d'écouter le commentaire de Kafraoui, donné chaque jour à cette heure. Le professeur venait d'être nommé, mais vivait depuis très longtemps dans l'orbite d'el Azhar. Il était âgé et avait employé de longues années à obtenir son diplôme. Il commença, comme ses confrères, par enseigner le commentaire de Kafraoui. L'enfant savait par son premier maître, par son frère et ses camarades, que l'ouvrage en question ne méritait aucune considération, et il avait entendu des critiques sévères sur son compte : il n'en fallait pas davantage pour qu'il désirât l'étudier. Il résolut donc d'assister à la première leçon, pour connaître les neufs façons de lire « Au nom de Dieu Clément, Miséricordieux », avec toutes les flexions casuelles, afin de faire connaissance avec cette science et de s'y appliquer avec le plus beau zèle. Il devint, ainsi que son ami, un fervent auditeur de ce cours de grammaire, sans toutefois délaisser le précédent. Il constata qu'il apprenait vraiment la grammaire dans l'ancien cours alors qu'il perdait son temps dans le nouveau. Il est vrai qu'il trouvait drôles ces désinences casuelles auxquelles le commentateur du texte se complaisait ; il s'amusait de ce cheikh qui lisait son texte, son commentaire, l'expliquait, d'une voix étrange, vraiment comique. Il ne lisait pas, il chantait, et non d'une voix de poitrine, mais de tête. Son timbre possédait en outre des qualités contradictoires, c'était à la fois une voix sourde et rêche, étendue et large.

De plus, il était originaire de Haute-Egypte, de l'extrême sud même ; il avait gardé son allure provinciale dans sa façon de parler, de lire, de chanter. Il avait une nature fruste ; il lisait, posait des questions aux étudiants, leur répondait, avec des intonations revêches. Il se mettait en colère avec une grande facilité ; c'est à peine s'il interrogeait sans avoir l'insulte à la bouche, et si celui qui lui adressait la parole se trouvait près de lui, il risquait de recevoir une gifle ; du reste, s'il était plus loin, le cheikh lui lançait son soulier. Ces souliers étaient aussi agressifs que sa voix, rudes comme ses vêtements, car il ne mettait jamais de robe élégante comme ses confrères, mais revêtait un manteau grossier. Ses chaussures étaient celles d'un rustre, avec des semelles garnies de clous, qui les défendaient solidement contre l'usure. On voit d'ici l'étudiant qui recevait cette chaussure cloutée en pleine figure ou ailleurs !

A cause de cela les élèves se gardaient bien de poser une question et laissaient le cheikh à sa lecture, à son commentaire, à ses réflexions personnelles et à son chant. Et, par voie de conséquence, celui-ci ne perdait pas son temps et ne gaspillait pas celui des étudiants. L'année scolaire commençait par le commentaire de Kafraoui et ne se terminait pas sans qu'il eût achevé en outre celui du cheikh Khalid[1].

Ainsi, en une seule année, les étudiants avaient lu deux ouvrages, alors qu'avec les autres professeurs on n'en voyait qu'un. Mais sous la direction de ce cheikh, réformateur et conservateur, ses étudiants, peu nombreux d'ailleurs, n'avaient tout de même pas dépassé les premiers chapitres de la grammaire.

Tout cela eut une grosse influence sur l'expérience grammaticale de l'enfant, si l'on peut ainsi parler. Lorsqu'il revint au Caire après son congé d'été, il ne retrouva pas ce professeur au système mixte, et suivit la méthode d'un second. En droit, il expliqua le commentaire de Taï sur le *Kanz*[2] ; en grammaire, la glose marginale de 'Attar[3] sur le commentaire de l'*Azhariyya*. Mais il vaut mieux ne pas anticiper et rester dans la première année.

Après la leçon de la fin de la matinée, notre ami allait au cours de l'après-midi, revenait dans sa chambre et repassait les leçons du lendemain, comme le font les étudiants studieux, ou bien il parcourait des livres divers, en les comprenant ou non. Lorsque le

1. Philologue égyptien du XVe siècle, auteur de l'*Azhariyya*, citée plus loin.
2. *Kanz el dakaïk,* œuvre du juriste hanéfite Nasafi, du XIIIe siècle. Le commentateur, Taï, vécut en Egypte au XVIIIe siècle.
3. Professeur à el Azhar à la fin du XVIIIe et au début du XIXe siècle.

soleil allait se coucher, les deux amis songeaient au dîner, joyeux ou mécontents, selon l'état de leur bourse. S'il leur restait une demi-piastre, ils en faisaient deux parts : avec une moitié, ils achetaient un gâteau de sésame ; avec l'autre, du fromage grec. Ils faisaient un repas abondant et succulent, mangeant en même temps un peu de pâtisserie et un morceau de fromage : ils trouvaient à ce mélange un goût délicieux. S'ils avaient trop dépensé pour les figues et la « balila », il ne leur restait plus qu'un quart de piastre : ils se procuraient alors un peu de gâteau de sésame et ils avaient recours à la provision de miel noir ou blanc, envoyée du village. Ce n'était pas un dîner fastueux, mais il n'était pas détestable.

Il leur arrivait parfois d'avoir tout dépensé, mais cela n'avait pas encore beaucoup d'inconvénients, car ils avaient conservé leur pain, et dans la chambre il y avait toujours ce récipient contenant du miel. Ils trempaient leur pain dans ce miel, maigre compensation des joies de la pâtisserie, du fromage ou des gâteaux de sésame.

D'ailleurs ils s'ingéniaient à chercher dans cette frugalité forcée une sorte de volupté : ils trempaient alternativement leur pain dans le miel noir, puis dans le blanc.

Le soleil se hâtait de se coucher et le muezzin allait bientôt grimper en haut de son minaret. Les deux amis partaient en courant à el Azhar pour assister au cours du soir, comme le font les grands. Ils suivaient un cours de logique, où le *Soullam* [1] d'Akhdari était étudié par un cheikh qui se considérait comme un savant, mais dont l'Université contestait officiellement la valeur. Depuis très longtemps il concourait au diplôme sans succès, mais il ne désespérait pas, n'acceptait pas le verdict des jurys. Il les lassait d'un côté et les fâchait de l'autre. Il ennuyait les professeurs parce qu'il ne manquait aucun cours et se présentait à tous les examens ; il les exaspérait parce qu'il s'adossait à une colonne après la prière du coucher du soleil, au milieu d'un cercle d'étu-

1. Traité de logique, en vers. L'auteur, originaire de l'Afrique du Nord, vécut au XVIe siècle.

diants, et leur lisait un ouvrage de logique aussi bien que les savants les plus distingués, ceux qui, avec un beau courage, se précipitent tête baissée dans l'enseignement de la logique.

Il est de fait que cet élève-maître n'était ni savant ni pédagogue ; son ignorance et son incompétence étaient évidentes, même aux yeux des étudiants. Il venait, lui aussi, du fin fond de la Haute-Egypte, dont il avait conservé toutes les allures ; il était resté tel qu'à son arrivée à el Azhar, n'ayant rien changé à sa manière de lire et de parler.

Enfin il n'est pas moins exact qu'il était très enclin à la colère, très prompt à s'emporter. Mais, au moins, il n'insultait pas les élèves, ne les frappait pas, ou plutôt n'osait faire ni l'un ni l'autre, ce privilège étant du domaine exclusif des savants d'une authenticité indéniable.

Tout cela était rigoureusement vrai : les deux amis avaient été renseignés à ce sujet par les anciens, mais ces détails ne les avaient pas empêchés de suivre assidûment ce cours parce qu'ils voulaient entendre des leçons de logique, qu'ils s'étaient promis d'aller à el Azhar après la prière du coucher du soleil et de ne revenir qu'après celle du soir, à la manière des étudiants chevronnés.

Comme cette première année passa vite ! Combien vite les conférences de droit et de grammaire ! Les étudiants se dispersèrent, partirent pour les vacances dans leurs familles, en ville ou à la campagne. Ah ! l'enfant l'avait bien désiré, ce congé d'été, car il se consumait de regrets pour la campagne.

Mais quand l'époque des vacances arriva, il aurait voulu ne pas partir et rester au Caire. Etait-il sincère ? Y était-il forcé ? A vrai dire, les deux à la fois.

Il était sincère en ce sens qu'il aimait le Caire ; il s'y était habitué, éprouvait à le quitter un certain chagrin, et du reste un départ lui était toujours pénible. Il jugeait également la chose nécessaire, car son frère passait la majeure partie de son congé dans la capitale : sa famille en tirait orgueil et considérait cela comme une preuve de zèle laborieux. Il voulait donc faire comme son aîné et gagner par là une solide réputation. Mais sa répugnance ne lui servit de rien. Les deux amis louèrent une carriole, s'y installèrent avec leurs effets enveloppés dans deux ballots et s'engouffrèrent dans un compartiment bondé de troisième classe. Le train partit et à peine avait-il dépassé une ou deux stations qu'ils avaient oublié el Azhar, le Caire et l'immeuble : ils ne pensaient qu'à une seule chose, la campagne, ses distractions et ses jeux.

XVI

La prière du soir était finie lorsque les deux amis descendirent du train. Ils ne trouvèrent personne à la gare et en furent un peu déçus. Ils s'acheminèrent vers la maison, où ils constatèrent que la vie continuait comme tous les jours.

La famille avait achevé son repas depuis longtemps, le père avait terminé sa prière et était sorti comme de coutume pour bavarder quelque temps avec ses amis non loin de là. Les enfants luttaient contre le sommeil ; un par un, la petite sœur les portait sur leur lit. La mère était étendue sur un tapis de feutre, en plein air, et se reposait, toute somnolente ; ses filles l'entouraient et babillaient comme chaque soir, attendant le retour du père qui ne devait tarder : toute la maisonnée irait se coucher. Ce serait alors le silence absolu, coupé seulement par les aboiements des chiens ou les appels des coqs répondant de l'intérieur de la maison à ceux des alentours.

Quelle surprise pour la famille que l'arrivée des enfants ! Comme ils n'avaient pas prévenu, aucun repas n'avait été préparé pour eux, on ne leur avait pas même gardé de quoi manger et personne n'était allé les attendre au train.

Ainsi s'évanouissait pour l'enfant le rêve de se voir reçu comme on recevait son frère, le jeune cheikh, avec des transports de joie et toutes les solennelles formules de bon accueil. Sa mère se leva pour l'embrasser ; ses sœurs le pressèrent sur leur cœur, puis on leur prépara un dîner semblable à ceux qu'ils prenaient au Caire. Le père rentra, donna à l'enfant sa main à baiser et le questionna sur son frère resté là-bas. Chacun alla se coucher. L'enfant reposa dans son vieux lit, le cœur gros de rancune et de déception.

La vie reprit, tant à la maison qu'au village, comme avant le départ de l'enfant au Caire. On aurait pu croire qu'il n'était pas parti, qu'il ne s'était pas mêlé à des étudiants, que les leçons de droit, de grammaire, de logique, de « hadith » n'étaient qu'un rêve. Il serait obligé, comme naguère, d'aller saluer respectueusement Sayedna, de lui baiser la main, d'écouter son bavardage oiseux. Il se verrait contraint, pour tuer le temps, de se rendre parfois à l'école : les élèves l'accueilleraient comme auparavant, sans même soupçonner qu'il avait été absent ; peut-être ne lui demanderaient-ils rien de ce qu'il avait vu et entendu au Caire. Il en avait pourtant si long à dire.

Le plus dur, c'est que personne au village ne vint à la maison pour saluer le cheikh-enfant, dès son retour, après une absence d'une année scolaire entière. Quelques rares individus étaient bien venus le voir et lui avaient posé des questions banales, d'un air indifférent : « Tiens, tu es là ? Tu es rentré au Caire ? Comment vas-tu ? » Ou bien la voix s'élevait un peu, pleine de sollicitude : « Comment as-tu laissé le cheikh ton frère ? »

L'enfant eut alors la certitude absolue qu'il était toujours, comme avant son départ, une chose insignifiante, de peu d'importance, qui ne méritait aucun intérêt et dont on n'avait pas à se préoccuper. Il en fut profondément humilié dans son orgueil, qui était incommensurable ; son caractère n'en devint que plus renfermé, et il se recroquevilla sur lui-même, dans le silence.

Quelques jours s'écoulèrent et l'attitude de sa famille et des gens du village se modifia. On fit attention à lui, non certes par amitié ou affection, mais pour le critiquer ou le blâmer. Finalement on se détourna de lui, et il retrouva cette insupportable inimitié de tous, qu'il avait endurée pendant tant de jours.

Il n'en pouvait plus. Il transforma sa façon de vivre et de penser et s'insurgea contre cette obéissance passive qu'on exigeait de lui.

Au début, sa conduite fut très nette : sentant cette hostilité agressive, il s'imposa une attitude d'originalité, volontairement exagérée. Il entendit un jour un entretien de Sayedna et de sa mère ; il s'agissait de science religieuse et celui-ci ne tarissait pas d'éloges sur les « porteurs du Coran », sur ceux qui savent par cœur le texte sacré. L'enfant protesta contre une telle assertion et ne se retint pas de lui répliquer : « Cela ne signifie rien. » Rage et indignation de Sayedna, qui déclara, avec des injures, que l'enfant n'avait gagné de son séjour au Caire qu'un sale caractère et qu'il y avait laissé sa bonne éducation.

Sa mère se fâcha, donna tort à l'enfant et se confondit en excuses auprès du maître d'école. Après la prière du coucher du soleil, lorsque le père se mit à table, elle lui raconta l'incident. Celui-ci remua doucement la tête et finit par rire. Il jugea que l'histoire n'avait aucune importance et se montra ravi de la confusion de Sayedna, qu'il ne portait pas dans son cœur.

Si l'enfant s'en était tenu là, tout serait resté dans l'ordre. Mais un autre jour, entendant son père lire les *Dalaïl el Kheirat*[1], comme il le faisait toujours après la prière du matin ou de l'après-midi, l'enfant hocha la tête, haussa les épaules et dit en riant à ses frères : « La lecture des *Dalaïl* est une niaiserie sans profit. » Ses petits frères et sœurs n'y comprirent goutte, ne prirent même pas garde à ses paroles, mais sa sœur aînée le gronda sévèrement, d'une voix si forte que le père entendit. Il n'interrompit pas sa lecture et acheva sa page. Puis il s'approcha de l'enfant et lui demanda, avec une bonhomie souriante, de répéter ce qu'il venait de dire, et notre ami renouvela ses critiques. Le père hocha la tête et, dans un rire sec, sur un ton coupant : « Est-ce que cela te regarde ? lui dit-il. C'est ça que tu as appris à el Azhar ? » L'enfant se mit en fureur : « Parfaitement, j'y ai appris que la plupart des assertions de cet ouvrage sont impies et font plus de mal que de bien. L'homme ne doit pas rechercher l'intercession des pro-

---

1. Recueil de prières en l'honneur du Prophète, œuvre de Ghazouli, écrivain mystique du XVe siècle, qui vécut en Afrique du Nord.

phètes et des saints, et croire que des intermédiaires sont possibles entre Dieu et les humains : c'est du paganisme ! »

Alors le père entra dans une colère violente. Pourtant il réussit à se dominer et, reprenant une physionomie souriante, il déclara, à la joie générale : « Tu vas te taire ! Que Dieu te coupe la langue ! Ne répète jamais cela, sans quoi, j'en fais le serment, je te garderai au village, je ne te permettrai plus de retourner à el Azhar et je ferai de toi un lecteur de Coran pour les cérémonies de famille. » Là-dessus il partit, et les autres, autour de l'enfant, se répandirent en rires immodérés. Chez celui-ci, l'algarade, malgré sa dure cruauté, ne fit qu'accroître son esprit de contradiction et son penchant à la rébellion.

Quelques heures plus tard, le père avait tout oublié. Il vint s'asseoir pour dîner, entouré de ses parents, et demanda à l'enfant des nouvelles du jeune cheikh : que faisait-il au Caire ? quels livres lisait-il ? quels cours suivait-il ?

Il prenait un vif plaisir à poser ces questions et à entendre les réponses. Il interrogeait l'intéressé lui-même à chacune de ses visites au village : la première fois, le jeune cheikh se donna la peine de répondre, mais dans la suite, il se lassa et se montra avare de paroles ; son père ne lui manifesta publiquement aucune désapprobation, mais il en souffrit et s'en plaignait à sa femme lorsqu'il se trouvait seul avec elle.

Au contraire, l'enfant fut extrêmement docile et soumis sur ce point ; il ne se refusait pas à répondre, et si les questions se répétaient, il n'en témoignait aucun ennui, quel qu'en fût l'objet. C'est pour cela que le père se plaisait à le questionner et aimait à s'entretenir avec lui pendant les repas. Peut-être racontait-il à ses amis ce que lui-même avait dit de son frère : ses visites à l'imam, au cheikh Bekhit, les objections faites à ses maîtres durant les cours, les erreurs signalées, et aussi les réprimandes, les injures et même les coups qu'il avait reçus.

L'enfant sentait la joie naïve de son père à entendre ces récits : aussi les allongeait-il. Il lui arrivait d'inventer des anecdotes, mais il avait soin de les retenir pour en informer son frère lorsqu'il rentrerait au village.

215

Le père était tout content de ces histoires, il en avait une envie insatiable et priait son fils de recommencer. Aussi, le soir même, lorsqu'on se mit à table, et que le père renouvela ses questions, toujours les mêmes : « Que fait le jeune cheikh au Caire ? Quels livres lit-il ? », l'enfant répondit avec une malice taquine : « Il visite les tombeaux des saints et passe son temps à lire les *Dalaïl el Kheïrat.* »

A ces déclarations, toute la famille partit d'un bruyant éclat de rire ; les petits en étaient tout congestionnés, car ils avaient la bouche pleine ; le père ne fut pas le dernier à s'esclaffer ; ce fut même lui qui y mit le plus d'entrain.

C'est pour la même raison, simplement pour amuser les siens, que l'enfant imagina, pendant des années, de reprendre son père lorsqu'il récitait les *Dalaïl el Kheïrat* ou des litanies. Cette critique mettait vraiment son père en colère, elle lui était intimement douloureuse, heurtait ses convictions et ses traditions, mais ce qu'il y avait de piquant, c'est que son père lui-même l'excitait à ces critiques, l'y poussait, trouvant probablement un certain plaisir à son chagrin même. Par esprit d'indépendance, l'enfant se rendait aux réunions de son père près de la maison, ou à la boutique du cheikh Mohammad 'Abd el Wahid, ou à la mosquée, où le cheikh Mohammad Abou Ahmad, le chef des « faqih » de l'endroit lisait le Coran aux enfants et aux jeunes gens, présidait aux prières durant les jours de la semaine, donnait des consultations religieuses de temps à autre. Il se rendait aussi chez le cheikh 'Atiyya, négociant, vieil étudiant d'el Azhar, revenu à la campagne, auquel les obligations temporelles ne faisaient pas négliger les devoirs de piété : il restait quelquefois dans la mosquée après la prière de l'après-midi pour exhorter ou conseiller les fidèles, ou lire des « hadith ». C'est aussi pour se singulariser que l'enfant allait au tribunal du cadi s'entretenir avec ce magistrat et particulièrement avec le cheikh qui lui servait de secrétaire ; il se rendait compte qu'il connaissait le dogme mieux que ce scribe, qu'il était plus instruit que lui en matière religieuse, plus fort en droit, bien qu'il ne détînt pas encore ce parchemin appelé diplôme d'enseignement, exigé pour être nommé cadi, qui est rarement décerné comme récompense d'un zèle appliqué, mais la plupart du temps s'obtient grâce à la chance et à la flatterie.

Tous cès personnages connurent les déclarations de l'enfant, qui sous-estimait leur science, se moquait des miracles des saints, et trouvait répréhenible de recourir à leur intermédiaire ou à celui des prophètes pour obtenir les grâces de Dieu. Ce garçon, se disaient-ils, est un égaré qui va nous induire en erreur. On voit bien qu'il vient du Caire, où il a dû entendre les discours néfastes du cheikh Mohammad 'Abdo, ses doctrines perverses qui mènent à la damnation : il est revenu dans sa ville natale pour la conduire à la perdition.

L'un d'eux venait parfois rendre visite au père, à ses réunions où il recevait ses amis, près de la maison, et le priait de lui présenter cet original. Le père partait en souriant avec complaisance et trouvait dans la maison son fils en train de jouer ou de cauesr avec ses sœurs ; il l'amenait gentiment par la main. L'enfant saluait les assistants, on le faisait asseoir et l'une des personnes présentes se mettait à parler avec lui, d'abord avec une exquise douceur, puis cette aménité disparaissait au bout d'un moment pour faire place à un ton volontairement dur ; il arrivait même que l'interlocuteur de l'enfant s'en allât tout à fait furieux, en demandant pardon à Dieu comme d'un crime atroce et en invoquant la protection divine contre l'action pernicieuse du diable.

Le père et ceux de ses amis qui n'avaient pas fait leurs études à el Azhar et n'avaient pas approfondi le dogme, étaient heureux de ces querelles ; ils les trouvaient étonnantes et s'amusaient d'assister à ces joutes entre cet enfant imberbe et ces cheikhs chenus.

Le père de l'enfant n'était pas le moins joyeux, le moins heureux, bien qu'il n'eût jamais considéré que le recours aux saints et aux prophètes fût une chose défendue, et qu'il ne pût supposer les saints incapables d'accomplir des miracles ; il n'adoptait nullement la manière de voir de son fils. Mais il était fier de l'entendre discourir, tenir tête en public à ses adversaires et, au fond, il penchait nettement pour lui. Il écoutait et retenait tout ce qu'on disait en ville à son sujet, tout ce qu'on inventait parfois sur le compte de ce gamin fantasque. Et, lorsqu'il rentrait, à midi ou le soir, il répétait le tout à sa femme, parfois satisfait, parfois très mécontent.

De toute façon l'enfant prit une revanche sur lui-même, car il vint à bout de son mutisme. D'autre part, tout le monde au village comme en ville s'occupait de lui, parlait de lui, pensait à lui, et sa situation dans la famille changea du tout au tout. Nous parlons de sa position morale, car son père ne l'avait jamais traité avec dédain, non plus que sa mère, ni ses frères et sœurs, et dans ses rapports avec ses parents, l'enfant n'avait jamais senti ni pitié ni commisération, à plus forte raison, une attitude plus accentuée en ce sens, ce qui n'aurait pas manqué de le frapper.

En tout cas, la menace formulée au début des vacances disparut complètement : il ne fut plus question de rester au village, d'interrompre les études, de devenir un lecteur du Coran à l'usage des cérémonies de famille. Un beau matin, l'enfant fut éveillé à l'aube, toute la famille était debout, et il se vit dans les bras de sa mère, qui l'embrassait en pleurant silencieusement. Quelques minutes plus tard, il était à la gare avec son ami ; son père l'installait dans le train avec des soins attendris, lui donnait sa main à baiser et le quittait en lui souhaitant bon succès.

L'enfant se souvient d'avoir plaisanté avec son ami pendant le voyage. Il se rappelle très bien son arrivée en gare du Caire, son frère l'accueillit le sourire aux lèvres, héla un porteur pour prendre ses bagages : peu d'effets, beaucoup de provisions. Passé le portail de la gare, les ballots furent placés sur une carriole, accompagnés par un ami de son frère. Un fiacre fut appelé ; le jeune cheikh aida gentiment l'enfant à y monter, prit lui-même place à sa droite et donna au cocher l'adresse de l'immeuble.

XVII

Notre ami reprit ses cours à el Azhar et dans d'autres mosquées, faisant des progrès en droit, en grammaire et en logique. Il parvint à réussir la *fankala*[1], à laquelle aspirent les étudiants de l'ancien régime les plus remarquables, dont se moquent les étudiants ultra-réformistes, mais dont ne s'abstiennent pas les réformistes modérés. Il étudiait le matin le commentaire de Taï sur le *Kanz*, à midi l'*Azhariyya*, et le soir le commentaire du Sayed Djourdjani sur l'*Isagoghé*[2]. Le premier cours avait lieu à el Azhar, le second dans la mosquée de Mohammad Aboul Dhahab ; le troisième était donné dans la mosquée du cheikh 'Adaoui par un professeur de sa descendance. Une des conférences de la fin de la matinée était pénible, celle où il étudiait le *Katr el nada* d'Ibn Hicham[3] pour approfondir rapidement la grammaire, où il terminait la lecture des ouvrages élémentaires, afin d'en arriver au commentaire d'Ibn 'Akil sur l'*Alfiyya*[4] ; il n'était d'ailleurs pas

1. Dans le langage convenu d'el Azhar, ce mot est formé par la contraction de *fa-in-kila* « et si l'on dit que » : il s'agit donc de la présentation des objections.
2. Le célèbre ouvrage de Porphyre fut traduit très tôt en arabe : le commentaire cité ici est du XIVe siècle.
3. Philologue qui fut professeur au Caire (XIVe siècle).
4. L'*Alfiyya* est un traité de grammaire en vers, rédigé au XIIe siècle. Le commentaire d'Ibn 'Akil est du siècle suivant.

très assidu à ce cours. Il estimait que ce cheikh était un sot et il trouvait de quoi se satisfaire avec la *fankala* du cheikh 'Ab el Madjid Chadhili autour de l'*Azhariyya* et de la glose marginale de 'Attar sur ce traité.

Les leçons sur l'*Azhariyya* ont laissé dans son esprit des traces ineffaçables. Voilà au moins un professeur qui connaissait admirablement la *fankala* ! Il commençait par une longue déclaration et une discussion stérile du texte de l'auteur : « La particule *kad* indique que le mot suivant est un verbe. » Notre ami avait soigneusement mis en ordre toutes les objections, avec leurs ripostes, qu'on pouvait accumuler contre cette phrase innocente. Un dialogue, puis une dispute s'engagèrent entre le professeur et l'étudiant, finirent par lasser le premier, qui s'arrêta court au milieu de la discussion et, s'adressant à notre ami d'une voix douce que celui-ci n'a pas oubliée : « Dieu, lui dit-il, nous départagera au jour de la résurrection. » Non, jamais l'enfant ne s'est souvenu de cette scène sans en sourire avec attendrissement.

Il avait prononcé cela sur un ton de sévère dépit, mais aussi de tendresse bienveillante. La meilleure preuve, c'est qu'à la fin de la leçon, au moment où l'enfant venait lui baiser la main, suivant la tradition en usage, il lui mit la main sur l'épaule et lui dit d'un ton paisible et affectueux : « Travaille avec zèle, tu réussiras. »

Ce précieux encouragement enchanta l'enfant, qui s'empressa d'en faire part à son frère. Celui-ci attendit l'heure du thé, et, lorsque ses camarades furent au complet, il dit à l'enfant en plaisantant : « Raconte-nous l'histoire de la particule *kad* indiquant que le mot suivant est un verbe. » L'enfant s'en défendit d'abord par timidité, mais devant l'insistance générale, il rapporta ce qu'il avait entendu, ce qu'il avait compris et ce qu'il avait répondu. Tous faisaient silence, soucieux de n'en rien perdre. Quand il eut fini, le vieil étudiant qui attendait en vain son diplôme, vint le baiser au front en disant : « J'invoque pour toi la protection de Celui qui est Vivant, Stable et qui ne dort jamais. »

Les autres rirent bruyamment. L'enfant était tout à fait content de soi et, à partir de ce jour, il se crut un étudiant d'une classe supérieure. Il en fut d'autant persuadé que ses camarades de la conférence de grammaire faisaient grand cas de lui, le priaient de rester après la fin, ou l'abordaient avant le cours, l'interrogeant, l'entretenant, lui proposant de repasser la leçon avant midi. Cette offre lui causait un grand plaisir et il abandonnait la conférence du dehors pour lire avec ses camarades, se livrer à des commentaires. Dans ce domaine il avait plus de facilité qu'eux et il y mettait plus d'originalité : ils n'avaient rien à lui opposer, se bornant à l'écouter et à s'inspirer de ses vues. Voilà qui accrut son orgueil : il s'imagina dès lors qu'il commençait à être un maître.

Cette année-là, son existence se poursuivit, monotone, sans rien de bien nouveau. Il retint convenablement ce qu'il avait appris à l'Université et sa présomption à l'égard de ses camarades augmenta en proportion de sa modestie devant les vieux étudiants de l'immeuble. Il enregistra également tous les potins sur les professeurs et les étudiants, ne perdant pas une miette des bribes de conversations surprises chez ses camarades ou les amis de son frère.

Ces bouts d'entretiens ne lui donnèrent pas une excellente opinion des uns et des autres ; au contraire, avec le temps, il se fit d'eux une idée de plus en plus médiocre. En effet, s'il eut souvent l'occasion d'entendre vanter la remarquable intelligence de certains professeurs, quelle que fût leur notoriété, on signalait aussi, pour les uns comme pour les autres, toutes sortes de défauts, tenant à leur caractère, à leurs mœurs, ou même à leur compétence. Au total, il ressentait une singulière impression de colère, de mépris et aussi de désespérance.

Car aucun n'était exempt de ces tares. Tel cheikh enviait ses collègues, leur jouait de vilains tours et semait des embûches sur leur route : il les accueillait avec son plus gracieux sourire et, dès qu'ils avaient le dos tourné, s'exprimait sur leur compte en termes déplorables et les déchirait sans pitié. Les sentiments religieux de tel autre étaient tièdes, bien qu'il manifestât une grande dévotion à l'intérieur d'el Azhar ou devant ses confrères, mais abandonné à lui-même et à ses mauvais génies, il se livrait aux vices les plus abjects.

Les médisants donnaient des noms à ces démons, qui se rendaient complices de ces péchés. Les anciens étudiants montraient du doigt ce cheikh qui s'intéressait spécialement à tel adolescent, lui lançait des regards et ne pouvait plus tenir en place dans sa chaire dès que le jeune homme était dans son auditoire.

La médisance et la calomnie étaient donc très répandues, plus navrantes d'ailleurs que les vices qu'elles dévoilaient. Les étudiants racontaient des histoires de favoritisme dues à l'intervention de tel professeur en faveur de son petit ami auprès du recteur ou du grand mufti. On disait que le premier prêtait obligeamment l'oreille aux dénonciations calomnieuses, mais que le second ne voulait rien entendre et les accueillait par d'amers reproches articulés sans ménagement.

Les anciens rapportèrent un jour l'anecdote suivante concernant certains professeurs éminents, dont ils donnèrent les noms. Ceux-ci, prétendirent-ils, s'aperçurent que leurs médisances étaient vraiment excessives ; ils trouvèrent leur attitude détestable, selon la parole de Dieu : « Que nul d'entre vous ne médise de son prochain, en pensant qu'il n'aimerait pas manger de sa chair après sa mort. Est-ce que cela ne vous répugnerait pas ? » Ils prirent donc la résolution de s'interdire cet énorme péché et, d'un commun accord, convinrent que le délinquant verserait vingt piastres à ses collègues.

Pour ne pas avoir à s'imposer cette amende, les intéressés ne dirent plus de mal de leurs confrères pendant près d'un jour entier. Mais cela fut plus fort qu'eux : lorsqu'un collègue venait près de leur groupe pour les saluer, puis passait son chemin, l'un d'eux tendait aux autres une pièce d'argent : ils pouvaient alors se livrer au jeu chéri de la médisance.

Quant aux étudiants, anciens et débutants, ils riaient de l'ignorance de leurs professeurs, et des erreurs de toutes sortes commises par eux dans l'interprétation ou dans la lecture des textes ; elles étaient innombrables et plus ridicules qu'on ne peut le supposer. C'est pourquoi notre ami avait une piètre opinion des savants et des étudiants. Il jugea que le mieux était de travailler assidûment pour acquérir le plus de connaissances possible, sans s'inquiéter de la valeur de ceux qui les dispensaient.

Ce fut bien pis, au cours de sa troisième année d'études, lorsqu'il chercha un professeur de droit pour étudier le commentaire de Molla Meskin [1] sur le *Kanz*. On lui indiqua un maître connu, depuis longtemps célèbre, jouissant d'une haute situation dans la magistrature. Il alla à son cours, mais quelques minutes s'étaient à peine écoulées qu'il se sentit gêné et il dut faire des efforts surhumains pour ne pas éclater de rire. C'est que ce professeur — que Dieu ait son âme ! — usait d'une étrange rengaine, comme on dit dans le langage des étudiants. Il ne pouvait pas lire une phrase de son livre, ou y ajouter un mot de commentaire personnel, sans glisser à deux reprises : « Il a dit... il a dit... et qu'a-t-il dit ? » Ces mots revenaient à chaque instant, si bien que notre ami était obligé de lutter pour ne pas s'esclaffer, et le résultat était désastreux.

Sans doute apprit-il à se maîtriser, mais il n'eut pas la force d'assister à ce cours plus de trois jours. Quel immense ennui pour un maigre profit ! Il n'y gagnait rien et il était malade à force de refréner son envie de rire ; cela devenait insupportable. Il chercha donc un autre maître pour étudier ce livre. Tous étaient pourvus de manies variées, qui toujours excitaient la verve du jeune homme, et l'effort qu'il était contraint de faire pour se contenir prévenait celui qu'il aurait dû consacrer à être attentif. On lui fit observer alors que cet ouvrage de droit n'avait pas beaucoup d'importance, qu'un professeur remarquable étudiait le *Dourar* [1] : on lui recommanda vivement d'aller suivre les cours de ce maître, savant éminent et jurisite de valeur.

Il prit donc conseil de son frère et de ses amis ; loin de l'en détourner, ils lui recommandèrent instamment ce cheik. L'enfant n'eut pas à se plaindre de ce nouveau maître et fut heureux de voir, dès la première leçon, qu'il ne rabâchait pas obstinément la même phrase ou le même mot, ne recherchait pas une intonation particulière, ne lisait pas plusieurs fois texte et commentaires ; sa finesse d'esprit était lumineuse, sa compétence juridique évi-

1. Juriste du XVIe siècle.
1. Œuvre de Molla Khosrau, juriste du XVe siècle.

dente, il dominait les questions d'une manière qui ne laissait pas de place au doute.

C'était un bel homme, à la taille élancée, à la voix suave, d'une allure distinguée, s'exprimant avec beaucoup d'élégance lorsqu'il recevait des étudiants et s'entretenait avec eux. Il était moderne, non comme savant, non dans ses opinions, mais dans sa manière de vivre. Les étudiants racontaient qu'il faisait son cours le matin, partait pour le tribunal où il siégeait, rentrait chez lui pour déjeuner et faire la sieste. Le soir, il sortait avec des gens de son âge pour aller, en des endroits qui ne conviennent pas aux savants, entendre de la musique qui n'était pas faite pour les hommes graves ; enfin il prenait des plaisirs normalement interdits à ceux qui détiennent des fonctions religieuses. Les étudiants citaient à son propos les *Mille et une Nuits*.

Cette allusion étonnait le jeune homme : il connaissait les *Mille et une Nuits* comme titre d'un recueil qu'il lisait souvent et toujours avec un plaisir accru. Mais les étudiants désignaient par là un café-concert de ce nom ; on y entendait de la musique et l'on s'y amusait de bien des façons.

Le jeune homme avait peine à croire à ces commérages et se refusait à y ajouter foi. Mais au bout de quelques semaines, il s'aperçut que ce professeur préparait mal ses cours, négligeait de commenter certains textes, et répondait avec ennui aux questions qu'on lui posait. Il constata un fait plus grave : lui ayant demandé un jour une explication, il se vit répondre par des gros mots. Or ce cheikh, soucieux de sa dignité personnelle, s'était abstenu jusque-là d'insulter les élèves.

Lorsque le jeune homme eut raconté cette scène à son frère et à ses camarades, ils en furent outrés et le regrettèrent pour lui. Ils se dirent à voix basse qu'on ne pouvait travailler sérieusement en passant des nuits au cabaret des *Mille et une Nuits*.

Le jeune homme eut plus de chance avec la grammaire qu'avec le droit. Il étudia le *Katr* et le *Choudhour* [1] avec le cheikh 'Abd Allah Diraz, que Dieu ait son âme ! C'était un homme fin, à la

---

1. Œuvre d'Ibn Hicham, l'auteur du *Katr*.

voix douce, très bon grammairien, habile à exercer les étudiants aux difficultés ; c'est grâce à lui que le jeune homme aima tant la grammaire.

Mais cette bonne fortune ne tarda pas à s'éclipser dès l'année suivante. On expliquait avec le cheikh Diraz le commentaire d'Ibn 'Akil ; or, au beau milieu de l'année scolaire, pendant que les étudiants étaient en plein travail, ravis de leurs progrès, on communiqua au professeur un décret de mutation pour l'Institut d'Alexandrie. Il fit de multiples démarches pour ne pas y aller, appuyé par des pétitions d'élèves, mais le rectorat n'écouta ni l'un ni les autres et l'ordre dut être exécuté. Le jeune homme n'a pas oublié le jour des adieux ; le cheikh pleurait sincèrement et les étudiants, très chagrinés, l'accompagnèrent jusqu'à la porte de la mosquée en versant d'abondantes larmes.

Son successeur fut un aveugle, célèbre par une subtile intelligence, une compétence reconnue et une remarquable distinction. On ne parlait de lui que pour en faire des compliments et pour énumérer ses qualités.

Il commença ses leçons au point où les avait laissées le cheikh Diraz ; le cours de ce dernier était couru, au point de remplir tout l'espace qui lui était assigné dans la mosquée de Mohammad Aboul Dhahab, et pour écouter son successeur il y eut une telle cohue que l'emplacement devint trop étroit. Les étudiants furent enchantés de son premier cours, sans toutefois y rencontrer la bonne grâce ni la belle voix de l'autre. Aux deuxième et troisième leçons, les élèves murmurèrent contre sa suffisance, son outre-cuidance et son horreur des interruptions.

Au début de sa quatrième leçon, un incident se produisit qui dégoûta le jeune homme des études grammaticales. Le cheikh expliquait ce vers de Taabbata Charran[1] :

C'est à grand-peine que j'ai pu revenir dans la tribu de Fahm. De combien de situations semblables ne me suis-je pas tiré, alors que des sifflements signalaient le péril de ma présence !

1. Poète de l'anté-Islam, sorte de chevalier-brigand.

Arrivant au mot « sifflements », le professeur déclara :
« Les Arabes avaient l'habitude, lorsque survenait un danger ou
une famine, de faire entendre au loin des sifflements obtenus en
soufflant à travers leurs doigts mis dans la bouche.

— Mais, interrompit le jeune homme, à quel mot se rapporte
le pronom féminin du second hémistiche ? — Au nom de la tribu
de Fahm, espèce d'imbécile. — S'il en est ainsi, le vers n'a aucun
sens. — Tu as donc la tête dure comme un sabot, répliqua le
cheikh. Il ne te suffit pas d'être un idiot. — Mais tout ceci ne
m'explique pas à quel mot se rapporte le pronom. » Le cheikh se
tut un instant, puis : « Allez-vous-en, dit-il, je ne puis continuer
mon cours si une pareille tête de bois reste ici. »

Là-dessus, il quitta la place ; le jeune homme se leva, déjà
entouré d'étudiants qui lui auraient fait un mauvais parti s'il
n'avait été défendu par ses camarades de la Haute-Egypte. Ceux-
ci lui servaient de rempart et agitaient leurs savates pour intimi-
der leurs adversaires, et quel azhariste n'a pas été alors menacé
par les savates de Haute-Egypte !

Le jeune homme ne revint plus, et quelques autres expériences
allaient lui faire abandonner les cours de grammaire. Le lendemain, il se présenta à un cours donné par un professeur connu de
la Charkiyya [1], qui étudiait le commentaire d'Achmouni [2] ; ce ne
fut qu'une brève apparition. Le maître venait de lire et d'inter-
préter un passage sur lequel le jeune homme sollicita une explication. Le maître répondit d'une façon qui ne contenta pas l'élève,
et ce dernier réitéra sa question. Colère du professeur, qui intima
à l'étudiant l'ordre de sortir. Des amis intervinrent auprès du
cheikh pour le calmer et l'amener à l'indulgence ; mais la fureur
de celui-ci ne fit qu'augmenter et il refusa obstinément de continuer tant que ce jeune homme et ses amis seraient là. Il fut
d'autant moins possible de ne pas s'incliner que déjà paraissaient
les savates de la Charkiyya, non moins redoutables que celles de
la Haute-Egypte. Le jeune homme s'en alla donc le lendemain à

1. Province égyptienne.
2. Professeur à el Azhar au XIXe siècle.

un autre cours où l'on expliquait le même commentaire d'Ach-mouni : c'était encore un professeur renommé de la Charkiyya. Mais il n'y put tenir plus de cinq minutes : il venait d'entendre une étrange ritournelle que le professeur jetait entre chaque phrase : « Cochon de pays ! » Le jeune homme et ses camarades partirent d'un éclat de rire et quittèrent le cours. Avec un autre de ses amis, il se résolut à apprendre seul la grammaire en recourant aux sources originales. Il étudia ainsi le *Moufassal*[1] de Zamakhchari et le *Kitab* de Sibaweih[2]. Mais c'est une autre histoire.

Il ne fut pas plus heureux en logique qu'en droit et en grammaire. Il avait beaucoup aimé la logique lorsqu'il étudiait le commentaire de Djourdjani sur l'*Isagoghé,* en suivant l'enseignement de ce jeune professeur l'année précédente. Cette année vit arriver, pour les étudiants moyens qu'ils étaient, un aigle d'el Azhar, un véritable parangon de la logique et de la philosophie, un homme célèbre parmi les anciens pour cette intelligence fallacieuse et inutile, pour cette éloquence qui étourdit les oreilles sans parvenir à l'entendement. On racontait que ce personnage disait : « Grâce à Dieu, je puis parler deux heures d'affilée sans me faire comprendre, sans comprendre moi-même un seul mot. » Il se vantait un peu. L'étudiant digne de ce nom estimait indispensable d'assister aux cours qu'il donnait après la prière du soir ; il étudiait le commentaire de Khabissi sur le *Tahdhib el mantik*[3]. Notre ami y alla à plusieurs reprises : l'auditoire était considérable et remplissait toute une salle de la mosquée de Mohammad Aboul Dhahab. Le jeune homme se hâtait de faire la prière du coucher du soleil afin de pouvoir s'asseoir le plus près possible de la chaire. Le maître parlait d'une voix claironnante, avec le plus magnifique accent de Haute-Egypte que l'on pût entendre ; il était bouillonnant de vie et faisait des tas de gestes. Il prenait les interrupteurs à partie en se moquant d'eux

1. Œuvre grammaticale du XIIe siècle, célèbre par sa clarté et sa méthode.
2. Sibaweih est le véritable fondateur de la science philologique arabe ; il vécut au VIIIe siècle.
3. Œuvre de Taftazani, professeur en Iran au XIVe siècle. Le commentateur Khabissi vécut au XVIIe siècle.

et s'ils insistaient, c'était une crise de fureur et il cinglait l'obstiné avec véhémence : « Tais-toi ! tu nous fait perdre notre temps ; tais-toi ! espèce de porc ! » Il prononçait « pork » et c'est avec une emphase appuyée qu'il lançait la gutturale de la fin.

Tout se passa très bien pendant l'étude des « concepts ». Mais un grand malheur advint, qui rompit toute harmonie entre le jeune homme et son maître lorsqu'on arriva au second chapitre des « propositions ». L'élève fut obligé, dès le lendemain, de se choisir une place moins proche du professeur, puis s'éloigna de jour en jour et finalement s'installa à la porte de la salle, qu'il franchit un beau soir pour ne plus revenir.

Il était arrivé au jeune homme une mésaventure qu'il ne put jamais raconter sans rire ni faire rire son frère et ses amis. Le professeur s'était assis dans sa chaire et commençait à lire : « Chapitre deuxième des propositions. » Il faisait rouler les « r » et envoyait la chuintante initiale avec une affectation solennelle, accentuant moyennement les voyelles. Il recommençait avec le même accent, mais en s'arrêtant longuement sur les voyelles. Puis il reprenait une troisième fois, toujours dans le même style, avec la variante siuvante : « Chapitre deuxième des... qui[1] ? » Personne ne soufflait mot et il finissait par dire lui-même : « ...des propositions. » Il envoyait de nouveau son boniment, et comme personne ne répondait à son « des... qui ? », il cognait le front du jeune homme et hurlait : « Répondez, troupeau de moutons, répondez, espèces de brutes, mais répondez donc, tas de porcs ! » Ces aménités étaient lancées à plein gosier, avec l'emphase la plus frémissante. Et les étudiants criaient en chœur : « ...des propositions. »

Le jeune homme éprouvait une immense fatigue, car cette scène était risible et il faisait de grands efforts pour ne pas rire en présence du professeur. D'autre part, ces coups qui pleuvaient sur sa tête par intermittences finissaient par lui être très désa-

---

1. Cette phrase est d'autant plus burlesque que la réponse ne doit pas porter sur une personne.

gréables. A la fin, il abandonna ces leçons, et, avec ce maître, il ne dépassa pas le chapitre des « jugements ».

Il quitta en cours d'année et remplaça cette leçon par une conférence de théologie, donnée par un jeune professeur récemment diplômé. Ses amis les vieux étudiants le disaient très habile, moyennement intelligent, doué d'une voix agréable et d'une bonne diction ; sa science, ajoutaient-ils, trompait son interlocuteur ou son auditeur, mais lorsqu'on approfondissait, on n'y trouvait que du vent. Il étudiait le commentaire de la *Kharida* de Dardir [1]. L'enfant alla suivre cette conférence, fut charmé de sa voix, de sa diction, de son savoir-faire et s'apprêta à admirer sa science et sa *fankala,* mais le cheikh fut transféré à un poste de magistrat dans une province éloignée. Le temps manqua donc au jeune homme pour apprécier la valeur scientifique de ce maître. Il ne peut porter un jugement définitif sur cet homme adroit et habile, à la voix douce, à la conversation agréable.

En réalité, il perdit son temps cette année-là ; il n'acquit presque aucune connaissance nouvelle à l'Université ; il ne profita que des livres qu'il étudia de sa propre initiative et des conversations avec ses camarades plus anciens sur leurs lectures et leurs discussions.

L'année suivante, il eut une terrible crise de conscience : cette vie lui était pénible et il était irrésolu et perplexe. Il ne pourait pas vivre à la campagne. Qu'y ferait-il ? D'autre part, il ne trouvait aucun profit à son existence au Caire, dont l'essentiel consistait à suivre des cours. Sans doute, cette année-là, il commença des études littéraires, mais ce n'est pas l'instant de parler des leçons de littérature : « Le moment n'est pas favorable », comme dit Bouthaina, pour se consoler de n'avoir pas vu Djamil [2].

1. Dardir est un auteur mystique qui fut professeur à el Azhar au XVIIIe siècle.
2. Djamil est un poète du début de l'Islam, célèbre par son amour pour Bouthaina, qu'il ne put épouser.

XVIII

Il faut convenir pourtant qu'au début les études littéraires ne l'empêchèrent pas de poursuivre ses obligations d'azhariste. Il croyait pouvoir mener de front les deux disciplines. Mais il n'avait pas été envoyé au Caire ni inscrit à el Azhar pour devenir un homme de lettres, poète ou prosateur : il avait le devoir de poursuivre sa carrière dans un sens déterminé, de réussir à l'examen, d'obtenir le diplôme, ce qui lui permettrait de s'adosser à une des colonnes de la vieille mosquée, entouré d'étudiants venus pour écouter son enseignement de droit, ou bien de grammaire, ou de l'un et de l'autre.

C'était le désir de son père, l'objet des conversations de la famille, qui mêlait à ses espoirs une admiration prématurée pour ce fils, cet être d'une originalité si singulière ; c'était la volonté de son frère, et c'était même son ambition personnelle. Que pouvait-il vouloir d'autre ? A ceux qui, comme lui, ont le malheur de perdre la vue, deux solutions se présentent pour avoir une existence supportable : travailler à el Azhar pour réussir au diplôme et vivre des rations quotidiennes de pain et du mince traitement alloué chaque mois — soixante-quinze piastres pour la mention passable, cent pour la mention bien et cent cinquante en cas de mention très bien ; l'autre solution consiste à faire commerce de sa connaissance du Coran en allant le réciter au cours des cérémonies de famille, comme son père l'en avait menacé quelquefois.

Il était donc nécessaire de cheminer dans la voie d'el Azhar pour atteindre son but. Cette route prenait un double aspect, lorsque l'étudiant avait passé trois ou quatre années à l'Université. La route scientifique obligeait à suivre les différents cours, pour franchir les étapes successives : c'était celle qu'avait choisie l'adolescent. Il s'y engagea avec passion, puis s'y intéressa moins, la dédaigna peu à peu et l'abandonna lorsqu'il eut désespéré de ses maîtres, dont il avait vraiment mauvaise opinion.

L'autre route, purement pratique, se décomposait en trois étapes : l'inscription, le stage et la candidature au diplôme. L'étape de l'inscription est celle par laquelle débute tout étudiant, lorsqu'il a accompli toutes les formalités. Il ne lui est pas nécessaire de faire choix d'une section ; notre ami s'était inscrit, comme son frère, à la section des Fechnites[1]. Le stage, deuxième étape, est acquis par l'étudiant lorsqu'il a passé déjà quelques années à l'Université ; il remet au cheikh de la section une attestation de scolarité, indiquant le total des années d'études et le nombre des cours suivis, portant la signature de deux de ses professeurs ; à la suite de quoi l'étudiant est inscrit comme stagiaire par le cheikh de la section. Lorsqu'une place est vacante parmi les pensionnés, il arrive dans la troisième étape et reçoit deux, trois ou quatre pains, suivant la richesse de la section.

Notre ami devait se faire inscrire au stage ; il écrivit sa demande, qu'il termina par la formule à la mode à cette époque : « Que Dieu fasse de vous le refuge des solliciteurs ! »

Deux professeurs attestèrent qu'il n'avait manqué des cours que pour des motifs valables. Il alla porter le papier chez le cheikh de la section, lui baisa la main et s'en alla. Il attendit, attendit longtemps, mais il ne devait jamais obtenir d'être admis à la pension dans cette section. Son inscription au stage aurait bien fait plaisir à son père et, en tout cas, il en aurait été fier.

1. Fechn est une localité située à 160 kilomètres au sud du Caire.

C'est au cours de cette attente interminable que l'imam dut quitter el Azhar à la suite des incidents que l'on connaît, après le célèbre discours du khédive devant les ulémas. Le jeune homme croyait que les élèves du maître, nombreux au point de remplir chaque soir le portique de 'Abbas, allaient créer un mouvement et feraient savoir au souverain que les étudiants avaient changé, qu'ils prendraient la défense de leur professeur, en y consacrant leur temps et leur volonté.

Mais l'imam dut abandonner l'Université pour assumer les fonctions de grand mufti. Ses élèves se bornèrent à regretter ce départ dans le secret de leur conscience et bien peu osèrent lui rendre visite dans sa maison de Matariyya[1]. Il fut délaissé par la grande majorité : telle fut la conclusion de cette affaire. L'adolescent en ressentit chagrin et colère, et y puisa une aussi mauvaise opinion des étudiants que du corps professoral ; pourtant il ne connaissait pas l'imam personnellement et ne lui avait jamais été présenté.

Peu de temps après, l'imam mourut et cette mort causa un certain frémissement en Egypte. C'est toutefois le milieu d'el Azhar qui fut le moins touché par cet événement considérable. Les disciples de l'imam en furent affectés et peut-être quelques-uns d'entre eux versèrent-ils une larme, mais après l'été, ils revinrent à l'Université comme si l'imam n'était pas mort, comme s'il n'avait jamais existé et c'est à peine si certains de ses anciens élèves osaient faire son éloge, au reste, bien rarement.

C'est ainsi que le jeune homme apprit, non sans une profonde détresse, pour la première fois de sa vie, que la considération, le respect, toutes sortes de flatteries et d'avances aimables envers les grands de la terre, n'étaient que des bagatelles sans profondeur ni loyauté, et que la fidélité humaine, la plupart du temps, se résout en vaines paroles.

Mais l'atroce jugement que le jeune homme portait ainsi sur

1. Banlieue du Caire.

l'humanité se confirma du fait que la mort de l'imam fut pour quelques groupes l'occasion de faire du commerce à l'aide de son nom, de retirer un bénéfice de leurs relations avec lui ; ces gens-là inondaient les journaux et les revues de son panégyrique en vers et en prose.

Une autre sensation pénible accrut, chez l'adolescent, son désir de s'évader d'el Azhar, de quitter ses maîtres et ses condisciples. Il s'aperçut que les amis sincères de l'imam, qui le pleuraient et ne se consolaient pas de sa perte, n'étaient pas de ces enturbannés d'el Azhar, mais des gens portant tarbouche. Il éprouva la secrète ambition de pénétrer dans cette société qui lui était inconnue. Qui pouvait donc l'y introduire, lui, pauvre, aveugle, enchaîné sans rémission à la vie universitaire ?

Lorsque l'imam, professeur à la section des Hanéfites, abandonna el Azhar, peut-être même à sa mort, il fallut lui donner un successeur comme mufti et professeur. Le fils du nouveau mufti avait été le maître du jeune homme au début et c'est lui qui enseignait le commentaire du Sayed Djourdjani sur l'*Isagoghé*, en logique ; il suppléait son père dans la direction de la section. Le jeune homme désira vivement s'inscrire comme stagiaire dans la section des Hanéfites, où les ressources étaient plus abondantes que dans les autres sections, notamment le nombre des rations de pain. Mais les inscriptions, du temps de l'imam, y étaient très difficiles, parce qu'un examem était exigé. Le nouveau mufti maintint cette règle et c'est son fils qui faisait passer cet examen à un moment de l'année qu'il choisissait. « Pourquoi, dit-on au jeune homme, ne te rattacherais-tu pas à cette section, où ton frère et les plus méritants de ses camarades se sont inscrits, du vivant de l'imam ? Ils ont obtenu une ration quotidienne de quatre pains. » Donc, sur les instances réitérées de son frère et de ses condisciples, il se présenta un beau soir chez l'examinateur, avec une lettre de recommandation et fut tout de suite introduit. Le maître l'accueillit cordialement, prit la lettre, la lut, puis posa une question, à laquelle le jeune homme répondit, bien ou mal, il ne s'en souvient pas, et l'examinateur lui dit : « Tu peux te retirer, c'est parfait. » Le jeune homme partit satisfait, et, quelques jours après, il était pensionné, avec une ration de deux pains par jour. Le pain devint ainsi plus abondant dans la chambre, ce qui diminua d'autant la gêne de la famille, à la campagne.

Cette pension en nature n'était pas le seul avantage ; l'adolescent eut, en outre, la jouissance d'une armoire dans la section, ce qu'il préféra aux deux pains. Il avait ainsi la possibilité, chaque matin, en arrivant à el Azhar, d'y déposer ses sandales, ou ses pains, ou les deux à la fois. Il avait l'esprit libre toute la journée, il n'avait pas à se préoccuper de ses sandales, car ce n'était pas une mince affaire que de les mettre à l'abri et de les défendre contre les entreprises d'adroits filous. Que de sandales disparaissaient ainsi, nécessitant l'apposition de nombreuses affiches sur les murs de la mosquée ! Elles prévenaient le public que des sandales avaient été perdues, priant celui qui les aurait trouvées de vouloir bien les rapporter à un endroit déterminé, moyennant une bonne récompense, et le vouant aux foudres de l'exclusion s'il se les appropriait.

Le jeune homme était donc heureux de son armoire et de ses deux pains, il était bien moins enchanté des progrès de son travail et des conférences auxquelles il assistait. Il s'astreignait à aller dès l'aube au cours de théologie donné par le cheikh Radi — que Dieu ait son âme ! — qui étudiait le *Makasidi* ; à se rendre, dans la matinée, à celui de droit du cheikh Bekhit, qui lisait la *Hidaya*[2] ; à celui de rhétorique, à midi, fait par le cheikh 'Abd el Hakam 'Ata, qui enseignait un commentaire de Taftazani.

Le cours de droit l'amusait, il aimait entendre le chant du cheikh quand les étudiants lui laissaient le loisir de chanter. Il se réjouissait aussi de ses vives reparties, à la mode d'el Azhar, en réponse aux chicanes des étudiants à propos du texte ou d'un de ses jugements personnels. Parfois, le cheikh récitait à ses élèves une de ses productions poétiques, lorsqu'il était de

1. Œuvre de Taftazani, que nous avons déjà rencontré.
2. Recueil célèbre de Marghinani, écrivain du XIIe siècle.

bonne humeur. Le jeune homme a retenu un de ses vers et il n'a pas oublié la façon dont le cheikh le fredonnait :

Sur son occiput, son turban ressemblait au filet qui enserre une charge de paille sur un chameau.

Lorsque le jeune homme déclama ce chef-d'œuvre à son frère et à ses camarades, ils en rirent longtemps et le rappelèrent souvent. Le jeune homme a retenu un autre vers qui n'est pas moins étrange et, en quelque sorte, comique ; il formait le déput d'une élégie consacrée à l'un des ulémas :

Quel grave événement, après ta mort, ô Prophète ! les imams ont perdu Maghribi, cet imam de grande classe.

Les Egyptiens devaient se souvenir d'un autre vers du cheikh, datant d'une époque plus récente ; les beaux esprits ne l'ont pas encore oublié et il est même chez eux passé en proverbe :

Nous sommes de cœur avec les émirs, les ministres et le Wafd[1].

Le jeune homme aimait à discuter avec ce cheikh, parfois trop longuement. Une fois même, il exagéra et dépassa la fin de la leçon, si bien que les étudiants hurlaient dans la mosquée de Sayedna-l-Hussein : « Assez ! il n'y aura plus de fèves ! » Mais le cheikh leur répondit de sa voix chantante : « Non, non, nous ne partirons pas avant d'avoir convaincu ce fou. » Le fou n'en désirait pas tant, il voulait aussi avoir sa part de fèves.

Le cours de rhétorique plaisait au jeune homme. Ce n'est pas qu'il y apprît quelque chose, car, au fond, il y avait belle lurette qu'il suivait sans aucun profit les cours, mais il s'y rendait par obligation, pour passer le temps et pour s'y amuser. Précisément, il allait aux leçons de rhétorique parce qu'il y trouvait d'abondants motifs de plaisanterie car le cheikh — que Dieu lui donne l'éclat des élus ! —, homme de mœurs paisibles, doué d'un

---

1. « Délégation » conduite par Sa'd Zaghloul, qui, en 1921, partit à Londres revendiquer l'indépendance de l'Egypte. Elle devint le parti nationaliste et progressiste, le plus important à l'heure actuelle.

excellent caractère, consciencieux dans son enseignement, se donnait un mal fou pour comprendre et se faire comprendre. Quand il était épuisé par cet effort gigantesque, il se reposait avec ces deux mots qu'il adressait comme un refrain aux étudiants, sur un ton intentionnellement ironique : « Compris, messeigneurs ! »

A la mi-temps, il s'accordait un peu de repos, ce dont ses auditeurs profitaient ; il cessait de lire et de commenter, restait silencieux quelques minutes, tirait sa tabatière et, avec une gravité méticuleuse, aspirait tant qu'il pouvait, à faire éclater ses narines. Les étudiants saisissaient cette occasion pour calmer les brûlures de leur estomac, causées par les fèves, les boulettes épicées et les poireaux, en buvant des verres de thé, que des vendeurs ambulant offraient durant les cours. Ceux-ci signalaient leur présence par ce bruit délicat et cristallin de verres qu'on entrechoque.

Une de ces pauses marque une date. Le jeune homme et ses camarades se reposaient, le cheikh était perdu dans sa tabatière, les étudiants buvaient. C'est alors qu'un appariteur vint inviter courtoisement le jeune homme et deux de ses camarades à se rendre chez le recteur.

Le moment n'est pas encore venu de conter cette histoire, connue de tous depuis longtemps. Le jeune homme et ses amis quittèrent le cours pour n'y plus revenir.

A la même époque, ou à peu près, le jeune homme avait été mêlé à un incident auquel il s'était donné tout entier, il lui avait déjà fait perdre l'espoir d'obtenir un succès quelconque à el Azhar.

Le Palais avait été mécontent d'un professeur dont on parlait beaucoup, et avait suspendu son enseignement. Tout le monde jugea que c'était non seulement une injustice envers le cheikh, mais encore une atteinte aux droits de l'Université. Pourtant, personne ne bougea et c'est même dans les milieux azharistes que l'on montra le plus d'apathie et de soumission. Mais un ami du jeune homme — qui plus tard, dans des circonstances mémorables, eut une conduite magnifique — vint le voir un jour : « Ne crois-tu pas, lui dit-il, qu'on vient de commettre envers notre maître une injustice et un abus de pouvoir ? — Tu peux le dire, et quelle injustice, quel abus! — Serais-tu disposé à te joindre à une manifestation contre cette ignominie? — Bien sûr, mais comment? — Réunissons un certain nombre d'élèves de notre maître et allons le prier de continuer son enseignement à domicile. S'il accepte, nous ne perdrons pas notre temps et nous ferons un communiqué à la presse : ceux qui oppriment el Azhar sauront ainsi qu'il y a des étudiants qui n'approuvent pas l'injustice et ne consentent pas à se laisser faire. — Entendu », dit le jeune homme.

Quelques disciples de ce professeur allèrent donc lui exprimer leurs désirs; il accepta, et une note parut dans les journaux, annonçant que le cheikh étudierait chaque semaine, à tour de rôle, le *Soullam al ouloum fil mantik* et le *Moussallam el thoubout fil oussoul* [1].

Le cheikh commença ses cours chez lui et les étudiants s'y précipitèrent en foule dès qu'ils le surent, contents d'eux-mêmes, de leur propre courage, et le jeune homme se reprit à espérer.

Mais un jour, il entama avec le cheikh une discussion, qui finit par se prolonger et le cheikh s'oublia au point de répliquer, sur un ton persifleur : « Tais-toi, aveugle, tu n'y comprends rien! » Colère du jeune homme et riposte ardente du professeur. « Un long bavardage n'a jamais consacré une vérité ni supprimé une erreur », lança le jeune homme. Le cheikh se tut et ce fut un silence général, que le maître rompit : « Vous pouvez disposer, ça suffit pour aujourd'hui! »

Le jeune homme se mit plus les pieds chez le cheikh, et ne s'intéressa même plus à sa personne.

Il revint à sa vie démoralisante d'azhariste. Il mettait tout son espoir dans ce cours de littérature, dont il est temps de parler maintenant, puisqu'il eut sur l'adolescent une influence décisive.

---

1. Ces deux traités sont l'œuvre de Bihari, écrivain du XVIIᵉ siècle.

XIX

A son arrivée au Caire, tout au moins dès qu'il fut un peu installé, l'enfant entendit parler de la littérature et des gens de lettres autant que des sciences religieuses et des ulémas. Des conversations littéraires s'ébauchaient entre les aînés. Ils s'entretenaient du cheikh Chenkiti — que Dieu ait son âme! — soutenu, disaient-ils, si affectueusement par l'imam. Ce nom étranger avait causé à l'enfant une curieuse surprise, et cette sensation devint plus forte quand il fut renseigné sur son caractère de vieil original, sur l'excentricité de ses habitudes et de ses jugements, qui excitaient la gaieté des uns et la fureur des autres.

Les anciens affirmaient qu'il disposait d'une méthode inédite pour enseigner la langue, pour retenir par cœur les « hadith », texte et préambules. Ils parlaient aussi de son humeur irascible, de sa violence, de ses emportements, de son excessive intempérance de langage ; on le citait en proverbe, reconnaissant en lui la vivacité de caractère des Maghrébins. On rappelait son séjour à Médine, ses tournées à Constantinople et en Espagne, et l'on récitait les vers que lui avaient inspirés ses voyages. On racontait que sa bibliothèque contenait beaucoup de manuscrits, ainsi que des livres, imprimés en Egypte ou en Europe ; qu'elle ne lui suffisait pas malgré sa richesse, puisqu'il allait souvent lire ou copier des ouvrages à la Bibliothèque nationale. On riait en rapportant cette fameuse histoire qui avait défrayé la chronique et lui avait finalement valu tant d'ennuis : il avait déclaré que le nom de 'Omar n'était pas indéclinable, mais pouvait se décliner normalement. Cette histoire, au début, fut incompréhensible pour l'enfant, mais il ne tarda pas à la saisir lorsqu'il fit des progrès en grammaire, quand il apprit la définition des mots indéclinables, des mots qui n'ont que deux cas et de ceux qui se déclinent avec les trois cas. Il y eut des disputes épiques de Chenkiti avec une partie des savants d'el Azhar au sujet de ce fameux « 'Omar ». On les citait souvent et rien ne mettait plus en joie que le souvenir d'une scène, au cours de laquelle un groupe de savants, d'el Azhar, recteur en tête, avait demandé à Chenkiti de justifier son opinion. Ce dernier avait répondu avec cet accent maghrébin, dont l'intonation s'amenuise graduellement : « Entendu, mais à une condition, c'est que vous allez vous asseoir autour de moi comme des étudiants autour de leur maître. » Les cheikhs eurent un moment d'hésitation et l'un d'eux, plus malin que ses confrères, se détacha du groupe et vint s'installer les jambes croisées devant Chenkiti, qui exposa sa théorie. « Khalil[1], dit-il, cite ce vers :

Toi qui dénigres 'Omar, tu dis à son sujet des choses que tu ne sais pas. »

Le cheikh assis à la place des élèves répliqua sournoisement, d'une voix mal assurée : « J'ai rencontré Khalil hier, et ce n'est pas ainsi qu'il récitait le vers, il déclinait " 'Omar " autrement. » Le cheikh Chenkiti ne le laissa pas achever et lui coupa brutalement la parole : « Tu mens, lui dit-il, tu mens effrontément, car Khalil est mort depuis des siècles. Comment aurais-tu pu voir un mort ? » Et il prit l'assistance à témoin que son adversaire venait de faire un mensonge flagrant et protesta contre son ignorance de la grammaire et de la prosodie. Tous éclatèrent de rire, et l'assemblée se dispersa sans qu'on ait pu savoir qui avait

1. Khalil est l'inventeur des règles de la métrique arabe et l'auteur du premier dictionnaire ; il vécut au VIIIᵉ siècle.

raison, de ces grammairiens qui déclaraient « 'Omar » indéclinable, ou de ce cheikh fantasque qui voulait le décliner. L'enfant avait écouté soigneusement ce récit pour ne pas l'oublier : il trouvait très drôle ce qu'il avait compris et les détails encore obscurs lui semblaient extraordinaires.

Le cheikh Chenkiti étudiait pour quelques élèves ces poèmes célèbres sous le nom de *Mo'allakat*[1]. Le frère de l'enfant et ses amis assistaient à ce cours, le jeudi ou le vendredi de chaque semaine. Ils repassaient ces leçons comme les autres et l'enfant entendit alors réciter pour la première fois :

Arrêtons-nous ici pour pleurer au souvenir de ma bien-aimée et de cette chère demeure, là où finit la colline de sable, entre Dakhoul et Haumal.[2]

Mais les jeunes gens se lassèrent rapidement de ces vers, qu'ils ne pouvaient pas goûter; toutefois, le frère de l'enfant essaya d'apprendre ces poèmes par cœur et retint ceux d'Imnoul Keis et de Tarafa, et c'est grâce à sa récitation, faite à voix haute, que l'enfant put les retenir à son tour. Il poursuivit ensuite avec son frère, mais il ne dépassa pas non plus ces deux poèmes et reprit ses cours d'azhariste. Pourtant le résultat était là : l'enfant savait ces deux *Mo'allakat,* sans en comprendre parfaitement le sens.

Les étudiants se passionnèrent quelque temps pour un autre enseignement, où l'on essayait de leur inculquer l'art d'écrire, donné par un cheikh syrien, ami de l'imam. Ils achetèrent des cahiers pour rédiger des exercices de style. Mais ils se fatiguèrent aussi vite de ce cours que de celui de Chenkiti. Plus tard, le frère de l'enfant apporta les *Séances* de Hariri[3]; il les lisait à haute voix pour les apprendre par cœur, ce qui permit à l'enfant

1. On a donné le nom de *Mo'allakat*, « les Suspendues », à sept poèmes de l'antéislam, considérés comme les chefs-d'œuvre de la poésie lyrique arabe.
2. Premiers vers de la *Mo'allaka* d'Imroul Keis.
3. Les *Séances* de Hariri, mort en 1222, comptent parmi les chefs-d'œuvre de la prose arabe. Ce sont des harangues de mendiants, dans un style d'une éloquence et d'une subtilité incomparables.

de les retenir à son tour ; ils travaillèrent ensemble comme pour les *Mo'allakat* et bientôt ils savaient dix *Séances*. Mais le frère de l'enfant les abandonna aussi pour se consacrer uniquement aux fondements de la religion, au droit et à la théologie.

Un gros volume vint les remplacer, le *Nahdj el balagha*[1], contenant les discours de l'imam 'Ali, commentés par le cheikh Mohammad 'Abdo. Son frère apprit par cœur certains de ces morceaux d'éloquence — et l'enfant l'imitait — mais il ne tarda pas à délaisser cet ouvrage comme les autres, si bien que l'enfant ne sut par cœur que quelques discours.

Même enthousiasme et même lassitude avec les *Séances* de Bédi' el Zéman Hamadhani[2]. Il apprit aussi pendant cette période un poème d'Abou Firas[4], qui n'est pas sorti de sa mémoire :

Je vois que tes larmes sont rebelles et que tu es patient ; l'amour ne peut-il donc te plier à sa loi ?

Son frère possédait une édition imprimée, dans laquelle chaque hémistiche était doublé ou quintuplé par un ou cinq hémistiches de même rime : ce travail de bourrage avait été composé par un azhariste. Il étudiait donc dans cette édition, mais l'enfant ne tarda pas à se défaire de ces élucubrations adventices pour ne retenir que l'œuvre vraiment poétique de l'auteur, qu'il apprit par cœur avec son frère.

L'enfant ne parle ici de cette poésie que pour un vers qui choquait son oreille par son étrange sonorité. Voici d'abord le vers exact :

Je suis devenu bédouin bien que ma famille soit citadine, car j'estime, ô mon aimée, qu'une demeure à laquelle tu n'appartiens pas est un désert.

---

1. Recueil de sentences, de sermons, de discours du calife 'Ali, cousin et gendre du Prophète : en dehors du fond, d'une morale très élevée, c'est un ensemble d'un beau style oratoire.
2. Hamadhani, mort en 1007, est le premier représentant célèbre du genre littéraire des *Séances*.
3. Poète lyrique qui vécut en Syrie au Xe siècle.

Le jeune cheikh lisait, apprenait et faisait apprendre ce vers avec une mauvaise coupure et l'enfant se demandait comment son interprétation pouvait s'accorder avec le sens général : « car j'estime que la demeure de la dame est désertée par ses habitants ». D'ailleurs, il trouvait bizarre que le mot « dame » intervînt en poésie. Lorsqu'il avança en âge et qu'il eut fait quelques progrès, il lut le vers convenablement et le comprit. Il sut aussi que le mot « dame » se rencontre parfois chez les poètes et les prosateurs de l'époque 'abbasside plus récente.

C'est de cette façon désordonnée et anarchique que notre ami prit contact avec la littérature. Il retint au hasard des vers isolés ou des fragments de prose, sans les étudier d'un bout à l'autre, puisqu'il attrapait au petit bonheur ce que l'occasion lui permettait d'entendre. Puis il se remettait à ses études et à sa *fankala*.

Un jour, au début de l'année scolaire, un groupe d'étudiants témoigna d'un fanatique enthousiasme pour un nouveau cours de littérature, donné en fin de matinée sous le portique de 'Abbas par le cheikh Marsafi. On y expliquait le recueil de la *Hamassa*[1]. Ils furent tellement enthousiasmés par cette conférence qu'ils coururent acheter ce recueil avant même de rentrer chez eux. Ils prirent la résolution d'être assidus à ce cours, d'y travailler sérieusement et d'apprendre la *Hamassa* par cœur. Le frère de l'enfant, selon son habitude, ne fut pas un des derniers ; il acheta le commentaire de Tebrizi, le fit relier élégamment et ce volume devint l'ornement de sa fameuse armoire ; pourtant il n'y jetait un coup d'œil que fort rarement. Il se mit à l'apprendre et à le faire réciter à l'enfant ; il lui lisait parfois des fragments du commentaire de Tebrizi, mais il comprenait cet ouvrage de la même façon que ses livres de droit et de théologie.

L'enfant sentait que ces pages ne devaient pas être étudiées

1. Nom donné à un recueil de poésies, colligé par Abou Tammam, mort vers l'année 845. Cette anthologie classe les poèmes par rubriques et il porte le nom de *Hamassa* (bravoure), parce que la poésie guerrière ouvre l'ouvrage. Le commentaire de Tebrizi est du Xe siècle.

ni interprétées de cette manière. Le jeune cheikh et ses camarades voyaient dans le recueil de la *Hamassa* un texte de base, dont Tebrizi avait rédigé le commentaire, et ils regrettaient que ce commentaire n'ait pas fait l'objet de gloses marginales. Pourtant, ils citaient souvent les réflexions du cheikh Marsafi, qui se moquait d'eux, tournait en ridicule leurs maîtres et les manuels d'el Azhar.

Ils racontaient tout cela en riant, un peu étonnés, et ils continuaient d'aller à leurs cours purement azhariens, sans en manquer un seul, malgré les conseils contraires qu'il leur donnait.

Ces conversations plongeaient notre ami dans le plus profond ébahissement et lui donnaient un vif désir d'assister à ce cours. Mais ses camarades ne cessaient de le détourner de ce projet, comme ils lui avaient déconseillé de suivre les conférences de littérature. Ils trouvaient que cela n'était pas sérieux, que d'ailleurs elles ne faisaient pas partie de l'enseignement essentiel, mais que c'était un de ces cours facultatifs, une création de l'imam, et dont l'ensemble formait un cycle dénommé les sciences modernes, comprenant la géographie, les mathématiques et la littérature. Ils estimaient aussi que le cheikh Marsafi se moquait d'eux d'une façon inconvenante et qu'avec lui ils perdaient beaucoup trop de temps.

Le professeur avait mauvaise opinion d'eux, les trouvant insuffisamment préparés à suivre des cours où il fallait faire preuve de goût et où la *fankala* n'était guère de mise. De leur côté, ils le jugeaient inférieur à sa tâche, contestaient la valeur réelle de sa science. Ce n'était, à leurs yeux, qu'un homme capable de citer des vers d'anthologie, des mots à effet, des plaisanteries bouffonnes : il n'en restait que du vent.

Ils ne désiraient suivre cet enseignement que pour faire leur cour à l'imam qui le recommandait. D'autre part, le cheikh Marsafi était un de ses amis intimes et saisissait toutes les occasions d'écrire un dithyrambe en son honneur. Il s'arrangeait alors pour lui faire tenir son poème, le dictait à ses étudiants, priait certains d'entre eux de l'apprendre par cœur, car c'était, disait-il, une poésie d'un rare mérite, et ceux-ci la trouvaient telle, puisqu'elle avait été composée à la louange de l'imam.

Ils firent tout leur possible pour être assidus, mais sans obstination, et ils finirent par le délaisser au profit des verres de thé qu'ils buvaient tranquillement à la fin de la matinée. Et voilà pourquoi l'enfant n'entendit plus parler de littérature au moment où il savait déjà une notable partie de la *Hamassa*. Un beau jour, le bruit se répandit que le cheikh Marsafi allait consacrer deux leçons par semaine à étudier un traité de grammaire, le *Moufassal* de Zamakhchari. Notre ami se rendit à ce cours ; il en fut tellement enthousiasmé qu'il s'imposa d'y aller et, dans la suite, il ne manqua aucune des conférences littéraires de ce professeur.

L'enfant avait beaucoup de mémoire et n'entendait pas un mot de ce maître sans le retenir, une opinion sans la conserver, une explication sans l'enregistrer. Très souvent, lorsque le cheikh citait un vers dans lequel se trouvait un mot déjà commenté, ou pour lequel une allusion historique avait été faite pendant une leçon précédente, notre ami lui répétait ses propres explications, ses anecdotes, ses opinions et ses jugements, ses critiques de la *Hamassa* ou des commentateurs, ses corrections aux versions d'Abou Tamman, ou bien le complément des vers isolés cités par ce scoliaste.

Le cheikh prit alors l'enfant en amitié et s'en occupa. Il éprouvait du plaisir à engager une discussion avec lui pendant la leçon. Il l'appelait après le cours, le reconduisait jusqu'à la porte d'el Azhar, et l'invitait même à l'accompagner une partie du chemin. Un jour, il l'emmena assez loin dans un café, où ils prirent place en compagnie d'autres élèves. C'était la première fois que l'enfant entrait dans un café ; on y resta longtemps, depuis la prière de midi jusqu'à l'appel à la prière de l'après-midi. Le jeune homme en fut tout joyeux et revint chez lui plein d'espoir et d'énergie.

En dehors des cours, le cheikh ne parlait à ses élèves que de la vie d'el Azhar, de ses professeurs, de ses mauvaises méthodes de pédagogie. Sur ce chapitre, il était très dur. Ses critiques étaient

244

mordantes et ses appréciations sur ses collègues vraiment acerbes. Mais il était très sympthique à ses élèves. Il eut sur l'enfant en particulier une influence efficace et profonde.

Le jeune homme préféra peu à peu ce cours à tous les autres. Il avait trouvé deux camarades animés envers le cheikh d'une sincère affection, et qui étaient libres à ce moment-là. Ils se donnaient rendez-vous à la fin de la matinée pour suivre le cours, partaient à la Bibliothèque Nationale, et lisaient les ouvrages de l'ancienne littérature, revenaient à el Azhar dans l'après-midi, s'asseyaient dans le passage entre l'administration et le portique de 'Abbas, s'entretenant de leur professeur préféré, de ce qu'ils avaient lu à la Bibliothèque Nationale, se moquant de leurs autres maîtres, riant des cheikhs et des étudiants qui allaient et venaient. Après la prière du coucher du soleil, ils franchissaient le portique de 'Abbas pour entendre le cours du cheikh Bekhit, qui étudiait l'exégèse et qui avait succédé à l'imam après sa mort.

Mais les trois camarades n'étaient pas aussi attentifs que les autres étudiants aux paroles du cheikh Bekhit ; ils ne l'écoutaient que pour en rire et noter ses bévues, qui étaient nombreuses, précisément lorsqu'il se trouvait en face d'un problème de lexicologie ou de littérature. Ils en disaient beaucoup de mal après la leçon et rapportaient ces impairs à leur maître Marsafi, lui procurant ainsi une nouvelle raison de manifester son mépris de ses collègues.

Ces jeunes gens étouffaient à el Azhar et les cours du cheikh Bekhit aggravaient cette asphyxie. Ils aimaient l'indépendance. Les conférences de ce dernier leur mettaient liens et carcans.

Je ne connais rien de tel que la littérature pour exciter les âmes, principalement les âmes d'adolescents, au culte de la liberté, et souvent avec excès. Que dire alors des causeries littéraires du cheikh Marsafi, qu'il expliquât à ses élèves la *Hamassa* ou le *Kamil* ? C'était en premier lieu une libre critique du poète, du rhapsode ensuite, puis du commentateur, des lexicographes quels qu'ils soient, les uns après les autres. Il examinait alors le canon du goût, et avec quelle habileté surprenante il savait mettre en évidence les éléments de la beauté dans un morceau en prose ou une pièce de vers, s'attachant d'abord au fond d'une façon générale, puis, en détail, avant de passer en revue la prosodie, la rime, la place des mots dans la phrase. Quelle leçon de culture que ces conversations dans une telle ambiance, que ces comparaisons constantes entre le mauvais goût qui régnait à el Azhar et la délicate finesse d'autrefois, entre l'appauvrissement de la vie intellectuelle à l'Université et la vivacité de l'intelligence dans l'antiquité ! En fin de compte, on était poussé à briser ces chaînes et, la plupart du temps, à se révolter contre les cheikhs, en s'attaquant à leur valeur scientifique, à leur goût, ou aux incidents de leur vie privée. Et l'on doit convenir que, si l'on avait souvent raison, on exagérait parfois, ou l'on s'écartait de la vérité.

Cet exposé est suffisant pour expliquer les multiples défections qui se produisirent dans le nombreux auditoire réuni dès le début autour de ce cheikh. Bien peu avaient tenu bon et il choisit parmi eux trois disciples en particulier. C'était donc un tout petit groupe, mais il ne tarda pas à faire quelque bruit. Les étudiants et les professeurs en parlèrent. On sut notamment qu'ils critiquaient el Azhar et s'insurgeaient contre ses traditions, on se transmit leurs satires contre les cheikhs et contre leurs camarades, et ce petit groupe fut naturellement aussi détesté des azharistes qu'il en était craint.

Marsafi n'était pas seulement professeur, il était également homme de lettres, ce qui veut dire qu'à son cours ou dans sa conversation, il conservait toute la gravité d'un professeur, mais avec ses amis intimes il prenait l'attitude dégagée d'un homme de lettres. Il s'exprimait en toute liberté sur le compte de chacun et sur n'importe quel sujet. Il récitait à ses familiers des vers ou des passages en prose tirés de la littérature ancienne, signalait des traits de biographies qui établissaient l'indépendance des écrivains ; comme il le faisait lui-même, les auteurs anciens avaient donné leur opinion franche sur les hommes et les choses, sans affectation, mais aussi sans réserve.

Rien de plus simple et de plus naturel pour des étudiants

que d'adopter le jugement de leurs maîtres, surtout lorsqu'ils les aiment et les vénèrent. L'influence de ces maîtres est donc considérable quand ils possèdent des qualités qui servent à les donner en exemple : ceux-ci se résignent aux vicissitudes du sort, se contente de peu, s'abstiennent de tout acte peu conforme à la dignité d'un savant, s'écartent, en un mot, des défauts les plus communs au corps enseignant d'el Azhar, comme l'intrigue, la calomnie, la fourberie, la flagornerie envers les supérieurs et les puissants du jour.

Les étudiants de ce professeur pouvaient voir de leurs yeux sa conduite, la palper de leurs mains si l'on peut dire, ils vivaient en plein dedans, puisqu'ils allaient voir ce maître chez lui, dans une très vieille maison délabrée, dans une ruelle sordide du quartier de Bab el Bahr, la rue Rakraki.

Tout au fond de cette ruelle se trouvait la demeure du cheikh, une affreuse bâtisse qui tombait en ruines. Passé la porte d'entrée, on accédait à un couloir étroit et humide, où régnaient les odeurs les plus nauséabondes. Ce corridor n'avait pour tout mobilier qu'une longue et étroite banquette en bois nu, appuyée au mur et qui en recevait tous les gravats.

Le cheikh descendait de sa chambre pour recevoir ses élèves, s'asseyait à côté d'eux sur cette banquette inconfortable, avec un air de satisfaction tranquille ; il les écoutait en souriant et s'exprimait avec eux sur le ton le plus amère, le plus doux, le plus franc, le plus dénué de contrainte. Parfois, au moment de la visite de ses étudiants, il était occupé et les priait alors de monter dans sa chambre. On y accédait par un escalier vermoulu, on traversait un vestibule complètement vide, à ciel ouvert, et on le trouvait assis par terre, penché sur son travail, entouré de dizaines de bouquins, auxquels il recourait pour compléter un fragment, identifier un vers qu'il voulait expliquer, chercher un mot qu'il désirait vérifier, ou un « hadith » sur lequel il n'avait pas encore une opinion claire. A sa droite se trouvait de quoi faire le café. Il ne se levait pas, mais il accueillait ses visiteurs par une joyeuse salutation, les invitait à s'asseoir où ils pouvaient. L'un d'eux était prié de préparer et de servir le café. Il s'entretenait avec eux quelques minutes, puis leur demandait de l'aider dans ses enquêtes ou ses vérifications.

L'adolescent n'a pas oublié une visite qu'il fit un jour au cheikh Marsafi après la prière de l'après-midi en compagnie d'un de ses amis. Ils grimpèrent le voir et le surprirent assis sur un lit bas installé dans le vestibule, auprès d'une très vieille femme, toute cassée, au point que sa tête touchait presque terre. Le cheikh lui donnait à manger. Il reçut aimablement ses élèves et les fit attendre un instant dans sa chambre. Il arriva quelques minutes plus tard, tout content : « Je viens, dit-il en riant, de donner à manger à ma mère. »

Dans ses promenades en ville, ce cheikh semblait être la vivante image de la respectabilité, de la bonne grâce, de la tranquillité d'esprit et de la pureté de pensée. Il était aussi l'image d'une honnête aisance et donnait à ceux qui le rencontraient l'impression qu'il ne manquait de rien, parce qu'il menait une vie calme, saine et paisible.

Mais ses élèves et ses proches savaient, à n'en pas douter, qu'il avait très peu de moyens, qu'il était même excessivement pauvre. Il lui arrivait de passer une semaine, parfois plusieurs, sans manger autre chose que sa ration de pain, qu'il saupoudrait de sel. Moyennant ces privations, il faisait donner à l'un de ses fils une éducations distinguée, il aidait un autre à suivre convenablement les cours d'el Azhar, et il gâtait beaucoup une de ses filles. Tout son maigre traitement y passait, trois livres et demie par mois : une livre et demie comme consécration de sa mention très bien, et deux pour le cours de littérature, dont l'imam l'avait chargé. Et il avait honte, au début de chaque mois, de toucher son traitement ; pour ne pas se mêler à la cohue des ulémas qui se précipitaient sur l'appariteur pour recevoir leurs appointements, il confiait son cachet à l'un de ses élèves, qui encaissait à la fin de la matinée son modique salaire et le lui remettait dans l'après-midi.

Telle était la façon de vivre de ce cheikh, une vie en pleine lumière, que ses élèves voyaient et partageaient, existence assez dure, mais libre et pleine de dignité. Ils voyaient ou entendaient bien d'autres détails sur le compte de certains cheikhs, de quoi leur emplir le cœur de rage et de colère, de dédain et de mépris. Rien d'étonnant alors qu'ils aient été fascinés par leur cheikh, aient essayé de l'imiter dans leur vie, leur conduite, leur manque de respect pour les azharistes et leur révolte contre un esprit routinier.

Les disciples de Marsafi n'auraient rien eu à lui reprocher s'il n'avait manqué un jour de fidélité à la mémoire de Mohammad 'Abdo, au moment où le cheikh Cherbini assuma le rectorat[1]. Marsafi composa une pièce de vers en l'honneur de ce dernier. Il aimait beaucoup le nouveau recteur, dont il avait été l'élève, et l'on doit convenir que Cherbini était digne d'affection et d'admiration. Marsafi dicta son poème à ses étudiants et l'intitula « La huitième Mo'allaka », la mettant en parallèle avec celle de Tarafa. Lorsqu'il eut achevée sa dictée, il loua son ancien maître et critiqua un peu Mohammad 'Abdo. Un de ses élèves releva la chose amicalement, et, tout morfondu, Marsafi demanda pardon à Dieu de son erreur.

C'est ainsi que ses disciples furent dirigés sur une voie nouvelle par sympathie pour un maître dont ils subissaient l'influence ; ils exagérèrent même, et se firent du tort, tout en compromettant leur professeur. Ils ne se bornèrent pas à se moquer du corps enseignant et de leurs propres camarades, ils affichèrent leur amour pour la littérature ancienne, de préférence aux manuels d'el Azhar. Ils étudiaient en grammaire le *Livre* de Sibaweih et le *Moufassal*; en rhétorique, ils lisaient les deux ouvrages de 'Abd el Kahir Djourdjani[2]. Ils apprenaient les vieux recueils de vers, ne craignant pas d'y faire un choix, et, afin de choquer davantage, ils débitèrent en pleine Université des poésie érotiques. Ils imitaient ces poèmes et se communiquaient leurs productions dès qu'ils se rencontraient. Les autres étudiants les pourchassaient de partout, ne manquaient aucune occasion de s'embusquer pour les faire fuir. Parfois, certains débutants s'approchaient pour les

1. Le cheik Cherbini fut nommé recteur en 1905
2. Philologue qui vécut au XIe siècle.

entendre, s'entretenaient avec eux et exprimaient le déisr d'apprendre des poésies et des morceaux littéraires, ce qui avait le don d'exaspérer les anciens, poussés ainsi à détester davantage ces exaltés et à comploter contre eux.

Notre ami repassait un jour le *Kamil* avec un de ses condisciples. Ils tombèrent sur cette phrase de Moubarrad : « Les "faqih" ont accusé Hadjdjadj [1] d'impiété parce que, faisant allusion aux musulmans qui accomplissaient des tournées saintes autour du tombeau et de la chaire du Prophète, il avait déclaré : " Ils ne tournaient qu'autour d'ossements desséchés et de morceaux de bois. " » Notre ami prétendit que cette assertion de Hadjdjadj ne suffisait pas pour permettre de l'accuser d'impiété : « C'est tout simplement une explication erronée, qui témoigne du mauvais goût de Hadjdjadj, mais non de son impiété. » Des étudiants qui l'entendirent s'exprimer ainsi le désapprouvèrent et cela fit un certain bruit.

Quelques jours plus tard, nos trois jeunes gens assistaient au cours du cheikh 'Abd el Hakam 'Ata lorsqu'on vint les prier de se rendre au bureau du recteur. Ils partirent un peu interloqués, n'y comprenant rien et trouvèrent au rectorat le cheikh Hassouna [2] entouré des membres du conseil d'administration, les plus grand ulémas. Il y avait le cheikh Bekhit, le cheikh Mohammad Hassanein 'Adaoui, le cheikh Radi et quelques autres. Le recteur les accueillit durement et ordonna à Ridouan, le chef des appariteurs, d'introduire les étudiants qu'il avait convoqués. Un groupe d'élèves entra et fut invité par le recteur à dire ce qu'il savait. L'un d'eux s'avança et accusa les jeunes gens d'impiété précisément à cause de leur réflexion sur Hadjdjadj et il continua en débitant sur eux des racontars extraordinaires.

Cet étudiant était un malin. Il rapporta les nombreux potins que ces jeunes gens faisaient courir sur leurs professeurs, sur le cheikh Bekhit, le cheikh Mohammad Hassanein, le cheikh Radi,

1. Grand homme d'Etat du califat omeyyade, célèbre par son énergie, sa violence même et, bien entendu, son franc parler, pas toujours respectueux ; l'anecdote citée le prouve abondamment.
2. Recteur jusqu'en 1909.

le cheikh Rifa'i, tous présents au conseil. Ils furent donc à même d'entendre de leurs oreilles ce que ces jeunes gens disaient d'eux. D'autres étudiants vinrent témoigner de la sincérité de leur camarade et de l'authenticité de ces propos. Interrogés, les jeunes gens reconnurent les faits. Le recteur ne leur adressa pas la parole, il ne fit même pas attention à eux, se bornant à donner à Ridouan, non sans colère, l'ordre de rayer ces trois jeunes gens. Il ne voulait pas, dit-il, que des paroles aussi stupides pussent être prononcées à l'Université ; puis il les mit brutalement à la porte. Ils sortirent honteux et désespérés, ne sachant que faire, ni surtout comment avertir leurs familles de l'incident.

L'affaire ne devait pas s'arrêter là ; leurs camarades se moquaient d'eux et riaient de leur déconvenue, mais cela n'était pas suffisant. Lorsqu'ils se présentèrent, après la prière du soir, au cours du cheikh Marsafi sur le *Kamil*, Ridouan s'approcha du professeur dès son arrivée et lui déclara d'une façon affable et courtoise que le recteur avait décidé la suppression de cette conférence et le convoquait à son bureau pour le lendemain.

Le cheikh partit très attristé, accompagné des trois jeunes gens, déçus et contrits. Il les consola de son mieux et, durant le trajet, comme ils avaient l'idée d'aller solliciter la bienveillante intervention du cheikh Bekhit auprès du recteur, il leur dit : « Gardez-vous-en bien ! votre démarche auprès de lui serait inutile. » Ils se rendirent pourtant chez lui ; celui-ci, les reconnaissant, les accueillit en riant, les interrogea et entendit avec calme leur défense. C'est avec le plus grand flegme qu'il leur déclara : « Vous étudiez le *Kamil* de Moubarrad ; or, c'était un écrivain mou'tazélite [1] ; donc sa lecture est un péché. »

Les jeunes gens oublièrent alors qu'ils étaient venus en solliciteurs et se mirent à discuter, ce qui eut le don d'exaspérer leur hôte. Il était furieux lorsqu'ils partirent. Néanmoins, ils trouvèrent le moyen de rire du cheikh Bekhit en se rappelant ses réflexions et se séparèrent après s'être juré de cacher l'incident à leurs familles, avec l'espoir que cela pourrait s'arranger.

---

1. Les Mou'tazélites font appel à la raison pour connaître de la religion.

Ils rencontrèrent leur professeur le lendemain. Le recteur lui avait interdit d'étudier le *Kamil* et lui avait ordonné de le remplacer par le *Moughni* d'Ibn Hicham[1]. En outre, il l'avait transféré du portique de 'Abbas à une colonne à l'intérieur.

Marsafi se vengea en se moquant du recteur. Il prétendait que celui-ci n'avait été créé ni pour la science, ni pour le rectorat, mais qu'il était fait pour vendre de la mélasse à Syriakos[2]. Or le cheikh avait perdu ses dents et blésait les sifflantes ; sa prononciation cairote l'amenait à remplacer certaine gutturale par un simple hiatus et à accentuer les voyelles. Si l'on ajoute qu'il desserrait à peine les lèvres en parlant, on voit d'ici l'effet que produisit sur les étudiants ce surnom qu'on appliqua au cheikh Hassouna — que Dieu ait son âme ! —, « le vendeur de mélasse de *Thyria'ôth*[3] ».

Le « vendeur de mélasse » était un homme tenace et résolu, qui s'imposait par la crainte à tout le corps enseignant. Le cheikh Marsafi ne faisait pas exception : il commença donc à étudier le *Moughni* et les élèves se rendirent à son cours avec une complète indifférence, sans se soucier de l'ouvrage qu'il pourrait bien commenter. Il leur suffisait d'écouter le cheikh et de pouvoir dire qu'ils étaient présents à ses leçons. Lorsque le jeune homme voulut lui témoigner sa sympaghie, il l'arrêta avec bonté : « Je n'en mérite pas tant, je dois simplement gagner mon pain. » L'adolescent ne se souvient pas d'avoir jamais éprouvé, durant sa vie à el Azhar, une tristesse analogue à celle qu'il ressentit alors. Ses deux amis et lui quittèrent leur maître ce jour-là le cœur gros d'une profonde affliction.

Mécontents de la sanction infligée par le recteur, ils réfléchirent aux moyens de faire rapporter cette mesure injuste. L'un d'eux préféra la paix. Il se sépara de ses camarades, s'installa à l'écart dans la mosquée de Mo'ayad, à l'abri des amis et des ennemis et attendit patiemment la fin de l'orage. L'autre parla

1. C'est l'auteur du *Katr el nada*, mentionné plus haut.
2. Village près du Caire où les gens de Haute-Egypte viennent vendre leur mélasse, produit important dans le pays, grâce à la canne à sucre.
3. Donner au « th » la valeur anglaise.

de l'incident à son père qui effectua des démarches en secret pour rétablir la situation de son fils, mais ce dernier resta fidèle à son ami, sans craindre aucun reproche, et le vit chaque jour. Ils se donnaient rendez-vous dans le passage entre le portique de 'Abbas et l'administration et reprenaient leurs moqueries habituelles qui n'épargnaient ni étudiants ni professeurs.

Notre ami n'eut pas besoin de conter l'histoire à son frère qui l'avait apprise par une autre voie. Il ne fut ni blâmé ni grondé : « Tu l'auras bien cherché, lui dit son frère, et tu vas recueillir le fruit de cette gaminerie. Tu le trouveras très amer. » Le jeune homme ne rencontra ni bienveillance ni appui, il ne s'en ouvrit d'ailleurs à personne et ne sollicita aucune entremise. Il se borna a écrire un violent article dans lequel il vitupérait contre el Azhar en général et contre le recteur en particulier, en se réclamant de la liberté d'opinion. Personne ne pouvait l'en empêcher : le journal *El Garida* venait de paraître et son directeur combattait chaque jour en faveur de cette liberté[1].

Notre ami alla porter son papier au directeur d'*El Garida,* qui le reçut très aimablement, avec une affabilité marquée. Il lut l'article et le transmit en riant à un de ses amis qui se trouvait là. Celui-ci jeta un coup d'œil à la note et s'écria furieux : « Si tu n'avais pas été puni pour la faute que tu as commise, cette nouvelle incartade suffirait à elle seule pour te faire mériter ta punition. » Le jeune homme avait bien envie de riposter, mais le directeur du journal l'interrompit gentiment : « Celui qui te parle est Hassan Bey Sabri[2], inspecteur de l'enseignement moderne à el Azhar. » Puis il ajouta : « Que veux-tu au juste ? Injurier le recteur et blâmer l'Université ? Ou bien faire lever ta punition ? — Je désire la levée de ma punition, mais je veux aussi faire reconnaître mon droit à la liberté. — Laisse-moi faire alors, répondit le directeur d'*El Garida,* et ne t'inquiète pas. »

Le jeune homme partit et, peu de jours après, les trois inté-

1. *El Garida* parut de 1908 à 1914 : le directeur n'était autre que S. E. Loufti el Sayed Pacha, longtemps recteur de l'université du Caire.
2. Cet ancien inspecteur de l'enseignement devint plus tard Président du Conseil.

ressés apprirent que la puniton n'avait pas été maintenue ; leurs noms n'avaient pas été supprimés et la radiation n'avait été annoncée que pour les effrayer.

Depuis cette date le jeune homme se lia avec le directeur d'*El Garida*. Il alla le voir de temps à autre, puis finit par lui rendre visite tous les jours.

Et c'est dans le bureau du directeur de ce journal que l'adolescent réalisa un rêve qu'il caressait depuis si longtemps, celui de frayer avec les porteurs de tarbouches, après avoir été saturé de la fréquentation des enturbannés. Il voyait là les personnages les plus importants et les plus fortunés ; or il était pauvre, d'une famille de condition modeste, et vivait au Caire dans une situation pitoyable. C'est alors qu'il réfléchit à ce terrible fossé qui sépare les classes riches des classes pauvres.

XX

Le jeune homme continuait à étouffer à el Azhar, plongé dans un genre de vie qu'il n'aimait pas, éloigné de tout ce qu'il désirait d'un cœur si ardent. L'année scolaire était à peine commencée, après son retour au Caire, qu'il en souhaitait la fin, en pestant contre la lenteur des heures. Dieu seul sait à quel point il était joyeux et content lorsque les approches de l'été s'annonçaient. Les alentours de son quartier se remplissaient de ces odeurs nauséabondes que la chaleur du soleil accentuait et répandait dans l'atmosphère et qui rendaient la respiration si difficile et si pénible. Dès qu'il prenait place auprès d'un maître, aux cours de midi ou du soir, il éprouvait très vite une folle envie de dormir, sa tête s'alourdissait, puis un sursaut brutal le tirait de sa torpeur, sous les regards de ses condisciples qui l'avaient éveillé en le grondant ou en le plaisantant.

L'arrivée de l'été lui communiquait donc une vive gaieté, parce qu'elle annonçait la venue des vacances, le retour à la campagne, loin d'el Azhar et des azharistes. Mais il n'aimait pas les vacances pour cette unique raison ; ce n'était pas non plus la seule joie de revoir les siens ou de jouir de plaisirs interdits au Caire. Il adorait les vacances pour tout cela sans doute, mais aussi pour une autre raison, qui avait à ses yeux bien plus d'importance et dont l'influence était éminemment féconde, c'est qu'elles étaient plus profitables à son intelligence et à son cœur que toute l'année scolaire.

Pendant les vacances il avait le loisir de réfléchir — et Dieu sait combien il réfléchissait —, il pouvait s'isoler avec ses frères pour lire — il ne s'en privait pas — et ses lectures étaient aussi variées qu'instructives.

Les jeunes de la famille revenaient de leurs collèges et de leurs écoles, leurs bagages pleins de ces volumes qui ne sont pas des ouvrages qu'on étudie d'un bout à l'autre et qu'ils n'avaient pas eu l'occasion de lire durant l'année. Ces livres étaient sérieux ou frivoles, des textes originaux ou des traductions, d'auteurs anciens ou modernes.

Les jeunes gens ne passaient pas leur temps à batifoler ou à flâner, mais ils s'adonnaient à la lecture, y consacrant toutes leurs journées et une bonne partie de leurs nuits. Le père les aimait ainsi et les en félicitait. Il lui était toutefois désagréable — et il les en blâmait un peu — de les voir se plonger dans les contes populaires, comme les *Mille et une Nuits,* les romans de 'Antar ou de Saïf fils de Zou-Yazan.

Mais ils se précipitaient sur ces livres, que la famille fût contente ou non. Ils y prenaient un agrément double de celui qu'ils retiraient de leurs manuels scolaires. Ils dévoraient des traductions du français de Fathi Zaghloul[1], celles de la littérature anglaise par Siba'i[2], les articles de Djordji Zeidan dans la revue *El Hilal*[3], ses romans, ses ouvrages d'histoire littéraire ou d'histoire de la civilisation, les articles de Ya'koub Sarrouf[4] dans la revue *El Mouktataf,* ainsi que ceux de cheikh Rachid Rida[5] dans la revue *El Manar.*

---

1. Vécut de 1863 à 1914.
2. Ecrivain contemporain, traducteur d'œuvres de Carlyle, Spencer, Edison.
3. Zeidan fut un des écrivains contemporains les plus populaires par ses ouvrages d'histoire, ses traductions, ses romans. La revue *El Hilal* paraît toujours.
4. Auteur d'origine libanaise (1852-1927). La revue qu'il a fondée existe encore.
5. Réformateur religieux, disciple de Mohammad 'Abdo ; sa revue disparut après sa mort, survenue il y a quelque temps.

Ils parcoururent ainsi pendant les vacances les livres de Kassim Amin[1] et de nombreux ouvrages du cheikh Mohammad 'Abdo. Ils lisaient ces romans innombrables, traduits pour l'amusement du lecteur, fascinés qu'ils étaient par des descriptions d'une vie nouvelle pour eux, différentes de ce qu'ils connaissaient de leur genre d'existence dans leurs campagnes et dans leurs villes. Toutes ces expériences les poussaient encore à lire davantage ; ils exagéraient même, sans se soucier de leur propre intérêt ni de l'opinion de leur famille. A peine voyaient-ils dans les journaux ou les revues l'annonce d'un livre nouveau ou d'un livre ancien ignorés d'eux, qu'ils écrivaient à l'éditeur pour se le faire envoyer. Quelques jours plus tard, le livre — ou les livres — arrivaient par la poste et la famille était obligée d'en payer le port, bon gré mal gré.

Notre ami trouvait dans les vacances la joie de penser de loin à ses camarades, de correspondre avec eux ; il puisait de l'énergie dans les lettres qu'il recevait, du plaisir aussi, qu'il ne ressentait pas en les rencontrant au Caire et en s'entretenant avec eux.

Il aimait les vacances parce qu'il fréquentait d'autres jeunes gens qui ne lui étaient pas parents, des jeunes gens coiffés de tarbouches, venant des écoles secondaires ou des établissements d'enseignement supérieur, qui, comme lui, prenaient du repos à la campagne au sein de leur famille. De part et d'autre, les entrevues et les conversations étaient agréables et pleines de profit ; on se communiquait des réflexions sur ses occupations respectives, parfois ses amis lui lisaient des livres, ou bien c'était une étude en commun des ouvrages de littérature ancienne.

Un de ces congés lui pesa au début. Un incident avait forcé la famille à déménager de la ville où l'enfant avait grandi, pour aller au sud de la province ; elle n'y était restée qu'un an ou deux et se transporta à l'extrémité de la Haute-Egypte, où elle séjourna de longues années. Notre ami regrettait vivement sa ville natale, il se sentait mal à l'aise dans ce lieu nouveau où il n'avait

1. Le promoteur de l'émancipation de la femme (1865-1908).

nulle accoutumance, où il ne pouvait se diriger en allant à droite ou à gauche. Peu à peu il reprit son équilibre dans cette ville du midi. Il y contracta des habitudes, trouva des motifs de s'y attacher et elle devint pour lui une seconde patrie, bien que le premier contact avec cette localité eût été très pénible.

Il y partit avec toute sa famille pour rejoindre son père qui s'en était allé seul à l'avance exercer ses occupations. Lorsque ce dernier vit un peu clair dans ses affaires, pressentant que son séjour se prolongerait, il fit venir sa famille auprès de lui. Cela se passait pendant les vacances d'été et la famille emmena le jeune homme. On prit le train au milieu de la nuit pour arriver le lendemain à 4 heures. La cité était toute neuve et le train ne s'y arrêtait qu'une minute. La famille était nombreuse, conduite par le fils aîné qui dirigeait les femmes et les enfants, sans compter les innombrables colis. Lorsqu'on approcha de la gare, les grands réunirent les bagages, groupèrent les femmes et les enfants près de la porte du wagon, afin d'être à même, lorsque le train s'arrêterait, de jeter le tout en une fois sur le quai. Tous se précipitèrent derrière le grand fils et le train repartit. On n'y avait oublié que le malheureux aveugle.

Il fut affolé d'être tout seul, de ne pouvoir rien tenter, mais quelques voyageurs, s'en étant rendu compte, furent émus de compassion en voyant son inquiétude et le rassurèrent. Ils le firent descendre à la station suivante et le confièrent à l'employé du télégraphe, puis ils remontèrent dans leur compartiment.

Le jeune homme a su depuis que la famille, à son arrivée dans la maison de la nouvelle ville, l'avait visitée de fond en comble et en avait commencé l'installation. Le père rentra et se mit à bavarder avec ses fils et ses filles.

Il se passa bien un bon moment avant que le nom du jeune homme se présentât par hasard dans la conversation. Ce fut alors une frayeur générale du père, de la mère et des sœurs. Les jeunes gens bondirent au bureau du télégraphe, où ils apprirent dès leur entrée qu'une dépêche venait d'arriver annonçant que leur frère se trouvait à la station voisine et attendait qu'on vînt le chercher. Ce qui fut fait. Et c'est ainsi que le jeune homme fut installé en croupe sur un mulet capricieux, dont l'allure passait de la lenteur au petit trot, nouvelle cause de transes effroyables.

L'adolescent n'a pas oublié son attente dans le bureau du télégraphe. Le gérant était jeune et actif, disposé à rire et à plaisanter. Les employés de la gare se réunirent dans son bureau et se montrèrent d'abord mécontents de la présence de ce jeune homme. Lorsqu'ils connurent les détails de son infortune, ils lui témoignèrent une charitable sympathie. Ils avaient devant eux un cheikh aveugle et ne doutaient pas qu'il ne sût psalmodier convenablement le Coran ou chanter, et c'est ce qu'ils lui demandèrent. Il leur jura qu'il n'avait jamais chanté et ils le prièrent alors de leur réciter des fragments du Coran. Il leur jura encore qu'il ignorait la psalmodie du Coran, mais ils insistèrent et voulurent absolument l'entendre. Le jeune homme dut vaincre sa timidité et entonner sa récitation ; il était plein de honte et de confusion, étreint par une angoisse incoercible, et maudissait son sort. Les sons parvenaient à peine à sortir de sa gorge et des larmes inondaient son visage, si bien que l'assistance se montra pitoyable et renonça. Il fut laissé presque seul jusqu'à son départ.

Cette mésaventure fut sans doute cruelle, mais ne lui fit pas détester la ville nouvelle et ne le détourna pas de l'envie de la visiter. Il parvint à l'aimer, à désirer y vivre, surtout à l'approche de l'été, bien que la chaleur y fût accablante, insupportable.

Au Caire, il y avait eu beaucoup de changements dans l'immeuble. Deux des anciens étudiants avaient obtenu leur diplôme ; d'autres, et notamment le frère du jeune homme, s'étaient inscrits à l'Ecole des Cadis, qui venait d'être fondée [1]. Le jeune homme avait été abandonné par son cousin, parti pour Dar el 'Ouloum, perdant ainsi l'être le plus secourable à sa solitude d'el Azhar et de la maison.

Le jeune homme vit alors qu'il allait revenir à ce déplorable isolement, si amer, qui lui avait tant causé de tourments à son arrivée dans la capitale. Ce serait encore pis, car personne ne s'occuperait de lui, lorsqu'à la fin de l'été il retournerait au Caire.

1. L'Ecole des Cadis fut créée en 1907.

Son frère inscrit à l'Ecole des Cadis, son cousin à Dar el 'Ouloum, que pourrait-il faire, seul dans cet immeuble ? Quel avantage récolterait-il, quel intérêt trouverait-on à son retour au Caire ? Il avait acquis quelques connaissances, ce qui n'était pas mal, mais il ne pourrait guère tirer profit de son diplôme, s'il l'obtenait, et il ne paraissait pas probable qu'il réussît, car ce succès exigeait un travail considérable, qu'il ne saurait accomplir seul. C'est ce qu'avait dit son frère à la famille, un jour de l'été, vers la fin des vacances. Le père avait bien essayé d'élever des objections, mais son fils l'avait interrompu par ces arguments sans réplique. La mère non plus ne savait que dire, se bornant à pleurer abondamment et en silence. Le jeune homme quitta la place, accablé, pour s'isoler dans une des chambres de la maison, désemparé, anéanti, le cerveau vide.

Ce fut une nuit longue et lourde, un supplice infernal pour lui. Le lendemain matin, il n'ouvrit pas la bouche et personne ne lui adressa la parole. La journée fut donc aussi pénible, aussi lente à passer. Son père s'approcha enfin de lui vers le soir, lui caressa la tête : « Tu partiras au Caire, lui dit-il, tu seras accompagné d'un domestique qui ne te quittera pas. » Le jeune homme fit tous ses efforts pour ne pas éclater en sanglots. L'émotion de sa mère n'était pas moindre.

Au jour dit, tous les jeunes de la famille se rendirent à la gare et le jeune homme les accompagnait. Les parents du domestique avaient pris également rendez-vous, mais le train arriva et le domestique n'était pas là. Tout le monde se précipita dans le wagon, le train démarra, mais le jeune homme resta sur le quai. Son père le reconduisit à la maison. Ils étaient tristes et silencieux.

Le domestique vint le soir même ; et le jeune homme retrouva son heureuse insouciance : il partirait deux jours plus tard, flanqué de ce petit négrillon. On lui confia des provisions pour son frère.

Installé au Caire, il vécut avec son domestique nègre. Celui-ci allait avec lui aux divers cours d'el Azhar, préparait son déjeuner et lui faisait la lecture à temps perdu ; mais il lisait mal, en s'arrêtant à chaque syllabe.

C'est alors que fut fondée l'Université égyptienne[1] ; le jeune homme s'empressa de s'y inscrire. Le matin, il suivait avec son nègre les leçons d'el Azhar et le soir il écoutait les conférences de l'Université. Il reprenait goût à la vie : c'était une atmosphère nouvelle, avec des professeurs qu'on ne pouvait comparer à ceux d'el Azhar. L'Université était loin de l'immeuble, ainsi que l'Ecole, des Cadis et Dar el 'Ouloum. Il ne pouvait donc plus être question d'y rester et le petit groupe déménagea pour aller habiter dans une maison du quartier de Darb el Gamamiz.

L'adolescent entamait une existence qui n'avait aucun rapport avec la précédente. Une fois par semaine ou par quinzaine, il regrettait sa vie d'azhariste, lorsqu'il rencontrait ses anciens camarades se rendant leurs cours, ou qu'il rendait de temps en temps visite au cheikh Marsafi.

En réalité, c'était une rupture avec el Azhar, consentie par tout son être, dans ses fibres les plus intimes. Mais il était toujours inscrit sur les registres. Il n'avait pas annoncé à son père son irrévocable décision, de crainte de l'attrister ou de le désespérer, car il ne connaissait rien de l'Université égyptienne, et au fond, elle lui était plus ou moins indifférente.

Il revint, à la fin de l'année, passer les vacances dans sa famille. Un beau jour, pendant qu'il lisait en compagnie de son frère, on reçut par la poste une lettre d'un de leurs amis, qui fut lue et relue, et dont la teneur les remplit d'étonnement.

Il était à el Azhar depuis huit ans. Or, el Azhar avait passé par des séries de règlements et, cet été-là, on permit aux étudiants inscrits d'augmenter la durée de leur scolarité à condition de prouver qu'ils avaient étudié à el Azhar ou en d'autres instituts religieux avant d'avoir atteint l'âge légal de l'inscription, qui était de quinze ans. Ils pouvaient en ce cas se présenter aux examens et obtenir le diplôme.

Cette autorisation avait été publiée pendant les vacances et notre correspondant s'empressait de faire savoir qu'il avait inscrit le nom du jeune homme, en affirmant qu'il avait étudié à

1. L'Université égyptienne fut inaugurée le 21 décembre 1908.

el Azhar pendant les deux années qui précédaient son âge légal. Il avait présenté cette demande par l'intermédiaire de deux cheikhs qui ne soupçonnaient pas son existence et qu'il n'avait jamais vus, dont il n'avait pas suivi les cours et à qui il n'avait jamais adressé la parole. Ils attestaient pourtant que le jeune homme n'avait dit que la vérité. Quel inconvénient y avait-il à cela puisqu'ils avaient reçu de très nombreuses demandes en ce sens ? Pouvaient-ils connaître les innombrables élèves qui suivaient leur enseignement ?

C'est ainsi que le jeune homme apprit d'une source inconnue qu'il était censé avoir passé dix ans à el Azhar alors qu'il n'y était inscrit en réalité que depuis huit ans. Il n'avait donc plus que deux ans à attendre pour briguer le diplôme.

Alors se renouait avec el Azhar le lien qu'il avait rompu, ou tout au moins qu'il avait songé à rompre. Il se trouvait inscrit à deux établissements d'enseignement supérieur : à l' « Université » d'el Azhar, comme on disait à cette époque, et à l'Université égyptienne. En route donc pour cette double existence, dans laquelle entreraient en compétition le vieil esprit d'el Azhar, dans ce quartier vétuste, entre les rues de Batiniyya et de Kafr el Tammaïn, et le modernisme de l'Université égyptienne, dans les parages élégants de la rue Koubri Kasr el Nil !

Laissons là le jeune homme, engagé dans cette lutte entre les anciens et les modernes. Qui sait ? Nous le retrouverons peut-être.

À MON FILS

Et maintenant, toi aussi, mon fils, jeune comme tu es, tu vas quitter ton foyer, ta ville natale, ton pays, te séparer des tiens et de tes amis, pour traverser la mer et vivre seul à Paris une vie d'étudiant.

Laisse-moi t'offrir ce récit. De temps en temps, quand tu seras lassé de l'étude, fatigué de grec et de latin, il te donnera peut-être quelque agrément, quelque repos. Tu trouveras dans ces pages un aspect de vie égyptienne dont tu n'as jamais fait l'expérience. Et tu te souviendras de quelqu'un qui, plus d'une fois, a puisé de la force dans ta présence, et trouvé dans ta gaieté autant que dans ton sérieux une douceur à quoi rien ne se peut comparer.

Vic-sur-Cère, juillet-août 1939.

Ouvrage reproduit
par procédé photomécanique.
Impression S.E.P.C.
à Saint-Amand (Cher), le 10 octobre 1986.
Dépôt légal : octobre 1986.
1ᵉʳ dépôt légal : décembre 1983.
Numéro d'imprimeur : 1764.
ISBN 2-07-070086-0./Imprimé en France.